全国高职高专经济管理类"十四五"规划
理论与实践结合型系列教材·物流专业

智慧物流企业经营与管理

ZHIHUI WULIU QIYE JINGYING YU GUANLI

主　编　阮喜珍
副主编　韩永平　余　弦

中国·武汉

内容简介

本教材以物流企业的设立、经营运作、管理全过程为主线,以应知、应会的现代企业管理理论与技能为重点,在讲述基本理论的基础上,突出物流管理技能的训练,注重对学生分析问题和解决问题能力的培养。在内容框架的设计和取舍上,本教材充分考虑了高职高专学生可参加的国家职业资格考试和高职高专教育的特点,遵照职业资格认证培训教材编写和高职高专学生可操作性的要求,力求实现专业知识与思政内容高度融合。

图书在版编目(CIP)数据

智慧物流企业经营与管理 / 阮喜珍主编. -- 武汉:华中科技大学出版社,2024.12. -- ISBN 978-7-5772-1440-5

Ⅰ. F253-39

中国国家版本馆 CIP 数据核字第 2024AM3384 号

智慧物流企业经营与管理 阮喜珍 主编
Zhihui Wuliu Qiye Jingying yu Guanli

策划编辑:聂亚文	
责任编辑:陈 孜	
封面设计:孢 子	
责任监印:周治超	
出版发行:华中科技大学出版社(中国·武汉)	电话:(027)81321913
武汉市东湖新技术开发区华工科技园	邮编:430223
录 排:武汉创易图文工作室	
印 刷:武汉开心印刷有限公司	
开 本:787 mm×1092 mm 1/16	
印 张:18.5	
字 数:439千字	
版 次:2024年12月第1版第1次印刷	
定 价:48.00元	

本书若有印装质量问题,请向出版社营销中心调换
全国免费服务热线:400-6679-118 竭诚为您服务
版权所有 侵权必究

  本教材是高职高专物流管理专业的学科基础教材。随着物流科技的发展，传统的物流模式及物流技术不能满足发展的需要，智慧物流的兴起对物流企业管理的内容提出了新的要求；产教融合、工学结合的教学模式的推广，项目教学方式的采用，对教学内容、教材、教学方法提出了新的挑战；为了提高学生的实操能力，各个层面的物流竞赛如火如荼，思政教育的重要性越来越突出。产教融合及教学模式的改革，以及智慧物流的发展，使得在教材和教学内容方面的改革需求迫在眉睫。目前，企业基层、生产、服务的一线管理人员非常匮乏，而高职高专正是培养适应生产、建设、管理、服务第一线需要的高等技术应用型人才的摇篮。目前，虽然物流企业管理方面的教材较多，但很多不适合高职高专的学生，也不适合不断改革的高职高专教学模式。基于此，我们编写了本教材，旨在为培养满足社会需要的一线智慧型物流管理人才作出贡献。

  考虑到高职高专教育突出技能性和实用性的特点和要求，本教材围绕智慧物流企业经营与管理实务操作的相关知识、技能要求进行编写。突出以管理岗位和物流工作任务所需的知识、技能要求进行教材内容体系的框架设计，即按现行物流企业相关管理岗位或管理项目所实施的实务操作技能和必备知识要求进行编写。采用通俗易懂的语言，既注重理论与方法的系统介绍，又穿插一些小案例、知识链接和小思考，增强了教学的趣味性。着重介绍怎么做、如何做，力求通俗易懂，注重案例和图表的运用。每个项目均插入了物流相关案例，并附有基础练习题、技能训练和案例分析，帮助学生加深对相关知识的理解。

  本教材既适合全国高职高专及高职本科类院校经济管理类，特别是物流管理专业的学生学习，又适合作为物流管理人员培训和普通高等教育的教材或教学参考书。

  本教材由武汉职业技术学院阮喜珍主编，长江职业学院韩永平、广西自然资源职业技术学院余弦为副主编。在本教材的编写过程中，编者参考和引用了许多学者的研究成果，在此谨向有关作者表示诚挚的感谢！同时，本教材得到了华中科技大学出版社的领导和编辑的大力支持以及同行专家的关心、帮助和指导，在此一并表示感谢！

  由于编者水平有限，书中难免存在错漏之处，恳请各位读者批评指正。

编 者
2024 年 8 月

目录 Contents

项目一 智慧物流企业和物流企业管理概述 /1

    任务一 物流系统及智慧物流 /2
        一、物流系统 /2
        二、智慧物流企业及经营模式 /5
        三、物流企业的特征 /8
        四、物流企业的职能和任务 /9
        五、物流企业的经营模式 /10

    任务二 物流企业管理概述 /13
        一、物流企业管理的含义、性质、职能及工作内容 /13
        二、物流企业管理原理、原则及方法 /14
        三、智慧物流企业管理的特征 /15
        四、现代物流企业管理的特征 /16
        五、我国物流企业现代化管理模式 /17
        六、物流企业的文化建设 /20

项目二 智慧物流企业组织结构及组织模式创新 /26

    任务一 现代企业的组织结构设计 /27
        一、组织及组织设计概述 /27
        二、组织结构类型 /31

    任务二 现代物流企业的组织结构形式 /36
        一、现代物流企业的组织结构类型 /36
        二、物流企业组织结构模式的创新 /40

项目三 智慧物流企业环境分析及战略制定 /48

    任务一 物流企业战略 /49
        一、企业战略概述 /49
        二、物流企业战略 /50

    任务二 物流企业战略管理 /57

　　　　一、企业战略管理　/57
　　　　二、物流企业战略管理　/58

　　任务三　物流企业战略规划与实施　/59
　　　　一、物流企业战略的规划　/59
　　　　二、中国智慧物流行业现状分析　/63

项目四　智慧物流企业决策与计划管理　/71

　　任务一　物流企业目标管理　/72
　　　　一、物流企业目标管理与KPI考核内容　/72
　　　　二、物流企业目标及其制定　/75

　　任务二　物流企业的经营决策管理　/78
　　　　一、经营决策的概念与类型　/78
　　　　二、物流企业经营决策的方法　/81

　　任务三　物流企业的经营计划管理　/87
　　　　一、物流企业经营计划的类型和内容　/87
　　　　二、物流企业经营计划的编制与控制　/90

项目五　智慧物流企业作业管理　/99

　　任务一　运输管理　/100
　　　　一、运输概述　/100
　　　　二、物流企业运输系统　/101
　　　　三、智慧运输　/104

　　任务二　智慧仓储管理与库存控制　/106
　　　　一、仓储管理概述　/106
　　　　二、库存控制的概述　/109
　　　　三、智慧仓储　/112

　　任务三　智慧配送管理　/115
　　　　一、物流企业配送的概述　/115
　　　　二、配送合理化　/119
　　　　三、智慧配送　/121

　　任务四　包装、装卸与流通加工　/122
　　　　一、包装的作用、分类　/122
　　　　二、装卸的工艺设计　/124
　　　　三、流通加工的作用　/128

项目六　智慧物流企业的设施设备管理　/133

　　任务一　智慧物流企业设施布置　/134
　　　　一、仓库的平面布置　/135
　　　　二、配送中心平面布置的流程和方法　/137

任务二　物流企业设备管理　/142
　　一、物流企业设备及其管理概述　/142
　　二、物流设备的全寿命周期管理　/147
　　三、物流企业设备的使用管理　/148

项目七　智慧物流企业的人力资源开发与管理　/158

　任务一　物流企业人力资源管理概述　/159
　　一、物流企业人力资源规划　/159
　　二、物流企业工作分析　/162

　任务二　物流企业员工管理　/167
　　一、物流企业员工的招聘　/167
　　二、物流企业员工培训与开发　/171
　　三、物流企业员工绩效考评　/174

项目八　智慧物流企业的财务运作　/181

　任务一　物流企业筹资管理　/182
　　一、物流企业筹资渠道与方式　/182
　　二、物流企业筹资决策分析　/187

　任务二　物流企业财务分析与评价　/187
　　一、物流企业财务分析与评价的依据　/188
　　二、物流企业财务分析与评价的指标体系　/192
　　三、物流企业财务分析的基本方法　/196

项目九　智慧物流企业的质量保障　/203

　任务一　物流企业质量管理概述　/204
　　一、物流企业质量及质量管理　/204
　　二、物流企业全面质量管理　/210

　任务二　物流企业质量管理基本工具及技术介绍　/213
　　一、排列图法　/213
　　二、直方图法　/214
　　三、散布图法　/215
　　四、因果图法　/216
　　五、分层法　/217
　　六、调查表法　/218
　　七、控制图法　/218
　　八、常用的其他质量管理工具　/219

　任务三　质量管理体系　/220
　　一、物流企业的质量管理体系含义、要素及文件　/220
　　二、物流企业质量管理体系的建立和运行　/221

项目十 智慧物流企业的信息技术 /228

任务一 物流信息概述 /229
一、物流信息的概念及种类 /229
二、物流信息系统 /231
三、电子物流 /232

任务二 物流信息技术 /235
一、条形码技术 /235
二、EDI 技术 /238
三、RFID 技术 /241
四、GPS 技术 /242
五、GIS 技术 /243
六、电子自动订货系统（EOS） /245
七、销售时点信息系统（POS） /246
八、人工智能技术 /248
九、数据挖掘技术 /248

任务三 物流管理信息系统 /249
一、物流管理信息系统的概述 /249
二、物流管理信息系统的功能 /249
三、物流管理信息系统的功能结构 /250

项目十一 智慧物流企业创新管理 /260

任务一 物流企业创新管理概述 /261
一、物流企业创新管理思路 /262
二、物流企业创新管理策略理论 /263

任务二 物流企业服务创新 /272
一、服务理念的创新 /272
二、服务内容的创新 /274
三、服务方式的创新 /275

任务三 物流创新及新技术 /277
一、物流技术创新的意义 /278
二、物流新技术 /278

项目一　智慧物流企业和物流企业管理概述

▍思政目标▍
◎具有管理文化素养。

▍知识目标▍
◎掌握物流企业的概念、基本职能、任务、分类及经营模式。
◎了解物流企业的特征。
◎掌握物流企业管理的含义、性质及职能。
◎掌握物流企业管理的原理、原则及方法。
◎了解物流企业管理模式、物流企业文化。

▍技能目标▍
◎正确判断物流企业类型及经营模式。
◎正确运用物流企业管理原理、原则方法处理实际问题。
◎分析物流企业管理中存在的问题,指出改进方向。
◎能针对物流企业问题提出一些措施。
◎能从物流企业文化的角度分析物流企业管理问题。

 引例

智慧物流让货物"跑"得更快

智慧物流让货物"跑"得更快。走街串巷的快递小哥,高效灵活的智能设备,如期抵达的快递包裹……一头连着生产供给,另一头连着消费需求,物流快递业被称为经济发展与消费活力的"晴雨表"。得益于大数据、物联网、人工智能等数字科技的发展,中国物流行业高速增长,快递"越跑越快",流通体系效率进一步提高。

冷链设备助力"新鲜送达"。在湖北省潜江市,快递小哥将一箱箱鲜活的小龙虾打包装车,通过冷链物流冷藏车直发分拨中心,再经航空货运送到国内主要城市。

据悉,入夏后,荔枝、樱桃、小龙虾、冰激凌、预制菜等产品寄递需求激增,快递企业加大冷链设备设施投入,通过陆、空运输相结合的方式,实现"新鲜送达"。

快递企业将冷链服务网络延伸至乡村,扩大农产品的销售范围。在重庆市江津区先锋镇花椒种植基地,新鲜的青花椒一大早被村民们采摘后就直接送到种植基地旁边的冷库内进行预冷、分拣、包装。在紧邻冷库不到100米的位置,快递企业设置了冷链物流揽收点,当天下午就可以通过冷链物流冷藏车运送到全国各地。

不少快递企业采用仓储前置的模式,实现仓储配送一体化,消费者下单后,大数据匹配出距离收货地址最近的仓储,快递企业即可及时将包裹送出。清华大学互联网产业研究院副院长刘大成接受采访时说,以提前布置仓储的形式代替运输,实现了物流各环节的资源优化配置,通过大数据分析来指导配送,让供需之间更精准地匹配,可以有效减少成本、提高效率。

自动分拣如同"灵巧的手"。圆通速递相关负责人说,"过去快递分拣靠工人手持终端逐一扫码,再送至对应区域,不仅费时费力,还容易出错"。现在系统智能识别条形码信息、自动分拣,如同有了"聪明的脑"和"灵巧的手"。

打开数字化物流平台,每辆货车的实时行车轨迹一目了然。得益于定位技术和大数据处理系统,物流全流程智能化,可以实现人员、设备定位管理。在北京空港智慧物流园的鲸仓北京一号智享仓,每件货物从入库起就被贴上一个带有二维码的标签,相当于有了自己特定的"身份证",仓库管理系统从而知道每一件货物的具体位置。当接到订单时,系统会自动发出指令,智能机器人立即在毫秒之间精准定位到存放商品的箱子的位置,并快速把它转运到拣货台。

京东物流智能园区专家刘滨说,"安全、效率、价格是助推智慧物流时代加速到来的三大因素。自动导引运输车、自主移动机器人、工业级无人驾驶已经是很火的物流装备"。智慧物流正由简单室内场景转向室外复杂场景,依靠多设备协同实现全局无人化,配送机器人深入园区楼宇后,会将服务从"最后一公里"延伸至"最后一米"。

如今,快递企业大力提升数字化运营水平,优化中转和派送流程,加快运用全自动分拣、无人仓、无人车、无人机等设备和技术,大力提升寄递服务时效。专家认为,物流服务运营模式不断创新,正由"汗水型"向"智慧型"转变。

(资料来源:智慧物流让货物"跑"得更快 [EB/OL].[2024-05-18].https://baijiahao.baidu.com/s?id=1770573185687793852&wfr=spider&for=pc,部分节选,有改动。)

这一案例表明:智慧物流时代要求物流企业必须有现代化物流企业管理制度、先进的物流运营管理体系、科学合理的物流业务流程、完备的物流网络、重视物流服务的信息管理。

任务一　物流系统及智慧物流

一、物流系统

(一)物流系统定义及目标

1. 物流系统定义

物流系统是指由两个或两个以上的物流功能单元构成,以完成物流服务为目的,在一定的时间和空间里,由所需输送的物料和包括有关设备、输送工具、仓储设备、人员以及通信联系等若干相互制约的动态要素构成的具有特定功能的有机整体。其包括功能要素、物质基础要素和支持要素。物流系统的"输入"是指采购、运输、储存、流通加工、装卸、搬运、包装、销售、物流信息处理等物流环节所需的劳务、设备、材料、资源等要素,由外部环境向系统提供的过程。

物流系统的功能要素指的是物流系统所具有的基本能力,这些基本能力有效地组合、联结在一起,便成了物流的总功能,便能合理、有效地实现物流系统的总目的。物流系统的功能要素一般分为运输、储存保管、包装、装卸搬运、流通加工、配送、物流信息等。

物流系统的物质基础要素指的是物流系统的建立和运行,需要有大量的技术装备手段,这些手段的有机联系对物流系统的运行有决定意义。这些要素对实现物流和某一方面的功能也是必不可少的。物质基础要素主要有物流设施、物流装备、物流工具、信息技术及网络、组织及管理。

物流系统的支撑要素指的是系统的建立需要有许多支撑手段,尤其是处于复杂的社会经济系统中,要确定物流系统的地位,要协调与其他系统的关系,这些要素必不可少。其主要包括:体制、制度;法律、规章;行政、命令;标准化系统。

2. 物流系统目标

物流系统是"桥梁、纽带"作用的流通系统的一部分,它具体地联结着生产与再生产、生产与消费,因此要求有很强的服务性。物流系统采取的送货、配送等形式,就是其服务性的体现。在技术方面,近年来出现的"准时供货方式""柔性供货方式"等,也是其服务性的表现。物流系统具体有以下几点目标。

1) 快速、及时目标

快速、及时不但是服务性的延伸,也是流通对物流提出的要求。快速、及时既是一个传统目标,又是一个现代目标。其原因是随着社会大生产的发展,对物流快速、及时的要求更加强烈了。在物流领域采取的诸如直达物流、联合一贯运输、高速公路、时间表系统等管理和技术,就是这一目标的体现。

2) 节约目标

节约是经济领域的重要规律。在物流领域,除流通时间的节约外,由于流通过程消耗大而又基本上不增加或不提高商品使用价值,所以依靠节约来降低投入,是提高相对产出的重要手段。

3) 规模化目标

以物流规模作为物流系统的目标,以此来追求"规模效益"。生产领域的规模生产是早已被社会所承认的。物流系统由于比生产系统的稳定性差,因而难于形成标准的规模化格式。在物流领域以分散或集中等不同方式建立物流系统,研究物流集约化的程度,就是规模化目标的体现。

4) 库存调节目标

库存调节目标是服务性的延伸,也是宏观调控的要求,当然,也涉及物流系统本身的效益。在物流领域中正确确定库存方式、库存数量、库存结构、库存分布就是这一目标的体现。

(二)物流系统合理化

物流系统合理化是通过建立物流合理化模型来组织实施的。

从生产企业角度看物流合理化模式。企业从事物流活动时,一般是依靠储存、运输专业组织,或由本企业进行储存、运输。当生产企业在委托物流专业组织开展物流活动时,必须全盘分析自身的采购和销售情况。要使物流合理化,要求所委托的各个具体的物流活动的费用最小。要求物流能适应生产和销售发展的需要,要求将品质优良的、数量适当的商品,在适当的地点,适当的时间,通过周到的服务,用最小的费用供应给买主。因此,作为生产企业,在选择专业储运业务时,通常的标准:在运输上,依靠专业组织,要比自己运输效益好;在保管上,选用专业仓库比自己保管商品效益要高;在费用上,选用专业组织,要比自己支出得少;在服务水平上,选用专业组织,要比自己服务的质量更佳。

从销售的角度看物流合理化的模式。当企业利用自有的储运设施或者利用专业组织,开展物流活动并实现商品的销售时,企业就是在为销售组织物流。在销售学中,至关重要的是进行调查研究,选择目标市场,制定合理的销售策略。在物流过程中,销售策略往往给物流活动带来决定性的影响。在销售策略上,一方面要有效地发挥物流活动的作用,按服务的需要程度,提高物流活动的质量;另一方面又要降低销售费用,以节约物流费用。这两者之间必须不断进行调整。销售物流合理化的形式是多种多样的,一般表现为计划性、大量化、共同化、短距离化等,它们可以同时在销售物流合理化中得到应用,以获得多重效益。

(三)智慧物流

"智慧物流"(intelligent logistics system,ILS)由 IBM 首次提出,2009 年 12 月中国物流技术协会信息中心、华夏物联网、《物流技术与应用》编辑部联合提出概念。物流是在空间、时间变化中的商品等物质资料的动态状态。智慧物流是指通过智能软硬件、物联网、大数据等智慧化技术手段,实现物流各环节精细化、动态化、可视化管理,提高物流系统智能化分析决策和自动化操作执行能力,提升物流运作效率的现代化物流模式。智慧物流是具有先进、互联和智能三大特征的供应链,通过感应器、RFID 电子标签、制动器、GPS 和其他设备及系统生成实时信息的"智慧供应链"概念,更重视将物联网、传感网与现有的互联网整合起来,通过精细、动态、科学的管理,实现物流的自动化、可视化、可控化、智能化、网络化,从而提高资源利用率和生产力水平,创造具有更丰富社会价值的综合内涵。智慧物流是利用集成智能化技术,使物流系统能模仿人的智能,具有思维、感知、学习、推理判断和自行解决物流中某些问题的能力,即在流通过程中获取信息,分析信息并作出决策,使商品从源头开始就被实时跟踪与管理,从而使信息流快于实物流。

二、智慧物流企业及经营模式

（一）物流企业的定义及类型

1. 物流的四种方式

在供应链管理环境下，物流企业扮演着举足轻重的角色，如果没有物流系统的无缝连接，就会使供应链上企业之间的同步化、并行化运作，以及实现快速响应市场的能力大打折扣。在供应链管理这个大环境下非常有必要进行物流企业管理创新，提高物流企业管理水平，从而更加敏捷地应对市场环境和消费者需求的变化，做到柔性化的经营。这不仅可以使物流企业获得市场存在的依据和持续发展的动力，还会推动物流企业客户服务战略的发展。

物流是社会分工日益细化的结果。1991 年，在荷兰乌德勒支市第九届物流国际会议上，人们对现代物流概念与内涵达成共识，认为物流包括生产前和生产过程中的物质、信息流通过程，而且还向生产之后的市场营销活动、售后服务、市场组织等领域发展。随着物流理论的发展，物流可分为以下四种方式。

第一方物流(1PL)。第一方物流又称自营物流，即工业企业自身对产品和物品进行的物流活动。它是一种粗放、绩效低下的物流管理模式。

第二方物流(2PL)。第二方物流是指买方或流通企业组织的物流活动，其核心业务是采购并销售商品，生产企业将一部分物流功能委托给物流企业，以实现共同配送。

第三方物流(3PL)。第三方物流是介于供应商和用户之间的专业物流形式。它是指由物品供方和需方以外的第三者提供物流服务的业务模式。随着企业竞争的加剧，生产企业开始把包括物流系统设计在内的整个物流业务外包给第三方物流企业。本书中所指的现代物流企业主要是指第三方物流企业。

第三方物流与第一方物流、第二方物流的关系如图 1-1 所示。

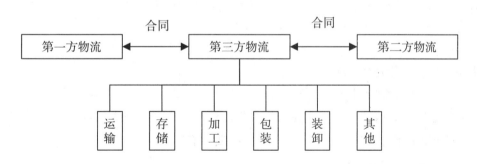

图 1-1　第三方物流与第一方物流、第二方物流的关系

第四方物流(4PL)。第四方物流的概念，是由安盛咨询公司于 1998 年首先提出的，其主要定义为一个供应链集成商，这个集成商既能调配和管理组织自身，又能给客户提供物流增值及互补性服务，利用资源、能力与技术，为客户提供全面的供应链解决方案。第四方物流也可以理解为是在第三方物流的基础上对管理和技术等物流资源做进一步的整合，并为客户提供全面供应链物流的解决方案。

2. 第三方物流和物流企业

第三方物流的概念源自管理学中的外部资源(out-souring)，意指企业动态地配置自身和其他企业的功能和服务，利用外部的资源为企业内部的生产经营服务。将外部资源引入物流管理领域，就产生了第三方物流的概念。第三方物流是指生产经营企业为集中精力搞好主业，把原来属于自己处理的物流活动，以合同方式委托给专业物流服务企业，同时通过信息系统与专业物流服务企业保持密切联系，以达到对物流全程的管理和控制的一种物流运作与管理方式。因此，第三方物流又叫合同制物流(contract logistics)。提供第三方物流服务的企业，其前身一般是运输业、仓储业等从事物流活动及相关的行业。从事第三方物流的企业在委托方物流需求的推动下，从简单的存储、运输等单项活动转为提供全面的物流服务，其中包括物流活动的组织、协调和管理，设计、建议最优物流方案，物流全程的信息收集、管理等。

中国国家标准《物流术语》(GB/T 18354—2021)将第三方物流定义为，由供方与需方以外的物流企业提供物流服务的业务模式。这一定义明确了"第三方"的内涵，即物流服务提供商作为发货人(甲方)和收货人(乙方)之间的第三方，代表甲方或乙方来实现物流功能。在国外的有关著作中，第三方物流的定义为非货主企业通过合同的方式确定回报，承担货主企业全部或一部分物流活动。与《物流术语》相比，这一定义除了强调"第三方"不拥有货物所有权外，特别突出了第三方物流企业与传统仓储业的重要区别，即管理功能和契约式共同利益。日本对于第三方物流的理解是，供方和需方以外不拥有商品所有权的从业者为第三方，向货主企业提供物流系统，为货主企业全方位代理物流业务，即物流的外部委托方式。

小思考 1-1

如何理解《物流术语》(GB/T 18354—2021)的第三方物流定义呢？

答：我们至少可以这样理解，第一，第三方物流是一种物流服务，这种物流服务是"由供方与需方以外的物流企业提供"的；第二，第三方物流是一种业务模式，这种业务模式是指"由供方与需方以外的物流企业提供物流服务的业务模式"。

1) 广义的第三方物流概念

广义的第三方物流是相对于自营物流而言的。凡是由社会化的专业物流企业按照货主的要求，所从事的物流活动都可以包含在第三方物流范围之内，至于第三方物流从事哪一个阶段的物流、物流服务的内容和服务水平，这与货主的要求有密切关系。

2) 狭义的第三方物流概念

狭义的第三方物流主要是指能够提供现代化的、系统的物流服务的第三方的物流活动。其具体标志：具备提供现代化的、系统物流服务的企业素质；可以向货主提供包括供应链物流在内的全程物流服务和特定的、定制化服务的物流活动；不是货主与物流服务提供商偶然的、一次性的物流服务活动，而是采取"委托–承包"形式的长期业务外包形式的物流活动；不是向货主提供一般性物流服务，而是提供增值物流服务的现代化物流活动。

3) 物流企业的概念

物流企业(logistics enterprise)是为各类用户提供各种物流服务的经营者,是一种自我经营、自我发展、自我积累、自我约束的营利性经济组织,以追求利润最大化为目标。而第三方物流企业区别于其他提供单一物流服务性业务的企业,它致力于提供物流综合服务,通过提供专业化的服务享受利润。物流企业相对单一运输的企业来说,服务更加多样化,经营范围更广。

一般情况下,物流企业又等同于第三方物流企业。具体可定义为物流企业至少从事运输(含运输代理、货物快递)或仓储的经营业务,并能够按照客户物流需求对运输、储存、装卸、包装、流通加工、配送、信息处理等基本功能进行组织和管理,具有与自身业务相适应的信息管理系统,是实行独立核算、独立承担民事责任的经济组织。

 知识链接 1-1

物流企业的范畴

物流企业的范畴较广,其中包括经营各种货运站(中转站)、集装箱码头(多式联运中转站)、车站、港口、机场、各种物流设施、配送中心、仓库、各种货物运输方式及多式联运、各个物流要素以及货运代理、配载服务、物流信息服务等企业。从事第三方物流的企业在委托方物流需求的推动下,从简单的存储、运输等单项活动转为提供全面的物流服务,其中包括物流活动的组织、协调和管理,设计、建议最优物流方案,物流全程的信息收集、管理等。现有的第三方物流企业中的大多数并不是一开始就是第三方物流企业,而是以传统的"类物流"业为起点(如仓储业、运输业、空运、海运、货代、企业物流部等)逐渐发展成为第三方物流企业的。

4) 物流企业的类型

物流企业是国民经济中的一种产业;物流企业专门从事物流活动;物流企业追求利润;物流企业是享有合法权益的法人。

按照企业经营业务的不同,物流企业可分为以下几种类型。

一是运输型物流企业。运输型物流企业应同时符合以下要求:以从事货物运输业务为主,包括货物快递服务或运输代理服务,具备一定规模;可以提供门到门运输、门到站运输、站到门运输、站到站运输服务和其他物流服务;企业自有一定数量的运输设备;具备网络化信息服务功能,应用信息系统可对运输货场进行状态查询、监控。

二是仓储型物流企业。仓储型物流企业应同时符合以下要求:以从事仓储业务为主,为客户提供货物储存、保管、中转等仓储服务,具备一定规模;企业能为客户提供配送服务以及商品经销、流通加工等其他服务;企业自有一定规模的仓储设施、设备,自有或租用必要的货运车辆;具备网络化信息服务功能,应用信息系统可对货物进行状态查询、监控。

三是综合服务型物流企业。综合服务型物流企业应同时符合以下要求:从事多种物流服务业务,可以为客户提供运输、货运代理、仓储、配送等多种物流服务,具备一定规模;根据客户的需求,为客户制定整合物流资源的运作方案,为客户提供契约性的综合物流服务;按照业务要求,企业自有或租用必要的运输设备、仓储设施及设备;企业具有一定运营范围的货物集散、分拨网络;企业配置专门的机构和人员,建立完备的客户服务体系,能及时、有效地提供客户服务;具备网络化信息服务功能,应用信息系统可对物流服务全过程进行状态查询和监控。

按照物流企业产生缘由的不同,目前我国的物流企业主要有如下三类。

第一类是大型外资跨区域物流企业。目前,这类物流企业在绝对数量上不多,但是它们在物流行业中极具影响力。这些企业在新设备投资、资金实力,以及人才、观念、经验和管理方法上,都具有很大的优势。它们往往能提供较为全面的、跨地区的服务。这类企业大多集中于东部沿海大城市,且服务对象主要是三资企业。它们中的部分企业并不拥有车辆、仓库等物流设施,主要是提供代理服务,通过转租、联营等方式寻求与中方物流企业的合作。一方面,可以充分利用国内的闲置资源,减少其固定资产的投入,从而可以降低运营成本;另一方面,中方合作伙伴的能力、收费以及双方沟通的通畅度,也会给大型外资跨区域物流企业的服务质量和收费水平造成影响。

第二类是由国有企业演变成的物流企业。这些企业规模都比较大,资金实力较雄厚,物流设施相对先进,在各自行业中处于领先或垄断地位。它们大多是全国性的企业,但地方的子公司都是独立核算,因此除非是很大的客户,多数客户很难享受到较为全面的配合和统一的协调服务。

第三类是新兴内资跨区域的物流企业。新兴物流企业的定位一般都比较高,专业化程度强。为了能在短期内打入市场,规避物流设施投资大、回收期长的风险,很多新兴物流企业都采取了非资产型的第三方物流代理模式。

 知识链接 1-2

快 递 进 村

快递是农产品出村进城、消费品下乡进村的重要渠道。这些年来,我国农村物流基础设施不断完善,邮政快递与农村群众的距离越来越近。我国国家邮政局统计数据显示,如今每天有 1 亿多件快递包裹在农村进出。特色农产品通过快递及时寄出,网购商品及时到村入户,一收一寄之间,不仅实现了农村群众足不出村就能享受寄递服务,也大大释放了农村消费潜力、增进了民生福祉。然而在推进快递进村的过程中,"最后一公里"问题仍是最大的堵点。比如,在部分农村地区,村民居住相对分散,加上基础设施薄弱,配送投入大、成本高,导致有些快递企业进村入户的意愿并不强烈。一边是激增的消费需求,另一边是滞后的供给模式。破解这个矛盾,就需要各地区、各快递企业因地制宜,用足用好既有资源,切实加快快递进村步伐,而不能生搬硬套城市的快递物流发展模式。

三、物流企业的特征

概括而言,物流企业具有以下几个方面的特征。

（一）关系契约化

物流企业与货主企业间需要信息共享，要求互相信任，且共同承担风险、共享收益，因此需要用契约的形式约束双方的行为。根据契约的条款，第三方物流企业提供规定的物流服务，并管理其物流活动及其过程，而不是按照客户的临时要求提供服务；根据契约的条款，明确各物流联盟企业间的责、权、利关系。

（二）服务个性化

物流企业需要对客户具有深度了解，从而提供针对性的定制化服务和增值服务。物流服务从产品推销发展到市场营销阶段，物流企业也从面向社会提供服务的传统外包进化到面向企业的个性化服务阶段。物流企业因市场竞争、物流资源、物流能力等的影响需要形成核心业务，不断强化所提供物流服务的个性化，以增强自身竞争力。

（三）规模化功能专业化

物流企业一般要求承包很多客户的业务，实际上是面对整个物流市场提供服务。因此能够容易达到较大的业务规模，取得规模效应。第三方物流与一般的物流相比，从物流设计、物流操作过程、物流技术工具、物流设施到物流管理，必须体现出专门化和专业化水平，并且能够提供增值服务。这既是货主企业的需要，也是第三方物流企业自身发展的需要。

（四）管理系统化

第三方物流应具有系统的物流功能，能为客户企业提供多功能甚至全方位的物流服务，它可以有效地整合运输、仓储等资源要素，利用物流网络要素，提供运输、储存、装卸、包装、流通加工、配送、信息处理等部分或全部的物流功能。

（五）信息网络化

信息技术是第三方物流发展的基础。信息技术促使数据快速、准确传递，使订货、仓储、运输、流通加工实现一体化，促进了相关企业间的交流和协作。用于支撑第三方物流的信息技术包括电子数据交换技术、电子支付技术、条形码技术和电子商务技术等。第三方物流企业普遍信息化和科技化水平较高。在网络经济时代和信息技术高度发达的今天，市场竞争非常激烈，第三方物流企业只有运用现代信息技术及时地与客户交流协作，才能赢得市场，才能生存和发展。

四、物流企业的职能和任务

（一）物流企业的职能

物流企业是物流服务的供应商，其职能就是围绕如何为其客户提供完整的以供应链组织协调为核心的整套服务，即物流企业在整个供应链中具有承上启下的作用，通过物流企业可以将生产企业、流通企业和最终消费用户联系起来。物流企业的职能分为宏观职能和微观职能。

物流企业的宏观职能是指解决生产与消费之间在数量、质量、时间和空间上的矛盾,实现生产与消费的供求结合,保证社会再生产的良性循环的职能。

物流企业的微观职能具体地讲可从资源的购买职能、销售职能、储存职能、实体输送职能、信息流通职能五个方面去考虑,具体内容为以下五点。

(1)物流企业的购买职能:用货币购买生产企业的产品(产成品或原辅材料等),进入流通市场,实现从货币到商品形式的转变。

(2)物流企业的销售职能:实现从商品到货币形式的转变。

(3)物流企业的储存职能:解决生产与消费之间的时间阻碍。

(4)物流企业的实体输送职能:解决生产与消费之间的空间阻碍。

(5)物流企业的信息流通职能:信息流。

物流企业的宏观职能是通过微观职能的具体实施来完成的,宏观职能为微观职能指明方向,微观职能又是实现宏观职能的具体体现。

(二)物流企业的任务

物流企业的任务具体体现在:促进引导生产、积极组织进货;搞好销售工作、满足市场需要;加速商品流转、缩短流通时间;实现商品实物上的节约;创造自己的品牌,加快现代化建设。

在现实情况下,物流企业要苦练内功,加快自己的发展步伐。其主要是从单功能向多功能发展,从小打小闹向规模发展,从小整合向大整合发展,从区域性向全国性发展,从不规范向规范发展。要用供应链管理的理念与发展模式把自己融入供应链。在供应链中当好自己的角色,发挥自己的作用。凡有条件的物流企业,要有提供解决方案的能力。要创自己的品牌。品牌在某种意义上是一家企业的生命。物流企业一定要瞄准品牌这一目标,创企业业务品牌,创客户服务品牌,创信息网络品牌,一定要有自己的特色。要培养人才,要有自己的团队,物流业是复合型产业,物流企业要有复合型的人才结构。物流企业家要敢于、善于在人才培养与人才管理上下功夫。要建立企业自身的、为客户服务的绩效考量指标。一切都要体现在财务指标上,物流服务的最终目的,对国家来讲是提高经济运行质量与效率,对企业来讲就是降低物流成本,提高市场竞争能力。

五、物流企业的经营模式

目前,以中远物流、中外运物流、招商局物流为代表的一批中国优秀物流企业,积极适应市场需求变化和应对国外企业的冲击,结合自身优势,在开展现代物流服务的过程中探索出了很多具有代表性的经营模式。

(一)物流服务延伸模式

所谓物流服务延伸模式,是指在现有物流服务的基础上,通过向两端延伸,向客户提供更加完善和全面的物流服务,从而提高物流服务的附加价值,满足客户高层次物流需求的经营模式。例如,仓储企业利用掌握的货源,通过购买部分车辆或者整合社会车辆从事配送服务;运输企业在完成货物的线路运输之后，根据客户的要求从事货物的临时保管和配送。这种模式对于从事单一功能物流服务的传统物流企业来说，不仅可以扩大物流服务的范围，而且达到提高物流服务层次的目的。发展物流服务延伸有利于物流企业拓展新业务，而如何做好物流服务延伸，物流服务向哪个方向延伸，与物流企业的服务定位以及经营战略息息相关。

物流企业在供应链中的服务定位主要取决于资源配置所具有的比较优势，因此物流企业必须实行服务专业化，必须抓产品，必须了解不同货品的不同物流特性，适时地推出个性化服务。而围绕产品的物流特性所进行的服务技术开发，将为物流企业创新服务并形成核心服务能力提供强大的动力。只有具备核心服务能力，第三方物流企业才可能真正融入一体化供应链中。需要说明的是，核心服务能力并不神秘，强调的是"比竞争对手有略胜一筹之处"，即特色服务。物流技术的不断创新和服务品种的不断创新将为物流企业的发展提供永恒的动力。同时需要留意的是，物流行业是一个操作性很强的行业。企业在经营管理活动过程中，如果经常变动服务定位，过于强调标新立异，脱离了自身能力，忽视外部环境等客观因素，那企业所作出的尝试通常会面临失败。就像现在部分的物流服务企业对自己所服务的客户的类型或运作的基本能力缺乏清晰的认识，总是认为这也能做、那也能做，花费大量时间和精力在市场营销上，而无视运作能力的不足，最后却发现企业本身根本不具备针对某类客户的物流服务能力。譬如，医药行业对卫生要求很严格，要求物流服务企业应经过GMP认证，而危险品储运也有特别的要求。同样的道理，作为供应链上的服务延伸，对企业的服务能力提出了更高的要求，除了对物流运作需要有了解以外，还需要对供应链的含义和内容有深层次的认识和理解。只有将链条上的各个环节有效串联起来才有可能发挥供应链管理的最大效用。

（二）行业物流服务模式

行业物流服务模式是通过运用现代技术手段和专业化的经营管理方式，在拥有丰富目标行业经验和对客户需求深度理解的基础上，在某一行业领域内，提供全程或部分专业化物流服务的模式。这种经营模式主要特点是将物流服务的对象分为几个特定的行业领域，然后对某个行业进行深入细致的研究，掌握该行业的物流运作特性，提供具有特色的专业服务。在国内，行业物流服务是近年来我国物流市场发展的一个趋势，服装、家电、医药、书籍、日用品、汽车、电子产品等行业领域纷纷释放物流需求，极大地丰富了物流市场。

（三）项目物流服务模式

项目物流是指为具体的项目提供全程物流服务的模式。这类需求主要集中在我国一些重大的基础设施建设项目，以及综合性的展会和运动会中，如三峡水电站、秦山核电站、国家体育馆等基建项目以及奥运会、展览会等大宗商品的运输物流服务，实施这种模式的物流企业必须具备丰富的物流运作经验和强大的企业实力。

（四）定制式物流服务模式

定制式物流服务是指将物流服务具体到某个客户，为该客户提供从原材料采购到产成品销售过程中各个环节的全程物流服务模式,涉及储存、运输、加工、包装、配送、咨询等全部业务,甚至还包括订单管理、库存管理、供应商协调等在内的其他服务。

【案例分析1-1】

> **北京星网物流中心的定制式物流服务模式**
>
> 北京星网物流中心是专门为诺基亚公司兴建的物流设施,坐落在诺基亚星网工业园内,将园区内诺基亚的区域供应商和制造厂商紧密地连接在一起。
>
> 分析:北京星网物流中心通过提供无缝隙供应链解决方案,降低整个园区内企业的供应链成本,实现低成本运营目标。

(五)物流咨询服务模式

物流咨询服务模式是指利用专业人才优势,深入企业内部,为其提供市场调查分析、物流系统规划、成本控制、企业流程再造等相关服务的经营模式。企业在为客户提供物流咨询服务的同时,帮助企业整合业务流程与供应链上下游关系,进而提供全套的物流解决方案。企业通过物流咨询带动其他物流服务的销售,区别于一般仓储、运输企业的简单化服务,有助于增强企业的竞争力。

(六)物流管理输出模式

物流管理输出模式是指物流企业在拓展国内市场时,强调自己为客户企业提供物流管理与运作的技术指导,由物流企业接管客户企业的物流设施或者成立合资物流企业承担物流具体运作任务的服务模式。采用管理输出方式可有效缓解客户企业内部物流运作与管理人员的抵制情绪,使双方更好地开展合作。

【案例分析1-2】

> **招商局物流集团与青岛啤酒股份有限公司的物流管理输出模式**
>
> 招商局物流集团与青岛啤酒股份有限公司(以下简称青啤)的合作便是物流管理输出模式的一个成功案例,招商局物流集团通过对青啤发展现状和其他多方信息的分析,结合青啤自身拥有大量物流设施、设备与人员的实际情况,提出与青啤成立合资物流企业,购买或租赁青啤原有物流设施、设备,并接收青啤原有运作和管理人员。合资物流企业刚开始运作的三周时间内,青啤原有车辆利用率就提高了60%,每年仅公路运输就将为青啤节省物流成本近700万元。
>
> 分析:这种模式确保了招商局物流集团能够将其较为先进的现代物流理念、员工分配制度、操作流程的再造方法,循序渐进地、完整地灌输到合资物流企业的物流管理中。

(七)物流连锁经营模式

物流连锁经营是指特许者将自己所拥有的商标(包括服务商标)、商号、产品、专利和专有技术、经营方式等以特许经营合同的形式授予被特许者使用;被特许者按合同的规定,在特许者统一的业务模式下从事经营活动,并向特许者支付相应费用的物流经营形式。

（八）物流战略联盟模式

物流战略联盟模式是指物流企业为了达到比单独从事物流服务更好的效果，相互之间形成互相信任、共担风险、共享收益的物流伙伴关系的经营模式。

【案例分析1-3】

锦程国际物流集团的加盟连锁

锦程国际物流集团进行物流连锁经营的尝试，将商业中加盟连锁的经营理念引入物流业，创造出了以现代网络技术为支持，以加盟连锁的形式进行物流网络扩张的经营模式。

分析：该案例中的这种经营模式使该集团迅速汇集了资金、人才和客户资源，扩大了产业规模。

任务二　物流企业管理概述

一、物流企业管理的含义、性质、职能及工作内容

（一）物流企业管理的含义

物流企业是从事商品实体流通活动的经济组织。作为企业，物流企业同其他企业一样通过为社会提供相应的商品或服务，实现价值增值。但关键的是，企业能否如其所愿地实现价值增值，这就需要管理。管理是使组织有效运作的活动和手段。物流企业管理就是指根据商品流通的客观规律要求，应用管理的基本原则和方法，对物流企业的资源进行计划、组织、控制和协调，使物流企业能够以最小的投入，为社会提供最优质的物流服务，实现最佳经济效益的活动过程。

（二）物流企业管理的性质

物流企业管理具有二重属性，即自然属性和社会属性。物流企业管理，一方面与流通和生产力相联系，表现为劳动者同一定的物质技术条件相符合，为组织社会商品流通进行共同劳动，由此产生的自然属性；另一方面同商品流通中一定的生产关系相联系，表现为企业内部人与人之间、部门与部门之间、企业与企业之间、企业与国家之间的经济关系，从而产生了社会属性。

（三）物流企业管理的职能

物流企业管理的职能有计划与预测、组织与指挥、协调与控制、教育与激励计划，其中计划是物流企业管理所有职能中的首要职能。

（四）物流企业管理的内容

具体来说，物流企业管理的内容有四个方面，即：人际关系方面的管理；经营决策方面的管理；经营活动方面的管理；物流技术方面的管理。

第一，人际关系方面的管理。它包括物流企业领导体制的确定，企业领导班子的建立，领导权威的发挥，改进领导作风和工作方法，建立合理的管理体制、组织结构和规章制度，员工录用的考核，干部的配备、选拔，员工培训等，另外还有物流企业文化的培育、精神激励和物质利益等。

第二，经营决策方面的管理。根据国家政策和市场需求，确定经营目标，制订经营计划，组织力量实施经营计划。它包括物流企业内部条件分析、经营管理的外部环境分析、经营的预测与决策、经营的计划工作、财务决策与计划等。

第三，经营活动方面的管理。它主要是对物流活动进行管理，通过计划、组织与控制，保证企业按规定的物流品种、数量、质量、期限、成本进行物流服务经营。具体内容包括物流技术准备、物流组织、劳动组织、物流作业的动作研究和时间研究、物流计划与物流作业计划、在库品管理、物料控制、物料管理的安全、文明经营、质量管理等。

第四，物流技术方面的管理。物流企业经营活动的正常运行及物流运输、储存、装卸、包装、流通加工、配送、信息处理等功能的实现是需要现代物流技术的支持的，包括：物流信息处理技术；现代物流仓储与自动识别技术；现代物流运输与配送技术；现代物流安全技术等。

二、物流企业管理原理、原则及方法

物流企业管理既然是一门科学，那它就具有广泛适用性，下面介绍几种常见的管理原理与原则。

（一）系统管理原理

系统具有目的性、整体性、层次性及相关性，社会上任何组织都是以系统的形式存在的，物流企业也如此。物流企业作为一个系统，其系统管理的基本原则如下。

(1) 目标明确原则。物流企业管理必须有明确的管理目标，要具有方向性。

(2) 整合分工原则。物流企业中各部门、各要素都有不同的区别与功用，因而是可以分解的。但各部门、各要素间又有密切的联系，因此又是可以综合的。在物流企业各部门职责分工中，强调的"分工合作"即是最好的证明。

(3) 层次清晰原则。物流企业在管理活动中，必须明确组织层次，明确企业中各部门、人员在整体中的地位、作用及从属关系，在实际工作中，逐层汇报、逐层指挥，只有这样，才能保证物流企业管理活动的有序进行。

（二）能级管理原理

组织能级要求管理系统中的各个要素都要各在其位、各谋其政、各司其职，以保证该能级目标的实现。物流企业能级管理的基本原则如下。

(1)稳定性原则。物流企业各要素的能级确定必须保证组织结构的稳定性。

(2)责权利原则。物流企业中不同能级的要素应授予不同的权力与责任,给予不同的利益,使其责任、权力、利益与该能级相对应。责任能使该能级的工作目标与企业的整体目标相联系;权力能保证该能级正常履行职责,完成工作任务;利益能激励该能级发挥最大的能量。

(3)能级对应原则。物流企业应让具有相应才能的人匹配到相应的岗位上。

(三)效益管理原理

管理的根本目的是利用有限的资源,通过科学的方法和手段,取得尽可能多的效益。在物流企业管理中,必须讲究管理的效益,时时以效益为出发点,加强管理,提升效率,更好地实现物流企业的管理目标。效益管理的基本原则如下。

1. 价值原则

在物流企业管理活动中,必须合理利用各种资源,努力追求以最小的耗费,获得更多的效益。

2. 有效原则

物流企业要进行有效的管理必须确定管理绩效,用以全面衡量管理的总效果,若总体效果很差,则是管理的失败,此时,其他的一切都已经不重要了。

3. 定量分析原则

对现代管理的有效性评价,在很多方面要求用数量化来表示,因此要求物流企业管理者必须重视和运用定量分析原则。

以上管理原理与原则普遍适用于任何类型的物流企业,具有普遍的实践指导意义。如果不承认管理的科学性,不按规律办事,违反管理原理与原则,随心所欲地指挥,一意孤行地蛮干,就一定会导致管理的失败。

物流企业管理的主要方法有经济、行政、法律现代化管理方法,其中现代化管理方法是指运用现代社会科学、自然科学与技术科学的理论、方法和手段,以达到管理高效率、高质量的一种管理方法。现代管理方法的主要特征是对物流企业的经营业务活动进行定量分析决策,使物流企业管理达到科学、合理、有效的目的。

三、智慧物流企业管理的特征

智慧物流企业管理的特征主要有柔性化、社会化、一体化和智能化。

(一)柔性化

智慧物流系统能够根据消费者需求的变化灵活调节生产工艺,提供高度可靠的、特殊的、额外的服务。这种柔性化的特征使得物流服务能够更好地满足客户的个性化需求,提高服务质量和客户满意度。

(二)社会化

智慧物流活动不仅局限于一家企业、一个地区或一个国家,而是实现货物跨区域的流动和交换,促进区域经济的发展和世界资源的优化配置。这种社会化特征有助于降低商品流通成本,成为智能型社会发展的基础。

(三)一体化

智慧物流管理为核心,将物流过程中运输、储存、装卸、包装等环节集合成一体化系统,以最低的成本向客户提供最满意的物流服务。这种一体化特征提高了物流效率,优化了资源配置,提升了客户满意度。

(四)智能化

智慧物流贯穿于物流活动的全过程,利用人工智能技术、自动化技术、信息技术等,不断提高智能化的程度。这包括库存水平的确定、运输道路的选择、自动跟踪的控制、自动分拣的运行等,使物流运作更加高效和精准。

这些特征共同构成了智慧物流企业管理的主要特点,推动了物流行业的现代化发展,提高了物流服务的智能化和自动化水平。

四、现代物流企业管理的特征

物流企业管理的最终目的是满足客户与企业战略目标的需要,包括整个供应链(从供应商开始,一直到客户)的物流成本、客户服务水平和企业投资收益的权衡取舍。物流企业管理表现出如下特征。

(一)现代物流企业管理具有系统整合性

供应链环境下物流企业管理以企业整体最优为目的,从商品供应体系的角度来看,现代物流不是单个生产、销售部门或企业的事,而是包括供应商、批发商、零售商等关联企业在内的整个统一体的共同活动,从而也使第三方物流企业管理成为一种供应链管理。

(二)现代物流企业是为客户提供物流服务

客户服务是物流企业管理创新的原动力,与此相适应,企业经营理念的核心是市场营销和为客户服务。企业的物流活动也以客户服务为价值取向,通过提供客户所期望的服务,在积极追求自身交易扩大的同时,强调实现与竞争者在客户服务上的差别化。

(三)信息已成为物流企业管理的核心

现代物流企业管理依靠高度发达的信息网络和全面、准确的市场信息,来实现企业各自的经营目标和实现整个供应链的效率化。信息已成为物流企业管理的核心,现代物流活动必须及时了解和反映市场的需求,并将之反馈到供应链的各个环节,才能保证生产经营决策的正确和再生产的顺利进行。

五、我国物流企业现代化管理模式

物流企业的现代化管理是为了满足消费者需要而对企业的原材料中间库存、最后产品和相关信息有效流动和储存计划及实施更加科学、有效的控制管理的过程。

（一）即时化物流管理

当前市场竞争日趋激烈，企业的管理逐渐向精细化和柔性化发展，即时化管理已在企业中得到广泛应用。即时化物流管理主要是指在必要的时间里，对必要的产品进行必要量的流通，从而达到零库存的目的。它主要包括即时采购和即时销售两个环节。即时采购是一种较先进的商品采购模式。

【案例分析 1-4】

即时化物流

即时化物流之所以受到社会广泛欢迎，首要原因在于其自身特质顺应了消费升级潮流。即时化物流实现了从"送外卖"到"送万物"的转变，不再拘泥于传统意义上的餐饮外卖，同城取送、代买物品、帮办事务等已成为其主要服务形式。消费者收入水平提高、个性化需求增多，为即时化物流茁壮成长提供了丰厚"土壤"。当下，消费者对省时省力的物流服务需求不断提升，有能力也有意愿获得更多个性化、多元化的即时化物流服务。

分析：工作生活中，消费者常常遇到"急""忙""忘"等场景，而即时化物流的高效性、地域性、复合性等特征，能够让消费者足不出户就满足所需。比如，使用"闪送"取回忘带的物品，叫个"同城"为朋友送份礼物，下单"跑腿"帮忙排队取号等。

（二）一体化物流管理

随着消费者消费个性化、多样化的发展，要求企业在商品供应和配送上能够满足消费者多品种、小批量、高频率的配送需求，而对于构筑自己物流体系的企业而言，由于即时配送的能力有限或出于经济方面的考虑，难以满足高频率、小批量配送的要求，面对这些问题，作为企业物流管理新的发展方向，一体化物流应运而生。一体化物流打破了单个企业的物流界限，通过相互协调和统一，创造出最适宜的运行模式，它有横向一体化物流和纵向一体化物流两种形式。

知识链接 1-3

横向一体化物流和纵向一体化物流

所谓横向一体化物流是指同行业或不同行业企业之间通过相互协调而形成的一种合作性的物流管理系统。同行业内不同的企业之间为了更有效地开展物流服务，降低由于多样化和即时配送导致的高额物流成本，而相互之间形成的一种通过物流中心集中处理和配送，实现低成本物流的系统。不同行业的企业生产经营的商品集中起来，通过物流或配送中心达到企业间物流管理的协调与规模效益性。通常后一种物流一体化模式更容易被接受，因为同行业内不同企业间的物流一体化容易造成一定程度的"企业机密的泄露"，而不利于企业经营战略的实现。而不同行业的企业间的物流一体化,由于不存在直接的产品竞争,因而既能保证物流集中处理的规模经济性,又能有效地维护各企业的利益以及经营战略的有效实施。纵向一体化物流是指处于流通渠道不同阶段的企业之间进行合作的一种物流运行机制。生产企业与批发商之间的物流合作就是一种典型的纵向一体化物流方式。这种物流合作有两种形式:对于力量较强的生产商,为实现批发中心的效率性,生产商可自己进行商品批发,或充分利用自己的信息或技术优势,对批发企业高频率、小单位的配送服务提供支援;若生产商的力量弱而批发商的力量强,可由批发商集中处理生产商的物流活动。

(三)社会配送化物流管理

社会配送化物流管理是通过一定的运作方式,把企业的物流业务外包给专业化的物流企业来承担,产品从生产方到销售方的环节不是由生产方自身的物流部门来承担,而是交由其他物流企业来完成。这种物流管理模式既可以减少生产企业对物流方面的资金投入,同时由于借助专业化的物流企业的物流服务而达到更快捷、安全、高效的目的,又对增加生产企业经营柔性,提高其生产效率,使其能够集中其主业,对改进其服务质量方面有显著效用。

【案例分析1-5】

> **社会配送化物流管理模式的应用**
>
> 产品畅销全球的强生公司通过专业化的第三方物流企业来组织产品分销,把产品从上海的合资工厂运到地区的仓库和经销商手中。通用汽车公司也高度认同第三方物流的作用,通过利用一流的专业物流企业管理自己的供应链,通用汽车比其他竞争对手更迅速地实现了一定的市场占有率。社会配送化物流管理模式在我国将有较大的发展空间。
>
> 分析:在我国,发展社会配送化物流管理模式是一项大有可为的事业,有利于实行规模化经营,减少生产企业对物流方面的资金投入,提高其生产效率。

(四)电子商务物流管理

现代信息技术的迅猛发展,特别是互联网迅速向市场渗透,使电子商务成为企业物流的第二空间。这里的第二空间是指物流的第二空间,其具有相对体制无关性、相对物理无关性的显著特征。电子商务为企业提供了更加详尽的信息资源,使企业对消费者需求的把握更加准确和全面,能更迅速地对市场变化作出反应,并及时作出相应的调整,同时电子商务可以简化传统物流烦琐的环节和手续,大幅度降低交流沟通成本和客户支持成本。

 知识链接1-4

电子商务物流的两种发展模式

电子商务有两种发展模式,一是生产企业向电子商务延伸,二是生产企业与电子商务合作,进行现货仓单交易。具有资金和技术实力的企业可以采用前一种模式,如海尔"一流三网"、订单式生产模式,就是一个成功的范例。而后一种模式则更有实际意义,它适用于大多数企业,两者模式相互融通,形成一种紧密结合的供应生态链。但由于我国的电子商务企业都是新发展起来的,并不拥有庞大的物流网络,所以生产企业与电子商务企业合作的物流模式还有一个逐渐发展的过程。

这里需要指出的是,实施向电子商务延伸的模式并不是彻底否定传统的物流模式,相反,它们是相互依存的,这是因为虚拟化企业之间的合作必然产生大量的实体商品的配送和处理,而这些活动必须以发达的物流网络为基础才能实现,或者说电子商务是建立在发达的实体物流网络基础上的,企业应积极地探索,将这两者的优势有机地结合在一起。

(五)智慧物流管理模式

智慧物流管理模式是指利用先进的技术和智能化手段来优化物流运作的模式。目前,智慧物流管理模式可以分为以下几种类型。

1. 物流信息化

物流信息化是指利用物联网、大数据、云计算等技术手段,实现对物流运输过程的实时监控、数据分析和预测,提高物流运作的效率和可视化管理水平。

2. 智能仓储

智能仓储是指采用自动化、机器人、无人仓等技术,实现仓储设施的智能化管理和自动化操作,提高仓储效率,减少人力成本,提高库存周转率。

3. 智能运输

智能运输包括物流车辆的智能化管理、路径规划、驾驶辅助等,以及利用无人机、自动化机器人等技术进行快递配送和"最后一公里"服务。

4. 绿色智慧物流

绿色智慧物流是引入清洁能源、智能供应链优化和减少环境污染的技术手段,实现物流运输的节能、减排和环保。

5. 区块链物流

通过区块链技术构建可信的、去中心化的物流信息共享平台,实现物流信息的透明、安全和高效流通。

以上是智慧物流管理模式的几种典型类型,随着技术的不断发展和应用,智慧物流管理模式也将不断演化和丰富。

【案例分析1-6】

创新寄递物流行业智慧新管控模式

广州市公安局新闻办公室通报:近年来,为适应寄递物流行业高速发展的态势,广州警方按照上级公安机关的部署,开发应用广州市寄递物流行业治安管理信息系统,创新寄递物流行业智慧新管控模式,推动行业安全隐患全面"清零",有效解决寄递物流行业流动性大、隐蔽性强所伴生的治安管理难题,全面提升行业治安管理现代化水平。

因地制宜建立管控体系,实现行业管理责任"零推脱"。立足广州市寄递物流行业发展实际,主动作为,不等不靠,推动构建"市委政法委牵头、公安主推、邮政主管、企业主责"的行业管理体系。完善市、区、街(镇)、村(居)四级管控体系,市层面成立寄递物流治安防控领导小组,11个部门、11家市级寄递物流行业协会、商会为小组成员。区层面成立各区寄递物流管控办,建立覆盖街(镇)、村(居)的寄递物流专职队伍。例如,白云、花都区公安分局成立物流管控大队,最大限度形成职能部门与行业协会管理合力,分级分层压实行业管理责任。

智慧赋能创新管理方式,实现行业日常管理"零差错"。打造寄递物流智慧新管控模式的核心工程,提升行业日常管理智能化水平。全面覆盖行业管理各环节,实现功能全、应用广;全面摸清行业底数,实现底数清、情况明;全面汇聚寄运信息数据,实现数据活、预警准;全面排查行业安全隐患,实现发现早、整改实;全面推动实名寄递落实,实现源头查、处置快。

(资料来源:广州市公安局创新寄递物流行业智慧新管控模式 [EB/OL].[2024-05-17].https://www.gz.gov.cn/xw/zwlb/bmdt/sgaj/content/post_8373885.html,部分节选,有改动。)

分析:这一案例中,广州警方创新寄递物流行业智慧新管控模式,解决寄递物流行业治安管理难题,充分体现了智慧物流管理模式的优越性。

六、物流企业的文化建设

(一)物流企业文化的含义

企业文化是企业竞争的利器,优秀的企业文化是中国物流企业领先于竞争对手的关键性力量。物流企业文化是指物流企业在市场经济的实践中,逐步形成的为全体员工所认同、遵守,以及带有本企业特色的价值观念、经营准则、经营作风、企业精神、道德规范、发展目标的总和。

物流企业文化包含三大结构要素,即企业物质文化要素、企业制度文化要素、企业精神文化要素。从企业文化的层次结构来看,企业制度属中间层次,它是精神文化的表现形式,是物质文化实现的保证。企业制度作为员工行为规范的模式,使个人的活动得以合理进行,内外人际关系得以协调,员工的共同利益受到保护,从而能有序地组织员工为实现企业目标而努力。

知识链接 1-5

企业文化整个理论系统的5个要素

美国学者迪尔和肯尼迪把企业文化整个理论系统概述为5个要素,即企业环境、价值观、英雄人物、文化仪式和文化网络。

企业环境是指企业的性质、企业的经营方向、外部环境、企业的社会形象、与外界的联系等方面。它往往决定企业的行为。

价值观是指企业员工对某个事件或某种行为好与坏、善与恶、正确与错误、是否值得仿效的一致认识。价值观是企业文化的核心,统一的价值观使企业员工在判断自己行为时具有统一的标准,并以此来选择自己的行为。

英雄人物是指企业文化的核心人物或企业文化的人格化,其作用在于作为一种活的样板,给企业中其他员工提供可供仿效的榜样,对企业文化的形成和强化起着极为重要的作用。

文化仪式是指企业内的各种表彰、奖励活动、聚会以及文娱活动等,它可以把企业中发生的某些事情戏剧化和形象化,来生动地宣传和体现本企业的价值观,使人们通过这些生动活泼的活动来领会企业文化的内涵。

文化网络是指非正式的信息传递渠道,主要传播文化信息。它是由某种非正式的组织和人群,以及某一特定场合所组成,它所传递出的信息往往能反映出企业员工的愿望和心态。

(二)物流企业文化的作用

由于物流企业文化是企业员工群体共同认可的员工行为道德规范和追求,是以该企业拥有的以其他物质生产要素为基础的员工世界观、价值观和人生观在企业活动中的具体表现。物流企业中的员工是企业的第一生产要素,因此在既定的科学技术装备水平下,物流企业员工的劳动质量和效率决定了物流企业服务的质量,也决定了物流企业的生命力。物流企业文化是影响员工行为的决定因素,因而企业文化是物流企业健康持续发展的魅力和源泉。

物流企业文化不是孤立的某个企业的文化,它是受社会文化和社会道德影响的,与社会文化多方交流的,应符合先进社会文化发展的要求;同时,企业文化又是促进物流企业健康发展的文化,一个不能代表企业总体共同发展愿望的文化,不会得到企业员工的认可;物流企业文化存在的另一关键是该文化可以促进员工自身发展和福利的提高,给企业员工个体带来发展的机会和希望,因而具有很强的凝聚力、向心力、号召力、激发力。物流企业文化虽然是包罗员工各种行为思想的大系统,但在实践中,它的主要表述形式和层次可以提炼为物流企业宗旨、企业核心价值观、企业精神、企业经营理念、企业人才观、企业员工行为规范等。

【案例分析1-7】

某企业的企业文化

某企业的领导者系统地运用之前在大企业从事高层管理的专业经验与认识,建立起一套完善的企业文化体系。目前,该企业提出了"以人为本,爱心管理"的核心企业文化,为了滋养这片肥沃的企业文化的土壤,该企业投入大量的资本,做培训、办报纸、办刊物,使企业文化能够深入人心、催人奋进。随着时间的推移,它给予企业的回馈也是无与伦比的。该企业一年内在广东省完成了自己的品牌建设,同时向其他领域拓展。如今不仅在运输业发展顺利,在教育产业也取得了较好的成绩。该企业的企业文化深入人心,通过企业上下一心,逐步形成了自己独特的企业人格。该企业的每一个员工都深刻地理解了企业文化,并始终如一地执行着;培训让他们充满自信,再加上合理的约束与激励机制,让企业充满活力,使企业的利润倍增。可以说,建立在物流行业内具有"异质优势"的企业文化,是企业成功的关键。

分析:该企业的成功生动地证明了企业文化是企业生存与发展的内在驱动力。因此,我们可以说企业文化就是现代物流企业的灵魂!物流企业文化也渗透在物流企业的每一个角落。毫不夸张地说,一个没有良好文化的物流企业肯定是永远长不大的物流企业;一个没有健康文化的物流企业,不但营养不良,甚至会风雨飘摇。有文化的企业未必都成功,但没有文化的企业注定不会成功。

基本训练

知识题

1. "物流企业"是如何定义的？有哪些类型？
2. 简述物流企业的特征。
3. 举例说明物流企业管理的含义。
4. 物流企业管理有哪些性质、职能及内容？
5. 什么是物流企业文化？物流企业文化有何作用？

判断题

1. 通常物流企业指的是第一方物流。（   ）
2. 物流企业专门从事物流活动并且追求盈利，是享有合法权益的法人。（   ）
3. 物流企业文化包含三大结构要素，即企业物质文化要素、企业制度文化要素、企业精神文化要素。（   ）
4. 物流企业有其独特的特点，所以物流企业管理不同于一般的企业管理，因而物流企业管理不具二重性。（   ）
5. 信息已成为物流企业管理的核心。（   ）

选择题

1. 介于供应商和用户之间的专业物流形式是（   ）。

    A. 第一方物流　　　　B. 第二方物流　　　　C. 第三方物流

2. 从事多种物流服务业务，可以为客户提供运输、货运代理、仓储、配送等多种物流服务，具备一定规模的是（   ）。

    A. 仓储型物流企业　　B. 运输型物流企业　　C. 综合服务型物流企业

3. 系统管理的基本原则是（   ）。

    A. 目标明确原则、整合分工原则和层次清晰原则

    B. 稳定性原则、责权利原则和能级对应原则

    C. 价值原则、有效原则和定量分析原则

4. 从企业文化的层次结构看，属中间层次是（   ）。

    A. 企业物质文化　　　B. 企业制度文化要素　　C. 企业精神文化要素

5. 要求物流企业应使具有相应才能的人处于相应的岗位上的是（   ）。

    A. 稳定性原则　　　　B. 责权利原则　　　　C. 能级对应原则

技能题

1. 参观 1~2 家物流企业，要求学生写一份参观报告，报告内容包括所参观物流企业的类型、

经营范围、经营内容、经营方法,以及企业管理的状况。

实训目的:要求学生了解典型物流企业类型、把所学的物流企业管理方面的理论知识应用于实践。

实训要求:仔细观察,认真听讲解;结合所学知识。

2. 浏览知名物流企业的网站,写出3~4个网址,针对某一自己感兴趣的网页栏目的话题,写一篇1000字左右物流企业管理的体会。

实训目的:对物流企业的含义以及物流企业管理的重要性有进一步认识。掌握一些物流企业管理的经验。

实训要求:认真思考,结合所学知识,用自己的语言写出自己关于物流企业管理的体会。

案例分析

某物流企业的管理模式

某物流企业是一家集航空公路、包装、仓储为一体的第三方物流服务性企业,企业坐落于北京海淀区上地物流园内,占地1000平方米,附近有联想集团总部、中关村软件园、中国航天城,优越的地理位置注定了该企业与附近高新技术企业的紧密合作。该企业全力提升服务品质,积极培育优秀企业文化,倾力打造属于自己的精品物流品牌,在企业全体员工的共同努力下,经过十余年的磨炼,积累了丰富的管理模式和运输方面的经验,逐渐转变了服务理念,建立起完整的管理机构和服务体系,并以"优质、安全、高效"的服务使企业迅速被社会各界广泛认可。

单一分散的物流服务早已不是市场的宠儿,一体化、专业化、网络化和信息化才是市场的趋势所在,而这也是该企业全程控制和一体化的物流服务的理论根基。现代物流业的崛起,深刻地影响着中国传统的企业经营模式,通过社会分工、部分业务外包、集中发展自己有核心竞争力的产品,已成为企业家的共识,这种共识也给物流企业带来了广阔的市场前景。拥有一批年轻、充满朝气与活力的精通信息化管理的员工队伍。为打造"年轻化、信息化、品牌化"物流服务提供了智力支持,企业一直以科学的管理、规范化的服务、合理的运输价位、良好的企业信誉活跃于我国物流行业之林。同时,率先在行业中通过了质量管理体系认证,分别为客户建立了档案,开通了4008个免费电话和接受客户电话来访、业务咨询、跟踪回访,接受客户反馈的意见和建议,并且引入计算机管理和自动化库存管理等系统。现拥有客户数量达2000多家,签订长期合作协议的客户500余家。目前,该企业可以做到:接到客户委托后一小时内上门取货;所有货物均当天上站、当天发车;货到之后立即通报收货人、按时送货上门;严格按外包装图标要求进行包装、整理。

1. 主打"北京-上海城际专线物流"品牌

该企业开通了北京-上海城际专线货物运输,并利用信息化、网络化实现人性化、科学化的管理,力求实现以合理的价格、稳定的时间和优质的服务完成与新老客户的每一次合作。该企业更是获得了一次绝佳的机会,独揽了北京-上海城际专线,实现了北京至上海、上海至北京全部采用豪华集装箱货运车辆,全程运行时间为28小时。无障碍货物运输,周一至周六,定点发车。该企业在上海的物流范围可延伸至虹口、青浦、松江、徐汇、浦东、闵行、静安、奉贤、宝山、嘉定、普陀等区域。这也证明了只做航空运输和汽车运输的路线,让该企业在极短时间内获得了一定积累。立足现在、着眼未来,该企业将全面实现北京-上海城际专线货物运输第一物流品牌战略。

2. 专注于"优质、安全、高效"的城际专线物流服务

专注于"优质、安全、高效"的城际专线物流服务,跨出了从"企业物流"向"物流企业"的重要一步。而这也是该企业"主业尤强,相关多元"战略的具体实施。自成立以来,该企业就组织人员奔赴全国各地开展市场调查,收集第一手材料。在充分借鉴业内领先物流企业成功经验的基础上,该企业确定了"构建现代物流网络体系"的目标,为企业、社会提供"第三方现代物流服务"的企业运作模式,强调系统化经营管理服务及信息化服务。这也是现代物流与传统物流的根本区别。承揽全国公路货物运输,借助于强大的信息服务平台和网络优势,形成以北京为中心,辐射全国,业务覆盖西南、华南、华中、华东、东北等地区的大中城市的发展路线。目前该企业业务范围已拓展到全国 30 多个省会城市,完成了排兵布阵第一步。同时,在上海、广州、成都和全国其他主要省会城市以及环渤海地区、长三角地区、珠三角地区分别建立了分公司和办事处,迅速搭建起了一、二级城市货物运输市场,实现了全国城市之间纵横交错、真正立体化货物快运,可为客户提供直接的门到站、门到门配送业务。立足于北京市,辐射全国,该企业凭借自己独特的发展模式,一天天地强大起来!

3. 与中小型物流企业强强联手发展战略联盟

我国的物流企业正在成长过程之中,相互间的战略联盟还不普遍,结成战略联盟将是物流企业组织模式发展的必然趋势。从现状上看,我国中小型物流企业又何去何从呢?毫无疑问:战略联盟、强强联手、优势互补、携手共鸣、相互合作、共同应对市场变化,是走出传统物流困境的有效途径。树立长期战略目标,强化行业间的合作意识,积极与国内外物流企业结盟,充分利用国内外物流资源,强化联盟中的组织学习,增强自身竞争优势,开拓中国物流行业多元化合作的模式,加强物流企业之间的密切合作、加强物流企业与制造业的合作、打破行政干预、加强区域间物流合作,从而使企业不断发展壮大!目前,该企业已与国内外近百家著名大型工商企业结成战略联盟,为它们提供商品以及原辅材料、零部件的采购、储存、包装、配送、信息服务、系统规划设计等供应链一体化的综合物流服务。运输业务范围涉及电子产品、健身器材、化工原料、报刊、电脑零配件、化妆品、办公用品、家具以及机器设备、植物种子等的货运运输、仓储理货、包装加工。该企业与铁路部门签订了合作协议,与国航、海航、东航、厦航、南航等航空公司也建立了合作机制。通过整合物流资源,分别与其他专线货运公司建立了长期的合作关系,在上海、广州、成都有其分公司,该企业将新老客户的货物"安全、快捷"地运送到全国各地,为新老客户提供安全、迅捷、周到的服务。

该企业不止于做行业的先锋,也培养了一批拥有梦想与激情的员工。最有发展的团队就是学习型组织,为此,企业定期发动员工进行培训和学习,特别是中高层员工,对他们定期进行管理培训,同时每月还会办黑板报,以促进企业文化建设。该企业还组织全体员工春、秋游和拓展训练,提高团队凝聚力,培养员工对企业的认同感、归属感、荣誉感和自豪感!如今,规范化的服务、完美化的运作、强烈的社会责任感已经成为该企业的符号!为了提高各部门、各层级之间的衔接与配合,该企业开展"四纵四横"的管理模式。"四纵"是指营销部、营运部、办公室、财务部。"四横"是指高层、中层、基层干部、基层员工,使各个环节实现了无缝衔接,使管理水到渠成。一家优秀的企业必然有属于自己的一套严谨而分工明确的管理模式,"四纵四横"的管理模式清除了管理漏洞与隐患,实现企业内部运作无障碍、无隐患。与此同时,该企业还组建了高效的精英业务团队,实施富有创造力的激励机制和规范化、系统化、流程化、网络化、现代化的运作系统,以便提供更安全、快捷、优质、

高效、差异、统一、规范的物流服务!

问题:

1. 该企业的管理工作是如何进行的?

2. 该企业的企业文化建设是如何实施的? 有哪些特色?

 综合实训

实训项目:了解物流及物流企业

一、实训目的

正确认识物流及物流企业,掌握现代物流企业管理的基本理论及物流企业的发展趋势,提高对物流企业管理职能分析的能力,以及在此基础上进一步掌握物流企业管理的内容。了解物流企业管理合理化目标,理解影响物流企业管理的相关因素,掌握物流企业管理主要职能,熟悉物流企业文化的建设。

二、实训项目安排

实训项目1:以佳怡物流企业为例,分组进行讨论。通过近年来佳怡物流企业从运输企业转型为物流企业的发展历程,从小到大的发展,使学生正确认识什么是物流企业,物流系统的构成,树立正确的物流意识。

实训项目2:随机访查有关物流企业,以观察者身份了解物流企业管理现状,也可事先预约或直接访问企业管理者,以对话者身份了解物流企业管理现状。然后写出报告,指出管理优劣,并提出解决问题的办法。有计划地安排学生轮流到共建企业实践,在企业管理人员的直接指导下亲自体验并处理管理工作。

实训项目3:分组模拟一家物流企业,结合所学物流企业及物流企业管理的知识,形成对物流企业管理影响因素、物流企业管理的决策力和实际操作能力的判断力,并总结出物流企业管理的现实做法。结束后,对比、讨论各自优劣,分析物流企业管理的措施。

三、实训纪律与实训守则

以班级为单位组织教学,地点选择一般有三个:教室、实训室、企业现场。人员安排一般为临时团队(4~5组,每组8~10人)。以学生主动学习为特征,教师仅作为引导者。

四、实训要求

通过对实训项目的组织实施,学生能够正确认识物流企业,掌握有关物流企业管理的基本概念与基本理论,能够根据市场营销、管理学知识对物流企业环境、经营状况进行客观分析,并能基本运用有关工具制定物流企业管理规范。从而,学生们的企业管理综合技能可以获得较大的提高。

项目二 智慧物流企业组织结构及组织模式创新

思政目标

◎具有组织观念。
◎服从组织领导。

知识目标

◎了解组织设计的任务和影响因素。
◎明确组织设计的基本步骤和组织结构的基本类型。
◎熟知不同类型物流企业的组织结构。
◎掌握智慧物流企业组织结构的创新模式。

技能目标

◎能够履行各物流岗位的工作内容和职责。
◎能够根据物流企业的类型和特点选择和设计合适的组织结构。

 引例

打造高质量配送网络

山西穗华物流园有限公司充分发挥区域分拨的优势,有序推动干线运输、区域分拨、多式联运、仓储服务、跨境物流、城市配送等统筹运行,以新模式推动枢纽运营主体效益提升,将全省物流节奏带入快车道,重构全省物流体系格局,整合壮大物流企业"走出去"的能力,进而从外向内倒逼全省物流网络优化,形成以太原为战略门户的对外开放格局,不断推出高质量物流产品,带动城市产业发展和经济社会发展。

山西穗华物流园有限公司以"省内配送班车化,市内配送公交化"为目标,建设商贸服务型国际路港,以快运、快递、冷链运输"三网合一"为基础,整合申通快递、中铁快运、恒路物流、聚盟供应链、老鸿运物流、穗华飞豹、客运小件物流等配送资源,形成集"快递+快运+合同物流+大票零担+省内零担+同城配送+县村配送"于一体的全重量配送服务体系。以合作运营、自主运营等形式,打造第三方配送网络,省内物流网点达到200多个,开通了90条省内班线,实现山西地区全境覆盖。同时,引入省际专线物流企业,共同打造省际商贸物流集散地,开通了26条省际班线。组建新能源配送车队,开展共同配送服务,形成城市配送公交线路12条。

这一案例表明:随着智慧物流的发展,物流企业的组织结构要与其发展状况相适应,物流企业的组织结构也要相应地进行调整。由于物流业务的复杂性,物流企业应具有更灵活的组织结构,因此,如何进行物流企业的组织结构重新设计以适应智慧物流的发展是物流企业普遍关注的问题。

任务一　现代企业的组织结构设计

一、组织及组织设计概述

根据组织的词性,组织一词有两种含义。其一是指社会单位。组织是为了实现既定目标,通过人与人、人与物以及信息的有机结合所形成的社会系统。企业、银行、学校、医院、政府机关、军队等都是组织的具体形式。其二是指组织职能。它是为了完成计划和实现组织目标,将组织资源进行有效组合的过程,具体包括对组织活动的分类组合,划分组织部门和管理层次,以及进行职权的划分和协调工作。从本质上讲,组织是人们为了实现共同的目标而采用的一种手段或工具。

组织有正式组织和非正式组织之分。正式组织是为了实现一定的目标,依据一定的规则和程序建立的组织。非正式组织是伴随着正式组织而产生的,它是由兴趣、爱好、观念等大体一致或相似的组织成员自发形成的松散群体。正式组织与非正式组织之间的主要区别如表2-1所示。

表2-1　正式组织与非正式组织的区别

比较项目	正式组织	非正式组织
存在形态	正式（官方）	非正式（民间）
形成机制	自觉组建	自发形成
运作基础	制度与规范	共同兴趣与情感上的一致
领导权力来源	由管理当局授予	由群体授予
组织结构	相对稳定	不稳定
目标	利润或服务社会	成员满意
影响力的基础	职位	个性
控制机制	解雇或降级的威胁	物质或社会方面的制裁
沟通	正式渠道	小道消息

(一)组织设计的定义

组织设计是指管理者将组织内各要素进行合理组合,建立和实施一种特定组织结构的过程。组织设计可能有三种情况:新建的企业需要进行组织结构设计、原有组织的目标发生变化致使组织结构需要进行重新评价和设计、组织结构需要进行局部的调整和完善。

企业的组织结构设计是这样的一项工作:在企业的组织中,对构成企业组织的各要素进行排列、组合,明确管理层次,分清各部门、各岗位之间的职责和相互协作关系,并使其在企业的战略目标过程中,获得最佳的工作业绩。从最新的观念来看,企业的组织结构设计实质上是一个组织变革的过程,它是把企业的任务、流程、权力和责任重新进行有效组合和协调的一种活动。根据时代和市场的变化,进行组织结构设计或组织结构变革(再设计)的正面结果是大幅度地提高企业的运行效率和经济效益。

(二)组织设计的任务

组织设计的任务是设计清晰的组织结构,规划和设计组织中各部门的职能和职权,提供组织结构系统图和编制职务说明书。组织结构系统图的基本构成情况如图2-1所示。

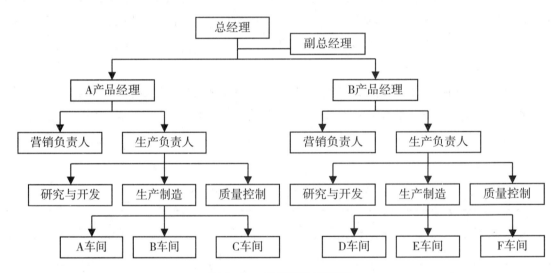

图2-1 组织结构系统图

职务说明书是对各个职务员工应当做些什么工作以及任职者雇佣规范的规定,它要求能简单明确地指出各管理职务的工作内容、职责与权力、与组织中其他部门和职务的关系,担任该项职务者所需拥有的基本素质、技术知识、工作经验、处理问题的能力等条件。

为了提供组织结构系统图和职务说明书,组织设计者要完成以下三个步骤的工作。

一是职务设计与分析。设计组织结构时,要从最基层开始,自下而上地划分各个部门的职责。

二是部门划分。根据各个职务的工作性质以及职务之间的关系,将各个职务组合成相应部门。

三是结构的形成。在职务设计和部门划分的基础上,根据组织内外能够获取的资源,对初步设计的部门和职务进行调整,平衡各部门、各职务的工作量,以使组织结构合理。然后,根据各自工作的性质和内容,规定各管理机构之间的职责、权限以及义务关系,使各管理部门和职务形成一个严密的网络。

 知识链接 2-1

物流系统的基本框架

辨别物流系统最直观的方法就是认识这个系统的框架图。因为物流系统的框架图包含物流系统的功能要素及其位置关系。很多学者都提出了物流系统的框架,其中比较典型的是鲍尔索克斯的物流系统框架,如图 2-2 所示。

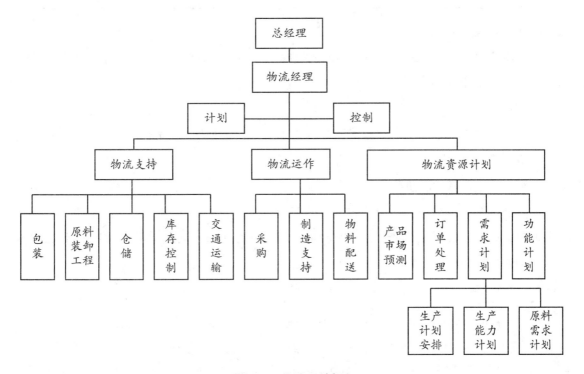

图 2-2 物流系统框架

在鲍尔索克斯提出的物流系统框架中,企业需要建立统一的物流部门,管理企业内部所有的物流资源、计划与运作。物流经理的管理范围包括计划、控制,以及物流支持、物流运作、物流资源计划等方面。采购、原料需求计划、生产计划安排等属于生产领域的活动也被包括在物流系统框架中。

(三)组织设计的影响因素

组织活动是在一定的环境中利用一定的技术条件,并在组织总体战略的指导下进行的。组织结构的确定和变化通常要受到以下因素的影响。

1. 经营战略

战略在两个方面影响组织结构的设计:不同的战略要求不同的业务活动,从而影响职务的设计;战略重点的改变会导致组织工作重心的转移,从而要求对职务及部门之间的关系进行相应的调整。按照企业对待竞争的方式和态度可以将经营战略分为保守型战略、风险型战略和分析型战略,这三种战略对组织设计的影响如表2-2所示。

表2-2 经营战略对组织设计的影响

结构特征	保守型战略	风险型战略	分析型战略
集权与分权	集权为主	分权为主	适当结合
计划管理	严格	粗放	严格与粗放结合
高层管理人员构成	工程师、成本专家	营销、研究开发专家	联合组成
信息沟通	纵向为主	横向为主	网络结构

2. 外部环境

外部环境的影响主要表现在三个不同的层次上:对职务和部门设计的影响;对各部门关系的影响;对组织结构总体特征的影响。

3. 技术

技术以及技术设备的水平对组织活动的效果会产生重要影响,同时也会对组织活动的内容划分和职务设置产生影响。

4. 组织规模及其发展阶段

规模是影响组织结构的一个不容忽视的因素,它往往与组织的发展阶段相联系。规模伴随组织的成长而发展变化,组织活动的内容会日趋复杂,人数会逐渐增多,活动的规模会越来越大,组织的结构也会更加复杂。

(四)组织设计的主要内容

组织设计的主要内容有职能设计、框架设计、协调设计、规范设计、人员设计。

职能设计是指企业的经营职能和管理职能的设计。企业作为一个经营单位,要根据其战略任务设计经营、管理职能。如果企业的有些职能不合理,那就需要进行调整,对其弱化或取消。

框架设计是企业组织设计的主要部分,运用较多。其内容简单来说就是纵向的分层次、横向的分部门。

协调设计是指协调方式的设计。协调设计主要研究分工,有分工就必须要有协作。协调方式的设计就是研究分工的各个层次、各个部门之间如何进行合理的协调、联系、配合,以保证其高效率地运作,发挥管理系统的整体效应。

规范设计就是管理规范的设计。管理规范就是企业的规章制度,它是管理的规范和准则。组织设计最后要落实并体现为规章制度。管理规范保证了各个层次、部门和岗位按照统一的要求和标准进行配合和行动。

人员设计就是管理人员的设计。企业结构设计和规范设计,都要以管理者为依托,并由管理者来执行。因此,按照组织设计的要求,必须进行人员设计,配备相应数量和质量的人员。

(五)组织设计的步骤

组织设计是指对物流企业的结构进行规划、构造或再构造,以便在物流企业的结构上确保其目标的有效实现。具体而言,物流企业组织结构的设计需要以下几个基本步骤。

(1)物流企业目标的确定。通过收集及分析资料,进行设计前的评估,以确定物流企业的服务目标和成本目标。

(2)整合物流活动,划分物流部门。列出物流企业所从事的所有物流活动,根据物流的内容和性质对物流活动进行整合,成立物流部门,并确定各物流部门的业务范围和工作量。

(3)确定物流企业组织结构的基本框架。根据划分的物流部门及各物流部门之间的关系,设计物流企业的层次及部门结构,形成物流企业的基本框架。

(4)确定物流职责和权限。根据初步确定的组织结构,对物流企业各层次、各部门以及每一职位的权限和职责进行分析,并以职位说明书或岗位职责等文件形式予以明确规定。

(5)物流企业运作方式的设计。物流企业运行方式的设计主要包括各物流部门之间的协调方式和控制手段的设计、管理规范的设计以及各类运行制度的设计等三个方面的内容。

(6)配备人员,授予职权。根据工作和人员相称的原则为各物流职位配备合适的人员,并确定每个职务所拥有的职责和权限。

(7)物流企业组织结构的形成。对物流企业组织设计进行审查、评价及修改,并确定其运作程序。

(8)物流企业组织结构的调整。根据物流企业的实际运行情况及内外部环境的变化,对其组织结构进行调整,使之不断完善。

小思考 2-1

物流组织的发展周期经历了哪几个基本过程?

答:物流组织经历了从物流的分离、物流的职能整合到物流的过程整合三个基本过程,它包含的基本阶段如图 2-3 所示。

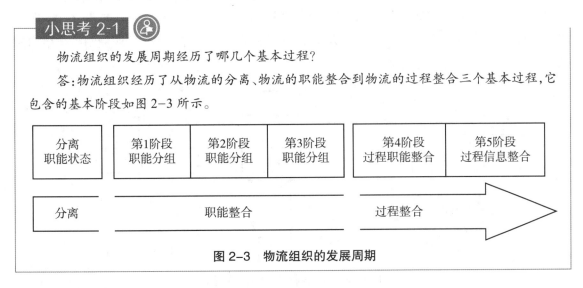

图 2-3 物流组织的发展周期

二、组织结构类型

组织结构是在组织内部分工协作的基础上,由部门职责职权及相互关系所构成的结构体系。它是指构成组织的各要素的排列组合方式,是组织各要素之间排列顺序、空间位置、聚集状态、联系方式及其相互关系的一种模式,是人们实现组织目标的手段。组织结构犹如人体的骨架,起着支撑、保护的作用。迄今,企业组织结构的形式主要有直线制、职能制、直线-职能制、事业部制和矩阵制。

(一)直线制

直线制是一种最早也是最简单的组织形式,最初广泛应用于军事系统中,后来推广到企业管理中。直线制组织结构如图2-4所示,具有以下基本特点。

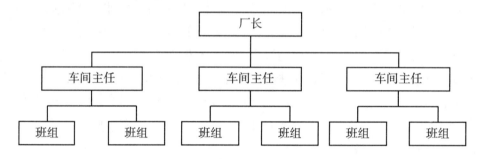

图2-4 直线制组织结构示意图

(1)企业各级行政部门从上至下实行垂直管理,下属部门只接受一个上级的指令,各级主管负责人对所属部门的一切问题负责。

(2)不设专门的职能机构,一切管理职能基本上由行政主管执行。

(二)职能制

职能制组织结构,又称多线型或"U"型组织结构,它是按管理职能专业化的要求设计的组织结构形式。在职能制组织结构下,各级行政单位除主管负责人外,还相应地设立一些职能机构,如在厂长下面设立职能机构和人员,以协助厂长从事职能管理工作。职能制组织结构如图2-5所示,具有以下基本特点。

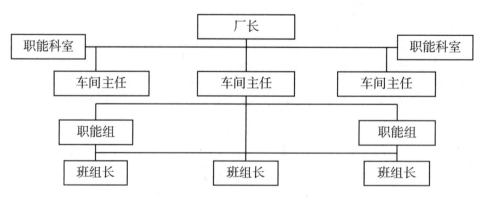

图2-5 职能制组织结构示意图

(1)专业分工的管理者代替直线型组织中的全能型管理者。

(2)组织内设立了职能机构来分担职能管理的业务。

(3)下级直线主管除了接受上级直线主管的领导外,还必须接受上级各职能机构在其专业领域的领导和指示。

(三) 直线 – 职能制

直线 – 职能制,也叫生产区域制,或直线参谋制。它是在直线制和职能制的基础上,取长补短,吸取这两种形式的优点而建立起来的。这种组织结构形式把企业管理机构和人员分为两类:直线领导机构和人员、职能机构和人员。直线 – 职能制组织结构如图 2-6 所示,具有以下基本特点。

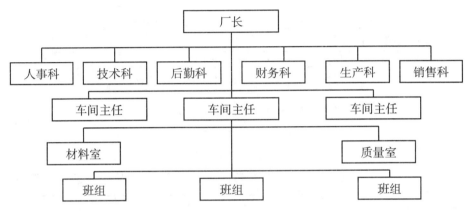

图 2-6 直线 – 职能制组织结构示意图

(1)直线领导机构和人员按命令统一原则对组织各级行使指挥权。他们在自己的职责范围内有一定的决定权和对所属下级的指挥权,并对自己部门的工作负全部责任。

(2)职能机构和人员按专业化原则从事组织的各项职能管理工作,他们是直线指挥人员的参谋,不能对直接部门发号施令,只能进行业务指导。

(四) 事业部制

事业部制最早是由美国通用汽车公司总裁斯隆于 1924 年提出来的,故有"斯隆模型"之称,也叫"联邦分权化",是一种高度(层)集权下的分权管理体制。它适用于规模庞大、品种繁多、技术复杂的大型企业,是国内外较大的联合企业所采用的一种组织形式。事业部制是分级管理、分级核算和自负盈亏的一种形式,即一家企业按地区或按产品类别分成若干个事业部,从产品的设计、原料采购、成本核算、产品制造,一直到产品销售,均由事业部及所属工厂负责,实行单独核算、独立经营,企业总部只保留人事决策、预算控制和监督大权,并通过利润等指标对事业部进行控制。事业部制组织结构如图 2-7 所示,具有以下基本特点。

(1)它有独立的产品或市场,是产品责任或市场责任单位。
(2)它有独立的利益,实行独立核算,是一个利益责任单位。
(3)它是一个分权单位,拥有足够的权力,能自主经营。

(五) 矩阵制

矩阵制是把按职能划分的垂直领导系统和按产品(项目)划分的横向领导关系组合在一

起的组织结构,其组织结构如图 2-8 所示,具有以下基本特点。

(1)它打破了传统的一个员工只有一个上级的统一命令原则,使一个员工受两个甚至两个以上的上级领导。

(2)它是为完成某一项目,由各职能部门临时抽调相应人员组成的项目小组。当项目完成后,各类人员另派工作,项目小组便不复存在。

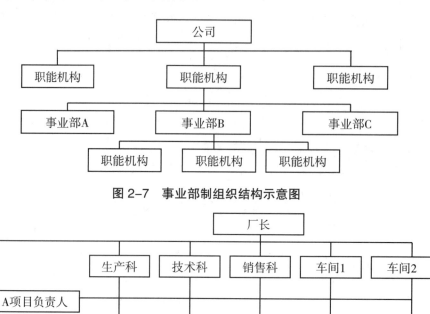

图 2-7　事业部制组织结构示意图

图 2-8　矩阵制组织结构示意图

 小思考 2-2

各类组织结构有何优缺点?各适用于哪种类型的物流企业?

答:各类组织结构的优缺点及其适用情况如表 2-3 所示。

表 2-3　组织结构的优缺点

类型	优点	缺点	适用情况
直线制	结构比较简单,责任分明,命令统一	要求行政负责人通晓多种物流技能,亲自处理各项物流业务	适用于规模较小、技术比较简单的物流企业
职能制	能充分发挥物流职能部门的作用,减轻直线领导人员的工作负担	多头领导,不利于集中领导和统一指挥;不利于物流责任制的建立和健全	适用于中小型物流企业

项目二　智慧物流企业组织结构及组织模式创新

续表

类型	优点	缺点	适用情况
直线-职能制	既保证了物流企业管理的集中统一,又能充分发挥各物流管理部门的作用	物流职能部门之间的协作和配合性较差;上层领导的工作负担重;办事效率低	比较适用于大中型物流企业,但不适合规模很大的物流企业
事业部制	物流领导能集中精力于战略决策;能较好地调动物流管理人员的积极性,提高物流管理的灵活性和适应性	物流机构重复易造成人员的浪费;事业部相互间竞争激烈,协调困难	适用于规模庞大,服务区域广的物流企业
矩阵制	机动、灵活;物流人员和设备得到充分利用;有利于人才培养,避免"近亲繁殖"	物流项目负责人的责任大于权力,对项目参与人员管理困难;物流员工容易懈怠,对工作有一定影响	适用于一些重大攻关物流项目,特别适合于第四方物流企业。

【案例分析2-1】

某物流有限公司的组织结构

某物流有限公司总部位于山东省德州经济技术开发区,公司注册资金1000万元,其组织结构如图2-9所示。

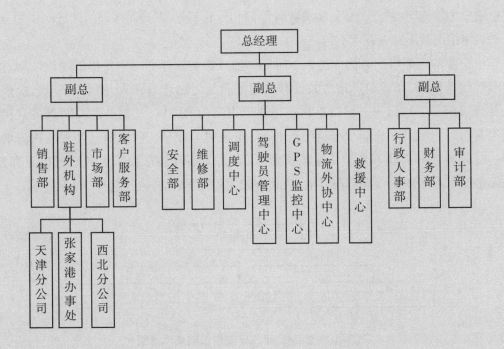

图2-9　某物流有限公司组织结构示意图

该物流有限公司主要以危险化学品运输和仓储业务为主,自有危化品运输槽罐车260辆,拥有危险品铁路专运线一条,具备20000立方米的仓储能力,年液体危化品运输量达85万吨,覆盖国内20多个省、自治区、直辖市,全部车辆安装GPS全球卫星定位系统,对公司所有运输车辆实行24小时监控。该公司是省市交通运输部门树立的危化品物流行业标杆企业和物流龙头企业,中国危化品物流行业三大品牌企业之一。

分析:该物流有限公司采用了典型的直线-职能制组织结构。该公司总体实行直线管理,同时设立了许多平行的职能部门。从物流职能来看,该公司是运输类物流企业,每个职能部门的职责很明确。为了适应发展,该公司组织结构在逐步向"总公司+分公司"模式转变。

任务二 现代物流企业的组织结构形式

一、现代物流企业的组织结构类型

物流企业内部的组织结构,从纵向看可划分为若干不同部门。物流企业的组织结构应该服从各自经营管理活动的需要,根据各自经营分工的专业、经营对象的技术复杂程度及其品种、经营操作的物质技术装配先进程度、经营的规模等具体因素加以权衡,从经营管理的水平加以确定。一般来说,从物流企业担负商品流通职能的共性出发,物流企业内部的组织结构基本上可划分为物流职能管理部门、物流业务部门和行政事务部门,而各部门的进一步划分则因企业的具体情况的不同而有所不同。

物流企业的一般组织结构如图2-10所示。物流职能管理部门主要担负物流计划、指挥、监督和控制等职能,如运输货物的数量和时间是否与运输计划一致,如果不一致,应该采取什么补救措施等。物流业务部门是物流企业组织结构的主体,它们的主要职责是直接从事物流经营活动,如运输、仓储、装卸搬运、包装、流通加工、配送、物流信息处理及物流增值服务等。行政事务部门既不直接从事物流业务活动,又不直接对物流业务进行指导和监督,而是间接地服务于职能管理部门和业务部门的行政事务活动,包括总务、保卫等。

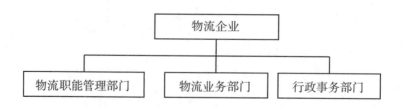

图2-10 物流企业的一般组织结构示意图

上述只是物流企业组织结构设置的一般模式。它并不是永久不变的,应当随着物流企业自身条件和内外部环境条件的变动加以必要的调整和充实,保证物流企业目标的顺利实现。

（一）中小型物流企业的组织结构

目前我国物流企业中，大部分都是市场份额低于1%的中小型物流企业。对于规模非常小的物流企业，由于业务相对简单（往往只有运输/仓储业务），通常会采用直线制组织结构，如图2-11所示。

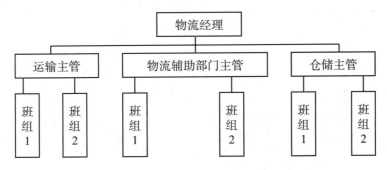

图2-11 物流企业的直线制组织结构示意图

随着物流企业的发展，其经营规模、业务领域和市场范围都会不断扩大，物流企业的组织结构也相应会更加复杂。此时，直线-职能制成为我国中小型物流企业普遍采用的组织结构形式，如图2-12所示。在物流企业中，其具体格局为一个总公司、若干分公司、营业部等。其上下级之间是直线管理关系，上级公司的职能部门，如人事处、财务处等部门对下级公司的职能部门只能是业务指导关系，而不能是直接的领导关系。分公司又可根据其所在市场的情况，按照客户、服务渠道等划分其内部部门。

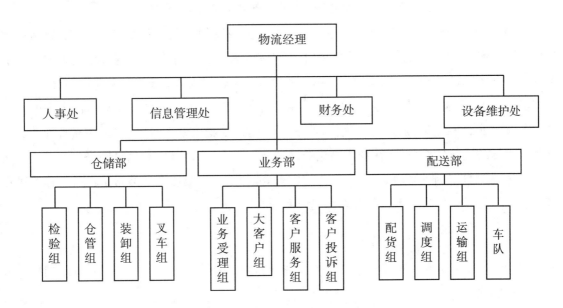

图2-12 物流企业的直线-职能制组织结构示意图

（二）大型物流企业的组织结构

大型物流企业的市场覆盖面非常广，地理位置会跨越整个国家甚至全球。从物流业务的内容来看，每项内容并不复杂，但协调整个过程的服务必须建立一个权威而又高效的组织系统，以控制物流实施状态和未来运作情况，并及时有效地处理衔接中出现的各种疑难问题和突发事件。为了加强对物流过程的控制，大型物流企业通常采用图2-13所示的组织结构。

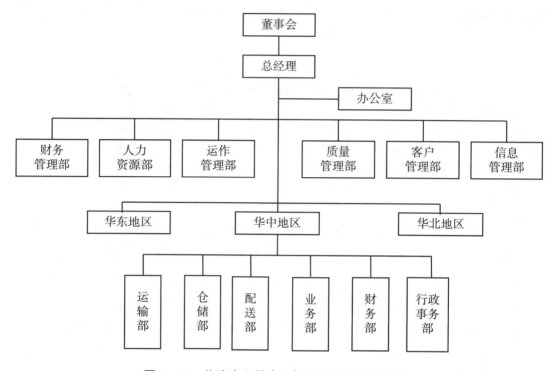

图2-13　物流企业的事业部制组织结构示意图

在该组织结构模式下，运营的关键在于集权和分权度的把握。有效控制是现代物流的保证，需要一个能力很强、指挥灵活的总部（指挥中心）来对整个物流业务进行控制和协调。一方面，总部必须具有强大的指挥、设计、市场把握和风险控制能力。要求分部坚决服从总部，总部对分部有高度的控制力。另一方面，各分部必须拥有一定的决策权，以调动各部门的积极性。各分部实行专业化，发挥各自优势，使统一管理和专业化分工有机结合，提高管理的灵活性和对市场的适应性。另外，在现代物流的管理与运作中，信息技术与信息网络扮演着十分重要的角色，甚至是企业形象和核心竞争力的标志。因此，大型物流企业通常都设有运作管理系统、质量保证系统、信息管理系统和客户管理系统。

（三）第四方物流企业的组织结构

第四方物流通常有协同运作、方案集成商和行业创新者三种运作模式，下面分别简要介绍这三种模式。

1. 协同运作模式

协同运作模式由第四方物流与第三方物流采用合同方式绑定或采用战略联盟方式形成。在协同运作模式下，第四方物流与第三方物流共同开发市场。在开发过程中，第四方物流为第三方物流提供技术支持、供应链管理决策,共同提升了市场准入能力和项目管理能力等。

2. 方案集成商模式

在方案集成商模式下,企业客户可以直接通过第四方物流企业来实现复杂的物流运作管理。在服务过程中,第四方物流作为企业客户与第三方物流的纽带,将企业客户与第三方物流连接起来。第四方物流作为方案集成商,除了提出供应链管理的可行性解决方案外,还要对第三方物流资源进行整合,统一规划,为企业客户服务。

3. 行业创新者模式

与方案集成商模式类似,行业创新者模式下的第四方物流企业作为第三方物流和客户沟通的桥梁,将物流运作的两个端点连接起来。但在该模式下,第四方物流提供行业整体物流的解决方案,它面对同一行业的多个企业客户,使第四方物流运作的规模更大程度地得到扩大,使整个行业在物流运作上获得收益。

从以上论述可知,不管第四方物流采用哪一种运作模式,第四方物流的主要任务都是针对某一项目提供可行的供应链解决方案,因此,第四方物流企业通常采用适合项目研究的矩阵制组织结构,如图2-14所示。

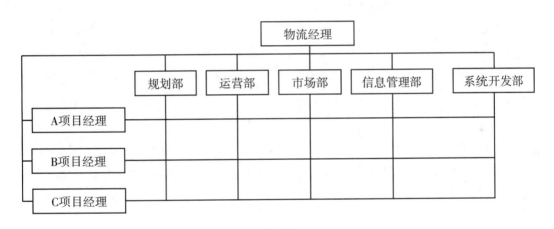

图2-14 第四方物流企业典型组织结构示意图

知识链接 2-2

第四方物流

第四方物流,专门为第一方、第二方和第三方提供物流规划、咨询、物流信息系统和供应链管理等服务。第四方物流并不承担具体的物流运作活动,它是一个供应链的集成商,是供需双方及第三方物流的领导力量。它不是物流的利益方,而是通过拥有的信息技术、整合能力以及其他资源提供一套完整的供应链解决方案,以此获取一定的利润。它帮助客户降低成本、有效整合资源,并且依靠优秀的第三方物流供应商、技术供应商、管理咨询以及其他增值服务商,为客户提供独特、广泛的供应链解决方案。

【案例分析2-2】

宝供物流，链接全球

宝供物流企业集团有限公司（以下简称宝供物流）创建于1994年，总部设在广州，是国内第一家以物流名称注册的企业集团，是中国最早运用现代物流理念为客户提供物流一体化服务的专业公司，也是目前我国最具规模、最具影响力、最领先的第三方物流企业。

经过30年的开拓与发展，宝供物流已成为物流与供应链解决方案的引领者，以服务全球500强及国内大中型企业的智慧，为广大工商企业提供供应链一体化服务，为政府和产业链上下游提供产业供应链一体化解决方案，正形成一个以第三方物流为主体，集现代物流设施投资、供应链金融、电子商务、商品购销、国际货代、大数据服务等供应链服务功能于一体的综合集团。

当前，宝供物流已形成了一个覆盖全国并开始向美国、澳大利亚、泰国等国延伸的国际化物流运作网络和信息网络，与国内外近百家著名企业结成战略联盟（其中包括宝洁、飞利浦、联合利华、安利、通用电器、松下、三星、东芝、LG、壳牌、丰田汽车、雀巢、卡夫等52家世界500强企业），为他们提供商品以及原辅材料、零部件的采购、储存、分销、加工、包装、配送、信息处理、信息服务、系统规划设计等供应链一体化的综合物流服务。

2002年12月宝供物流被中国物流与采购联合会命名为"中国物流示范基地"，成为入选的唯一一家第三方物流企业。同时也是中国物流百强企业、中国5A级物流企业。宝供物流发起设立了中国第一个公益性的"宝供物流奖励基金"，每年斥资100万元表彰在物流领域有突出贡献的人士；宝供物流还获得了各国的好评和认可，国际著名的企业管理咨询机构麦肯锡及国际著名投资机构摩根士丹利评价宝供物流是中国目前"最领先"的和"最具价值"的第三方物流企业。

分析：宝供物流从成立之初的宝供储运有限公司发展到现在规模庞大的物流网络，其物流组织结构也在不断变化。当前，宝供物流采用总部与分部相结合的组织结构，实施总部集权式物流运作、业务垂直管理的一体化经营管理模式。

二、物流企业组织结构模式的创新

我国现代物流发展起步较晚，呈现出物流成本高、反应灵敏度差、物流效益低下等问题，严重削弱了物流企业市场竞争的能力，物流组织创新势在必行。目前物流企业组织结构的创新模式主要有以下几种。

（一）基于流程的物流组织结构

流程型组织就是围绕一系列核心流程进行工作、配置人员的一种组织模式。它打破了传统的主要着眼于任务分工的组织结构，着重于流程的一体化整合，如图2-15所示。在基于流程型的物流组织中，流程经理负责整个物流流程的协调与控制。每项物流活动均有专人负责，上、下环节彼此相互配合、相互促进，确保整个物流流程顺利进行。在整个物流流程中，订单是贯穿整个物流活动的主线，所有的活动都依靠订单信息完成，围绕订单的是一系列具体的操作活动,如运输、仓储、装卸搬运、包装、流通加工等。每个流程由一个流程经理来负责整个物流过程的计划、组织和协调。

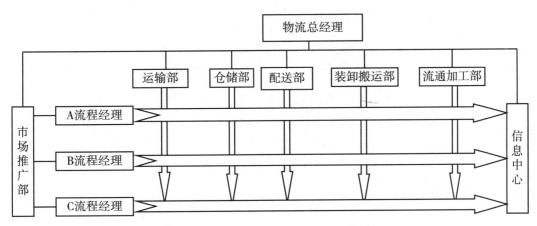

图2-15 基于流程的物流组织结构示意图

 知识链接2-3

新型组织运行的方式

仅仅依靠缩小规模并没有带来许多企业所期待的生产的巨大提高,要在绩效方面取得大的飞跃,需要重新思考完成工作的方式。为了达到这个目的,一些企业采用了一种新的组织模式,以下是这种模式可能运行的方式。

(1)根据过程,而不是任务进行组织。

(2)取消等级。

(3)使用小组管理一切事务。

(4)让客户驱动绩效。

(5)对小组的绩效予以酬劳。

(6)增加供应商和客户的接触。

(7)培训所有的雇员。

以职能为导向到以过程为导向的根本改变,已经将物流经理脑中的信息混杂在一起。从积极方面讲,采纳过程导向的是以系统整合的基本原则为基础的。将物流作为一个过程来整合的重大变革,扩展了物流运作的潜力和影响。

(资料来源:唐纳德·J.鲍尔索克斯,戴维·J.克劳斯,M.比克斯比·库珀,等.供应链物流管理[M].4版.马士华,张慧玉,译.北京:机械工业出版社,2014.)

(二)物流企业联盟网络组织结构

物流企业联盟是物流企业为了扩大自身业务能力和市场覆盖范围而与其他物流企业建立的稳定的、长期的合作关系。它是通过各种协议、契约而结成的优势互补、风险共担、利益共享的松散型网络组织,是介于独立企业与市场交易关系之间的一种组织形态。对第三方物流企业的服务而言,物流企业联盟主要由物流盟主企业和物流成员企业构成,其组织结构和工作流程分别如图 2-16 和图 2-17 所示。

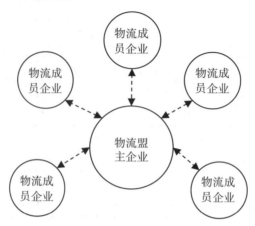

图 2-16 物流企业联盟网络组织结构示意图

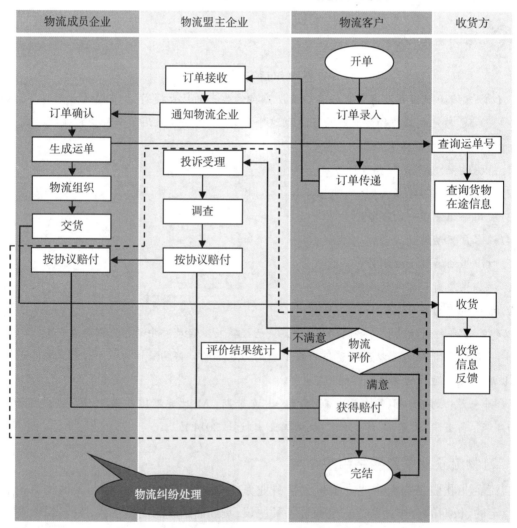

图 2-17 物流企业联盟网络组织的工作流程

项目二 智慧物流企业组织结构及组织模式创新

> **小思考 2-3**
>
> 物流企业联盟有利于提高服务水平,能有效降低物流成本和企业风险,但是既然受益这么明显,为什么物流企业联盟仍然为数不多呢?
>
> 答:原因在于当供应链合并时,潜在的合作伙伴有所顾虑。这些顾虑主要有失去对物流渠道的控制能力、担心被置于物流管理之外、不能直接为客户管理物流、无法判断是否进行了充分的检查和平衡,从而可能会导致合作伙伴不满意、很难判断是否实现了成本约束、难以衡量共同获得的利益、合作各方相互信任不够、不知道如何成功实现物流企业联盟等。
>
> (资料来源:Ronald H.Ballou.企业物流管理:供应链的规划、组织和控制[M].2版.王晓东,胡瑞娟,等译,北京:机械工业出版社,2008.)

(三)供应链物流组织结构

供应链由原材料供应、生产、流通和消费等四个基本环节组成,每一环节都需要物流系统的支持。因此,供应链物流系统就是由原材料供应物流系统、生产物流系统、流通物流系统和消费物流系统组成。完整的供应链物流组织结构如图 2-18 所示。

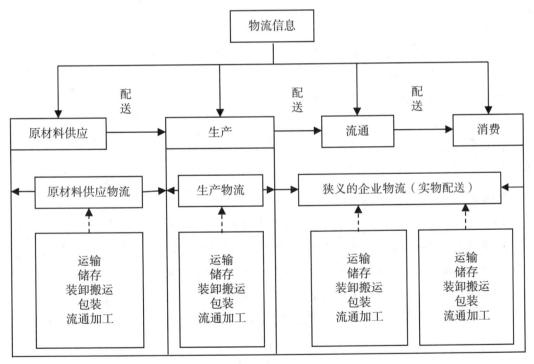

图 2-18 供应链物流组织结构示意图

【案例分析 2-3】

安得智联的供应链物流服务模式

安得智联的供应链服务模型是"1+3"。"1"是指"全链路","3"是指"生产物流""一盘货""送装一体"。以一颗螺丝为例,一颗螺丝从原材料供应商处进入工厂,在生产制造环节被用做一台机器的零件,作为成品出厂到成品进入仓库统一管理,配送至末端消费者;再到送新取旧、回收。安得智联全程参与,提供端到端数智化的供应链物流服务。

随着各类新零售模式的出现,在存量竞争时代,品牌企业陷入了"增量不增利"的困境。在降本增效的大环境中,它们迫切需要更加高效降本的供应链物流模式。而安得智联以客户价值为中心的一体化全链路服务恰逢其时。在过去,产品从生产到消费者手中,需要经历从工厂到销售企业,再到批发商,最后到门店的漫长过程。现在一体化的服务让产品能"两级跳"送到终端——从工厂直发至共配中心,再到零售商或消费者手中。其中的跳板就是"线上线下一盘货"的模式。"最少的库存,最短的链路,最小的损耗跟最快的时效"从工厂端到消费者端,跳过冗余的环节,显著地提高了履约效率。

分析:随着智慧物流的发展,对物流企业的服务模式及组织结构产生了很大的影响,物流企业的组织结构要创新,要打造出新的供应链物流服务模式。

基本训练

□知识题

1. 组织的含义是什么?怎样理解组织设计的概念?
2. 正式组织与非正式组织有何区别?
3. 组织结构的基本类型有哪些?
4. 物流企业的一般组织结构是怎样的?
5. 物流企业应如何选择合适的组织结构?
6. 供应链物流结构与一般物流结构有什么不同?

□判断题

1. 提供组织结构系统图和编制职务说明书是组织设计的主要任务。(　　)
2. 直线制组织结构是适合于大型物流企业的组织结构形式。(　　)
3. 从职能结构向流程结构转化是现代物流企业组织结构变化的趋势。(　　)
4. 物流联盟能够给物流企业带来很多的利益,它是现代物流企业的主流模式。(　　)
5. 第三方物流企业要依靠各物流职能来实现物流过程,所以职能制组织结构比较适合第三方物流企业。(　　)

□选择题

1. 下列不是直线-职能制组织结构缺点的是(　　)。
A. 机构人员重复浪费　　B. 协作和配合性较差　　C. 上层领导的工作负担重
2. 与第三方物流共同开发市场,在开发的过程中向第三方物流提供技术支持、供应链管理决策的第四方物流模式是( )。

A. 行业创新者模式　　　B. 协同运作模式　　　C. 方案集成商模式

3. 专门为其他企业提供物流规划、咨询、物流信息系统、供应链管理等活动的是( )。

A. 企业物流　　　　　　B. 第三方物流　　　　C. 第四方物流

4. 我国物流企业采用最多的组织结构类型是( )。

A. 直线制　　　　　　　B. 直线－职能制　　　C. 物流联盟

5. 下列选项中,适用采用矩阵制组织结构的是( )。

A 中百物流　　　　　　B. 轮胎制造厂　　　　C. 物流规划设计院

□ 技能题

1. 参观1~2家物流企业,要求学生写一份参观报告,报告内容包括物流企业的组织结构形式、物流企业各部门的职责以及物流企业运作模式。

实训目的:要求学生了解物流企业的运作方式,分析物流企业组织结构与其运作模式之间的适应性。

实训要求:仔细观察,认真听讲解;结合所学知识。

2. 浏览大、中、小物流企业的网站,分析各种类型物流企业采取的组织结构形式。根据物流企业网站上介绍的物流业务及其发展方向,分析物流企业组织结构的变化趋势。

实训目的:进一步了解物流企业的组织结构,熟悉在各类组织结构下的物流运作方式。

实训要求:认真思考,结合所学知识,能够根据物流企业的发展状况设计其组织结构。

案例分析

阿里云组织架构调整,大刀阔斧推进"AI驱动、公共云优先"战略

继明确"AI驱动、公共云优先"战略后,阿里云立即开展了大刀阔斧的变革行动,阿里云进行了一系列组织架构调整,首次成立专门的公共云业务事业部,以快速推进这一战略落地。

在某周财报会上,阿里巴巴集团CEO、阿里云智能集团董事长兼CEO吴泳铭首次提出"AI驱动、公共云优先"战略:一是AI驱动,打造一朵"AI时代最开放的云",为各行各业提供稳定高效的AI基础设施,共建开放繁荣的AI生态;二是公共云优先,对所有产品和业务模式做取舍,减少项目制销售订单,加大公共云核心产品投入。在本次调整中,阿里云成立了公共云业务事业部,由刘伟光负责,向阿里云CEO吴泳铭汇报。公共云业务事业部以规模优先、扩大市场占有率为目标。同时,阿里云成立基础设施事业部,打造面向未来的软硬一体底层基础设施。基础设施事业部由蒋江伟负责,向阿里云CTO周靖人汇报。

阿里巴巴集团层面还成立了基础设施委员会,由吴泳铭直接统筹负责,协调全集团底层技术基础设施的规划与建设,目标是提高运行效率和创造规模效应。未来五年,阿里云将保持业界最大投入压强,建设具备最佳AI技术服务能力和全球竞争力的公共云计算网络平台。吴泳铭在内

部强调，只有足够规模的云计算网络，才能具备超强的网络效应和规模效应，支持超强的研发投入，从而形成正向循环。未来，云计算的增量需求将会由 AI 驱动，AI 时代的软件、计算、网络、存储架构都在快速演进之中。全球最强的技术公司、全球最聪明的"大脑"们都在为这个巨大的云计算平台而日夜奋斗。"阿里云全公司的唯一产品就是这张理想中的云计算网络，赢得竞争需要我们在战略方向上放弃杂念，坚决做取舍，集中我们最大的压强，加大公共云的产品和技术投入。"一名行业人士向雷锋网表示："公共云优先并不意味着阿里云放弃政企市场。从全球技术发展趋势来看，公共云是主流，中国政企市场最终可能也会向此看齐，只是时间问题，阿里云看的是更长远的未来。"

阿里云同时成立混合云业务事业部，以满足一些特定行业因政策限制、短期无法使用公共云的客户需求。专有云的研发和服务团队将一并纳入该事业部，提升专有云的产品化、标准化能力。相对于公共云业务事业部规模优先的目标，混合云业务事业部将重点考核利润，减少项目制的软硬件订单销售，并鼓励政企客户优先使用公共云。混合云业务事业部由李津负责，向 CEO 吴泳铭汇报。外业务事业部继续由袁千负责，向 CEO 吴泳铭汇报。前不久回归的老将唐洪，担任阿里云首席架构师，全面负责产品管理、技术架构、稳定性、产品生态等工作，向 CTO 周靖人汇报。阿里合伙人郑俊芳除了担任阿里云智能集团首席财务官外，还将负责 BI、战略投资、销售、价格管理等部门。另一名合伙人王磊，将负责供应链、官网、服务、CIO 等部门。郑俊芳和王磊均向 CEO 吴泳铭汇报。

中国市场的服务器存量规模大约为 2000 万台，仅有 28% 的算力以公共云模式供给的。从资源利用率的角度，公共云 CPU 使用率可以高达 40%。据 Gartner 调研，阿里云在全球公共云 IaaS 市场排名第三，但份额差距较大。2022 年全球公共云 IaaS 市场中，亚马逊份额 39.99%，微软份额 21%，阿里云份额 7.71%。阿里云作为中国市场第一，应该肩负打开市场天花板的重任，中国的云计算不应该是一个个效率低下的小机房，而应该是超大规模的算力大平台，才能真正在国际竞争中一争高下。该分析人士认为，"强调公共云优先，意味着阿里云短期总营收可能会减少。对于收入增速只有 2% 的阿里云而言，这将是一个巨大的压力。但在短期市场压力和长远发展趋势之间，阿里云显然作出了自己的选择"。

阿里巴巴披露，阿里云主动削减了项目制订单，强化公共云产品和服务收入，让季度利润大幅提高至 14.09 亿元。美国最新的 AI 芯片禁令，可能将给阿里云"AI 驱动"战略带来不确定因素的影响。对此，吴泳铭在近期的财报会阐明了自己的判断：高端 AI 芯片断供，将让中国 AI 芯片市场非常分散化，云计算的重要性会进一步增加。客户更需要云计算平台，来屏蔽底层硬件差异，提供更高效的 AI 算力服务。阿里云多年来在云平台上实施的一云多芯策略将助力客户更好应对这一挑战。也许，新旧技术浪潮的叠加，将帮助中国云计算厂商最终实现"让计算成为水和电一样的公共服务"的目标。

（资料来源：阿里云组织架构调整，大刀阔斧推进"AI 驱动、公共云优先"战略 [EB/OL].[2024-07-16].https://www.163.com/dy/article/IK8U85K505118HA4.html，有改动。）

问题：阿里云为什么要进行组织架构调整？

综合实训

实训项目:物流企业的组织结构设计

一、实训目的

(1)通过本实训项目,使学生了解物流企业的组织结构。

(2)结合企业的实际运作情况分析组织结构的合理性。

(3)分析企业在实际运作中出现的问题,并从组织结构角度分析问题产生的原因。

二、实训要求

(1)在企业实习期间遵守各项规章制度,注意劳动安全。

(2)物流企业工作繁忙,实习时不得影响工作人员工作。

(3)要虚心好学,多向工作人员请教。

三、实训内容

(1)在第三方物流企业实习。

(2)熟悉第三方物流企业的组织结构。

(3)根据第三方物流企业的发展状况,对组织结构进行分析,找出问题,并提出优化与改进方案。

四、具体安排

(1)对实习物流企业的各个部门进行考察,了解各部门的职责。

(2)认真分析物流企业各个部门之间的关系,编制物流企业的组织结构。

(3)与物流企业的实际组织结构进行比较,分析所编制组织结构存在的问题。

(4)结合物流企业存在的问题,分析物流企业当前组织结构中的问题,并进一步对其组织结构进行优化。

(5)撰写实训报告和制作实训报告PPT。5~6人为一组,相互讨论。

(6)最后开设课堂讨论课,各个小组展示自己的实习成果,相互交流实训经验。

项目三 智慧物流企业环境分析及战略制定

◆ 思政目标 ◆
◎具有战略思维和战略眼光。

◆ 知识目标 ◆
◎了解物流企业战略含义、类型和构成。
◎物流企业战略管理的内容,以及物流企业战略管理的过程。
◎掌握物流企业战略环境分析,以及行业竞争力分析的方法。
◎现代物流企业战略管理的理论与方法。

◆ 技能目标 ◆
◎能针对不同类型的物流企业合理选择物流战略模式。
◎能对不同类型的物流企业做相应的战略规划设计。

引例

发挥智慧物流园区功能 构建立体式物流构架模式

工房内,潜伏式机器人在不同站台间快速自动搬运物料;工商交接区域,卷烟按既定流程协同交接,工商物流数据实时准确交互;片烟存储区域,温湿度感应装置实时监测感应环境变化,对库区温度湿度进行智能预警及调节;输送线上,机械手臂自动组垛、拆垛作业;分拣线上,设备自动分拣条烟并输送装入循环软塑箱。"放在以前,想都不敢想!"红云红河烟草(集团)有限责任公司昆明卷烟厂物流科科长李某介绍,原来分拣、装车、手动录入单据信息、处理后台数据,需要十几个人。以每条线每天出库1万件的数量计算,托盘自动传送系统不仅降低了人工劳动强度,还至少减少了3小时工作时长。如今,昆明卷烟厂片烟原料入库区配备了"夹抱机",一次可以装卸两箱片烟烟包,基本实现了从"入"到"出"的无人化作业。更为关键的是,"智慧""绿色"技术的应用让物流工作不仅有显著"看得见"的成效,也让"看不见"的沟通成本大大降低。李某说:"过去,工商之间卷烟成品调拨发货虽然会进行事前沟通,但还是会出现等待的情况,有时运输车辆可能要等待几小时甚至几天时间。工商一体化信息平台搭建后,数字信息实现互联互通,工商交接更加顺畅,等待时间大大缩短。"事实上,依托智慧物流园区建设,红云红河烟草(集团)有限责任公司物流中心已构建起由点到面的立体式构架模式,逐步向协同、智能、绿色的方向发展。红云红河烟草(集团)有限责任公司物流中心负责人说:"建设智慧物流的意义不仅在于可以节约劳动力,更在于通过自动化、智慧化手段推动企业生产力发生质变,有效提升企业竞争力。"在指挥调度中心的显示屏上,可以清楚地看到物流园区各作业场景的运行情况。"我们通过应用数字孪生技术,大大提升了运营管理效率。"红云红河烟草(集团)有限责任公司成品仓储科业务员介绍,"以往我们是在物流设备出现故障或者库区出现问题后,层层倒推协调,安排专业技术人员解决。现在,借助数字孪生技术,系统预警模块会将异常参数实时推送到负责人手机上,有关岗位就能立即消除风险隐患,大大提升了系统设备运行和仓库管理的稳定性,实现成品出入库全过程感知"。一系列创新举措,让智慧物流园区的功用得以发挥,也让红云红河烟草(集团)有限责任公司智慧物流的建设目标更加明晰。

这一案例表明:物流战略定位及战略的选择是物流企业成败的关键。物流企业取得成功,必须有正确的战略定位和独特的竞争优势。红云红河烟草(集团)有限责任公司智慧物流的战略定位准确,建设目标明晰,所以取得了成功。

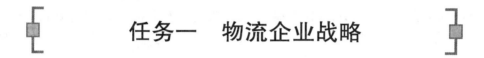

任务一 物流企业战略

一、企业战略概述

企业战略是指企业按照长期经营管理中确立的企业发展目标,根据企业的外部环境和内部条件制定出企业实现经营目标所需要遵循的方针和政策,作出资源分配的决策,提出实现目标的经营途径和手段。概括来讲,是企业为实现长期经营目标,适应经营环境变化而制定的一种具有长期性、指导性的经营策略。

企业战略是设立远景目标并对实现目标的轨迹进行的总体性、指导性谋划,属宏观管理范畴,具有指导性、全局性、长远性、竞争性、系统性、风险性等六大主要特征。

1. 指导性

企业战略界定了企业的经营方向、远景目标,明确了企业的经营方针和行动指南,并筹划了实现目标的发展轨迹及指导性的措施、对策,在企业经营管理活动中起着导向的作用。

2. 全局性

企业战略立足于未来,通过对国际和国内的政治、经济、文化及行业等经营环境进行深入的分析,结合自身资源,站在系统管理高度,对企业的远景发展轨迹进行了全面的规划。

3. 长远性

企业战略着眼于长期生存和长远发展的思考,确立了远景目标,并谋划了实现远景目标的发展轨迹及宏观管理的措施、对策。此外,围绕远景目标,企业战略必须经历一个持续、长远的奋斗过程,除根据市场变化进行必要的调整外,制定的战略通常不能朝夕令改,具有长效的稳定性。

4. 竞争性

竞争是市场经济不可回避的现实,因为有了竞争,才确立了"战略"在经营管理中的主导地位。面对竞争,企业战略需要进行内外环境分析,明确自身的资源优势所在,通过设计合适的经营模式,形成特色经营,增强企业的核心竞争力与对抗性,推动企业长远、健康的发展。

5. 系统性

立足长远发展,企业战略确立了远景目标,并围绕远景目标设立阶段目标及各阶段目标实现的经营策略,以构成一个环环相扣的战略目标体系。同时,根据组织关系,企业战略一般由决策层指导战略、事业单位谋划战略、职能部门支持战略三个层级构成一体。

6. 风险性

企业作出任何一项决策都存在风险,战略决策也不例外。市场研究深入,行业发展趋势预测准确,设立的远景目标客观,各战略阶段人、财、物等资源调配得当,战略形态选择科学,制定的战略就能引导企业健康、快速发展。反之,仅凭个人主观判断市场,设立目标过于理想或对行业的发展趋势预测有偏差,制定的战略就会产生管理误导,甚至给企业带来破产的风险。

知识链接 3-1

"战略"的由来

战略(strategy)一词最早是军事方面的概念。战略的特征是发现智谋的纲领。在西方,战略一词源于希腊语"strategos",意为军事将领、地方行政长官。后来演变成军事术语,指军事将领指挥军队作战的谋略,即"将军指挥军队的艺术"。在中国,战略一词历史久远,"战"指战争,略指"谋略"。春秋时期孙武的《孙子兵法》被认为是中国最早对战略进行全局筹划的著作。在现代,"战略"一词被引申至政治和经济领域,其含义演变为泛指统领性的、全局性的、左右胜败的谋略、方案和对策。战略强调要做对的事情,不仅仅把事情做对。因为"把事情做对"只是"效率"的好坏而已,唯有"做对的事情"才会产生长远的效果。

(资料来源:蔡树棠. 企业战略管理 [M]. 北京:石油工业出版社,2001.)

二、物流企业战略

(一)物流企业的战略目标

战略目标是企业战略的核心,它反映了企业的经营思想,明确了企业的努力方向,体现了企业的具体期望,表明了企业的行动纲领。企业战略目标是多元化的,既包括经济性目标,又包括非经济性目标。具体来说,包括利润目标、产品目标、市场目标、竞争目标、发展目标、员工福利目标、社会责任目标等。战略目标的制定应遵循关键性、平衡性、权变性等原则。一般来说,企业战略目标的制定过程包括如下几个步骤。

(1) 企业最高管理层宣布企业使命,开始战略目标制定过程。
(2) 确定达到企业使命的长期战略目标。
(3) 把长期战略目标分解,建立整个企业的短期执行性战术目标。
(4) 不同战略业务单位、事业部或经营单位建立自己的长期或短期目标。
(5) 每个战略业务单位或主要事业部内的职能部门制定自己的长期和短期目标。
(6) 战略目标的制定过程是通过组织结构层次由上至下层层进行的,从企业整体直至个人。

(二) 物流企业战略的构成要素

企业战略一般由四种要素构成,即服务与市场范围、增长向量、竞争优势和协同作用。

服务与市场范围说明物流企业属于什么特定的服务领域,因为对于物流企业而言,其产品就是物流服务。按照物流企业服务的功能领域,物流服务可以划分为国际物流服务、区域物流服务和市域物流服务。按照其核心业务能力,物流服务大致可以分为综合物流管理服务、商品配送服务、区域性时效性运输、快递服务、现代仓储、传统物流服务以及其他物流服务。

增长向量又称成长方向,它说明物流企业从现有服务与市场相结合向未来服务与市场组合移动的方向。市场渗透是通过目前的物流服务与市场份额增长达到企业成长的目的。市场开发是为企业物流服务寻找新的消费群,使物流服务承担新的使命,以此作为企业成长的方向。服务创新是创造新的物流服务项目,包括一些物流增值服务等,以逐步提升或替代现有的物流服务,从而保持企业成长的态势。多种经营则独具特色,对于物流企业来讲,它的服务与使命都是新的,换言之,企业步入了一个新的经营领域。

竞争优势说明了企业所寻求的、表明企业某一服务类型与市场组合的特殊属性,凭借这种属性可以给物流企业带来强有力的竞争地位。

协同作用通常又被描述为 1+1>2 的效果,也就是说企业内各经营单位联合起来所产生的效益要大于各个经营单位各自努力所创造的效益总和,这也是现代物流业发展共同化趋势的根本原因之所在。

(三) 物流企业战略框架

企业战略目标是多元化的,既包括经济性目标,又包括非经济性目标。具体来说,包括利润目标、产品目标、市场目标、竞争目标、发展目标、员工福利目标、社会责任目标等。制定物流企业战略目标的有效方法是构造战略目标体系,物流企业战略目标体系一般由企业战略层目标和各层次战略组成,见图 3-1。

客户服务是物流管理的最终目标,是全局性的战略层目标。

结构层战略主要包括渠道设计和网络战略。

职能层战略包括仓储管理、运输管理、物料管理。

执行层战略属于基础性的战略,是为保证物流系统正常运行,提供基础性的保障,包括信息系统、组织管理、设施管理、程序管理。

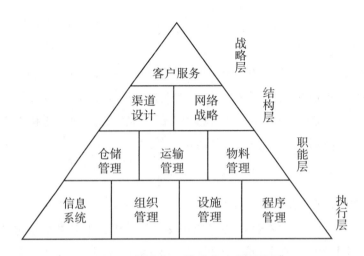

图 3-1　物流企业战略金字塔结构图

(四)物流企业战略类型

制定切实可行的物流经营计划和战略,是物流企业有效开展物流服务业务、突出核心竞争力的关键。从企业发展的战略角度来对物流企业进行分析,可以从企业的资产规模和信息整合能力两个方面入手,将物流企业划分为资产型、管理型、优化型和边缘型四种类型。资产规模包括物流企业自身拥有的投资,含有形资产和无形资产。信息整合能力,主要指物流企业运用现代化管理水平和技术高效率、低成本整合供应链资源的能力。

1. 资产型物流企业战略

这类物流企业的主要特点是资产雄厚,拥有机械、装备、运输工具、仓库、港口、车站等实物物流功能的资产,但对信息网络及相关人才等信息资产,以及社会资源的整合能力相对较弱。它们主要由传统的仓储企业、运输企业发展而来,对客户提供的服务功能单一,服务种类少,大量的是提供运输、仓储服务。在对客户服务上一般是对传统运输仓储业务进行拓展,提供增值服务,比如再包装、贴标签、拣选、回收物流等逐步向物流过程管理、库存控制、订货方向发展。这类物流企业的明显缺陷是信息化程度不高,缺乏专业的物流人才,对社会物流资源的整合能力差。因此,资产型物流企业应加强信息整合能力,培养专业物流人才,不断引进现代电子信息技术,提升信息处理能力,扩展服务种类,向综合型物流企业发展。

2. 管理型物流企业战略

管理型物流企业不把拥有实物资产作为向客户服务的手段,而是以本身的管理、信息、人才等优势作为物流服务的核心竞争能力。这种类型的物流企业,不是没有资产,而是主要拥有信息资产。在网络经济时代,实际是以"知识"作为核心竞争能力,通过网络信息技术的深入运用,以高素质的人才和管理力量,利用社会的设施、装备等劳动手段最终向客户提供优良服务。这类企业一般由咨询管理类、货代类企业经过业务拓展转变而来,它们在拥有过去广泛的客户资源基础之上拓展业务,因此客户分布比较广泛,服务层次相对较低,但它们具有很强的管理整合社会公共资源的能力,能够实现物流服务供给社会资源的共享化,充分利用闲置的社会资源,使其在效益上产生乘数效应。其特征是通过系统化提高信息整合度来充分发挥竞争优势。这类企业对固定设备、设施的投资少,以其业务灵活、服务范围广和服务种类多等优势使其他企业难以与之竞争。因此,管理型物流企业应不断提升信息处理能力与社会资源整合能力,与工商企业建立长期友好的伙伴关系,并与其他类型的物流企业协作与联盟,适当增加专用性资产,向规模化、深层次的综合物流服务集成商方向发展。

3. 优化型物流企业战略

优化型物流企业应该是完全拥有管理型物流企业在信息、组织、管理的优势,同时建立必要的物流设施装备系统,而不是全面建设这种系统。这样不但可以获得上述两种物流企业的优点,同时又避免了过大投资、系统不灵活、服务水平不足的缺点。这类物流企业一般资金雄厚,规模庞大,设备比较先进,运输网络发达,具有高水平的物流人才和很强的资源整合能力。它能在全球及区域范围内开展国际物流服务,能应对不同的客户需求提供差异化服务。优化型物流企业通过不断引进和学习国内外先进的管理、信息技术与最新成果,巩固资产专用性,加强其社会资源的整合能力,注重规模优势,构建规模经济壁垒,确立行业寡头地位。

4. 边缘型物流企业战略

边缘型物流企业的主要特点是机能整合度低、资产专用性低。其是伴随电子商务的出现而发展起来的小型物流企业,起步晚、规模小、物流服务范围窄,在经营资源数量和质量方面都受到限制,通常是以局部市场为对象,将特定的物流服务活动集中于特定的客户群,严格来说其不属于专业的第三方物流企业,而是一些从事边缘型流通业务的小型物流企业。例如,搬家综合服务、会展服务、代收商品服务、网上订书、鲜花递送等个性化消费品的配送服务等。因此,这类物流企业必须发挥其在特定机能或特定物流服务方面的优势,在战略上实现物流服务的差别化、个性化、便捷化和低成本化。

【案例分析 3-1】

管理型物流企业——海勃物流

上海海勃物流软件有限公司(以下简称海勃物流)是上海国际港务(集团)股份有限公司控股的中外合资公司,是为物流业提供应用系统服务和整体解决方案的高新技术企业。为用户开发灵活适用的软件系统,并提供配套的不断优化方案,从而提升用户在科学化、自动化等方面的管理水平,使用户以最小的投资得到最大的回报。

凭借多年的行业知识和经验,海勃物流整合了现代物流管理模式、先进理念和电脑应用技术等多种优势,致力于交通运输、港口、仓储物流等企业 ERP 和 MIS 软件的开发、无线数据传输系统的建设和小型机网络系统的集成服务等,并以此为基础,提供在线数据信息交易的电子商务平台。

(资料来源:张红星. 论第三方物流企业的战略选择[J]. 商品储运与养护,2005(2):1-4.)

分析:上海海勃物流软件有限公司属于典型的管理型第三方物流企业,这类企业应不断提升信息处理能力,集中有限的资源,整合社会公共资源,与工商企业结成联盟关系,增加专用性资产,向规模化、深层次的综合第三方物流方向发展。

（五）现代物流企业发展战略

现代物流企业可选择的企业发展战略主要包括：着力培养核心竞争力；资源整合；建立战略合作伙伴关系；信息技术与管理技术的运用信息。

一是着力培养核心竞争力。对于物流企业来说，就是要确立整合还是分化，选择合并或分离战略，就必须区分核心专长和非核心专长。核心专长主要满足以下条件：为用户提供核心价值；具有独特性；具有延展性。

二是资源整合。物流企业资源整合在战略思维的层面上，就是要通过组织和协调，把企业内部彼此相关但却彼此分离的职能及企业外部既参与共同的使命又拥有独立经济利益的合作伙伴整合成一个为客户服务的系统。在战术选择的层面上，资源整合就是根据企业的发展战略和市场需求对有关的资源进行重新配置，以凸显企业的核心竞争力，并寻求资源配置与客户需求的最佳结合点。

三是建立战略合作伙伴关系。建立战略合作伙伴关系有利于未来的竞争，竞争不仅发生在企业之间，更多地发生在联盟之间。企业经营业绩不仅是企业内部管理好坏和行业平均利润的函数，而且主要是企业所在联盟管理好坏的函数。合作不再局限于供应商和客户之间，而且扩展到竞争者之间，以及所有企业之间。

四是信息技术与管理技术的运用信息。信息技术与管理技术的运用信息是物流系统不可或缺的组成部分，诸如条形码（BC）、电子数据交换（EDI）、管理信息系统（MIS）、射频技术（RF）、地理信息系统（GIS）和全球定位系统（GPS）等在大型第三方物流企业中已得到广泛应用。

物流管理的国际化伴随着全球经济增长，全球物流将会得到极大发展。我国的物流企业在面临巨大发展机遇的同时，也会面临种种挑战，这就要求物流企业的战略制定，必须以全球为着眼点。

（六）物流企业战略环境分析

战略环境分析的主要目的是评价影响企业目前和今后发展的关键因素，并确定在战略选择步骤中的具体影响因素。战略环境分析包括外部环境分析和内部条件分析两个主要方面。

1. 物流企业战略外部环境分析

一是经济环境分析。经济环境是指构成企业生存和发展的社会经济状况和国家经济政策。具体来讲，影响我国物流企业战略决策的宏观经济环境因素主要包括：经济全球化与加入WTO对转型中的物流企业的挑战；我国经济持续快速发展，为物流企业快速成长提供了重要的机遇。

二是政治法律环境分析。政治法律环境对企业影响的特点是直接性、难以预测性和不可逆转性。直接性是指国家政治环境直接影响着企业的经营状况。难以预测性是指对于企业来说，很难预测国家政治环境的变化趋势。不可逆转性是指政治环境因素一旦影响到企业，就会使企业发生十分迅速和明显的变化，而这一变化是企业无法驾驭的。

三是科学技术环境分析。企业的科技环境，大体包括四个基本要素，即社会科技水平、社会科技力量、国家科技体制、国家科技政策和科技立法。

四是社会文化环境分析。物流企业社会文化环境涉及社会文化的各个层面,其中影响较大的有企业的社会责任和人口、文化等。

五是行业环境分析。行业环境分析包括行业竞争力分析、竞争地位分析、竞争对手分析、行业竞争群分析等。

2. **物流企业战略内部条件分析**

一是人员因素。在物流企业内部的诸要素中,最重要的是人员要素。人员是物流企业战略的制定者与经营管理活动的决策者和执行者,是物流企业最重要的资源。

二是文化因素。物流企业的文化因素越来越受到企业的重视,它是指物流企业的管理人员与员工拥有的一系列思想理念和管理风貌,包括价值标准、经营哲学、管理制度、行为准则等。物流企业的文化因素在调动物流企业员工的积极性、发挥员工的主动性和创造力、提高物流企业的凝聚力等方面起着重要作用。

三是组织结构。除人员和文化因素外,另一个对物流企业产生重要影响的内部条件是物流企业的组织结构。这主要是物流企业组织内部能否充分协调,达成互动的相互关系。

知识链接 3-2

SWOT 分析法

SWOT 分析法,又被称为态势分析法或优劣势分析法,用来确定企业自身的优势(strength)、劣势(weakness)、机会(opportunity)和威胁(threat),从而将企业的战略与企业内部资源、外部环境有机地结合起来。SWOT 分析法最早由旧金山大学的管理学教授于 20 世纪 80 年代初提出。SWOT 分析法常常被用于制定集团发展战略和分析竞争对手情况,在战略分析中,它是比较常用的方法。SWOT 分析法主要有以下几个方面的内容。

一是优势,即组织结构的内部有利因素,具体包括:有利的竞争态势;充足的财政来源;良好的企业形象;技术力量;规模经济;产品质量;市场份额;成本优势;广告攻势等。

二是劣势,即组织结构的内部不利因素,具体包括:设备老化;管理混乱;缺少关键技术;研究开发落后;资金短缺;经营不善;产品积压;竞争力差等。

三是机会,即组织结构的外部有利因素,具体包括:新产品;新市场;新需求;外国市场壁垒解除;竞争对手失误等。

四是威胁,即组织结构的外部不利因素,具体包括:新的竞争对手;替代产品增多;市场紧缩;行业政策变化;经济衰退;客户偏好改变;突发事件等。

【案例分析 3-2】

> **推进集装箱运输"一箱制"**
>
> 近年来,我国集装箱运输发展迅速,2022 年全国港口集装箱铁水联运量同比增长 16%。但代表集装箱运输发展方向的"一箱制"还存在一些突出问题,集中体现在如下两点。
>
> 一是集装箱提还箱点布局不完善。一方面,海运箱上路难。由于内陆地区海运箱提还箱点少,

进口货物的海运箱还箱很不方便,只能在港口换为铁路箱上路。另一方面,铁路箱下水难。铁路系统未大规模布局海外提还箱体系,也未与船运公司进行全面合作,出口货物的铁路箱出去了回不来、运回来又不划算,所以大部分铁路箱到港口后仍需换成国际标准集装箱再上船运输。

二是集装箱服务规则不衔接,表现在三个方面:其一是集装箱装载偏载要求不衔接;其二是运价计费规则不衔接,集装箱海运段运输按箱计费,而铁路段运输按吨计费;其三是危险货物品名分类不衔接,水运比铁路集装箱可承运的危险货物品类多,一些危险货物在水运时可以使用集装箱,但到铁路就只能掏箱运输。

推进集装箱运输"一箱制",必须坚持"不换箱、不开箱、一箱到底"的服务模式,推进集装箱铁水联运高质量发展,重点做好以下工作。

一是完善"中途不换箱"合作机制。推动铁路场站设立海运箱还箱点,提供内陆箱管服务,促进海运箱上线运输。统一内贸集装箱箱管服务规则,加快铁路境外还箱点和回程运输组织体系建设,推动符合国际标准的铁路箱下水运输。

二是优化"全程不开箱"流程管理。规范集装箱货物积载、装卸转运、交接检查等作业流程,减少集装箱运输过程中重复开箱、掏箱。

三是提升"一箱到底"服务能力。健全集装箱综合枢纽港站布局,完善提箱、还箱、验箱、洗箱、修箱等服务规则,为客户提供"一箱到底"用箱服务。

分析:根据集装箱的实际情况,结合发展战略,进行了优劣分析,针对物流集装箱目前情况提出了"一箱制"。

(七)智慧物流战略

与传统物流不同,智慧物流让物流系统通过传感器获取各种末端信息,然后将信息通过互联网传输到数据中心进行相应存储和处理,进而指挥各个物流环节执行相应操作,高效整合、调度和管理各类物流资源,为各参与方提供应用服务。从功能框架看,智慧物流主要包括智能感知、智能决策、智能执行三大模块。从技术框架看,智慧物流主要包括智能运输、智能仓储、智能配送、智能管理等几个方面。

在运输环节,通过搭建货运互联网平台,实现货运供需信息在线对接和实时共享,将分散的货运市场有效整合起来,改进了传统运输的组织方式,提升了货物运输效率。以网络货运平台为例,通过高效匹配车辆信息、缩短简化交易链条,可提高车辆利用效率约50%,促进司机平均等货时间由2~3天缩短到8~10小时,帮助司机月收入增加30%~40%,较传统公路货运降低交易成本6%~8%。

在仓储环节,通过开发智能仓库管理系统,加强仓储信息集成、挖掘、跟踪与共享,实现进出货无缝对接和订单精准处理。同时,通过采用堆垛机器人、语音识别、自动包装等设备,实现货物搬运、拣选、包装、盘点等自动化、智能化操作,大幅提高仓库周转效率。国家发改委联合商务部于2017年推出的京东上海亚洲一号物流基地等10个国家智能化仓储物流示范基地,持续引领我国仓储设施从传统模式向智能化方向升级,成为"互联网+智能仓储"的典型代表。

在配送环节,借助互联网平台搭建城市配送运力池,发展共同配送、集中配送、智能配送等先进模式,有效解决物流"最后一公里"问题。截至2022年12月,城市配送企业货拉拉通过共享模式整合社会运力资源,完成海量运力储备,业务范围已覆盖360个国内城市,月活司机、月活用户分别达到68万名和950万户。

在管理环节,通过对传统货运场站(园区)进行数字化改造,实现货物周转全程可视化、自动化、智能化,将依靠经验判断和人工操作的传统管理模式转变为大数据辅助决策和自动化操作,有效提升场站运作效率。例如,上海洋山港四期自动化码头建成运营后,人工成本降低了70%,工作效率比2017年开港之初提升了30%。智慧赋能使我国物流实现了全链条运行效率的整体提升。

发展智慧物流有利于推动各环节流程再造,促进业态模式创新,提高物流服务质量与效率,有利于增加市场供需匹配度,增强企业需求感知与捕捉能力,提高物流集约化发展水平,有利于强化各类设施信息互联和业务对接,推动构建协同联动、高效运作的物流基础设施网络,对加快推进现代物流和实体经济高质量发展具有重要意义。

任务二 物流企业战略管理

一、企业战略管理

战略管理(strategy management)一词最早由美国学者安索夫于1976年在其所著的《从战略计划走向战略管理》中提出。安索夫认为企业战略管理是指将企业日常业务决策同长期计划决策相结合而形成的一系列经营管理业务。

企业经营战略是一个分层次的逻辑结构,它至少可分为三个层次:企业层总体战略、事业单位层战略、职能单位层战略,它们分别与从事多元化经营的企业组织结构相对应,如图3-2所示。

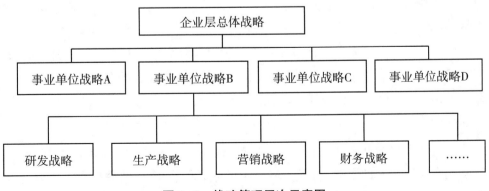

图3-2 战略管理层次示意图

企业层总体战略,主要回答企业的使命与方针、总体目标、战略态势、事业组合与地位等问题。

事业单位层战略属支持战略,即在企业层总体战略的指导下,为保证完成企业的总体战略而制定的本事业单位的战略计划,主要回答为完成企业总体目标,本事业部门应该采取什么样的行动的问题。

职能单位层战略是各职能部门为支撑事业单位层战略而制定的本职能部门的战略计划,主要回答为支持和配合事业单位层战略,本部门应该采取什么行动的问题。

二、物流企业战略管理

(一)物流企业战略管理的含义

物流企业战略管理是指物流企业管理者在对企业外部环境和内部条件分析的基础上,为求得企业生存与发展而进行的长远谋划。它是物流企业战略思想的集中体现,是确定物流企业规划的基础。

(二)物流企业战略管理过程

一般来说,企业战略管理包含三个关键阶段:战略分析——了解组织所处的环境和相对竞争地位;战略规划——战略制定、评价和选择;战略实施——采取措施使战略发挥作用。

1. 战略分析

战略分析的主要目的是评价影响企业目前和今后发展的关键因素,并确定在战略选择步骤中的具体影响因素。战略分析包括三个主要方面:一是确定企业的使命和目标。企业使命和目标为企业战略的制定和评估提供依据。二是外部环境分析。战略分析要了解企业所处的环境正在发生哪些变化,这些变化给企业将带来更多的机会还是更多的威胁。外部环境分析包括宏观环境和微观环境两个层次。三是内部条件分析。战略分析还要了解企业自身所处的相对地位,具有哪些资源以及战略能力;还需要了解与企业有关的利益相关者的利益期望,在战略制定、评价和实施过程中,这些战略相关者会有哪些反应,这些反应又会对组织行为产生怎样的影响和制约。

2. 战略规划

战略分析阶段明确了企业目前处于什么位置,而战略规划阶段所要回答的问题是企业发展的方向和深度。约翰逊和施乐斯在1989年提出战略规划过程的四个组成部分:制定战略选择方案,评估战略备选方案,选择战略,战略政策和计划。

3. 战略实施

战略实施就是将战略转化为行动,主要涉及以下一些问题:如何在企业内部各部门和各层次间分配及使用现有的资源;为了实现企业目标,还需要获得哪些外部资源以及如何使用;为了实现既定的战略目标,需要对组织结构进行哪些调整;如何处理可能出现的利益再分配与企业文化的适应问题;如何进行企业文化管理,以保证企业战略的成功实施等。

企业战略的实践表明，战略制定固然重要，战略实施也同样重要。制定一个良好的战略仅仅是战略成功的一部分，如果还能保证有效地实施这一战略，企业的战略目标就能够顺利实现。

任务三　物流企业战略规划与实施

一、物流企业战略的规划

美国的威廉·高柏斯劳设计了一个物流规划流程，给我们很大启发。物流系统中每一个环节都要进行规划，且要与整个规划过程中的其他组织部分相互协调，见图3-3。

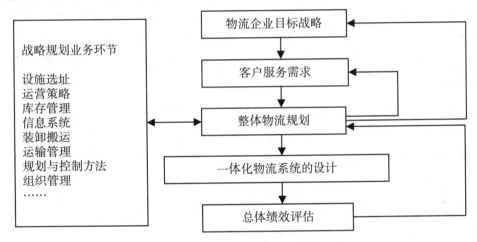

图 3-3　物流企业战略规划流程图

物流企业战略规划的要点包括：分析物流发展条件和制约因素，提出物流发展路线；确定规划目标；确定物流系统的规模结构、职能分工与空间布局；确定重点发展的物流中心；确定物流流通渠道策略；确定仓储与运输策略；确定物流信息系统的规划；综合技术论证，提出规划实施的步骤、措施和方法建议。

（一）物流企业战略规划的特征

物流企业战略规划是依据企业外部环境和自身条件的状况及其变化来制定和实施战略，并根据对实施过程与结果的评价和反馈来调整、制定新战略的过程。物流企业战略规划是物流企业在分析经营管理环境和自身资源条件的基础上，从整个供应链的角度，挖掘企业内部和物流服务在供应链中所创造的市场价值和企业的竞争优势，制定物流企业战略规划，选择和实施适当的战略行动，保证物流企业可以持续获得长期竞争优势。

物流企业战略规划的特征有如下三点。

(1)要反映企业文化中蕴含的经营理念、企业精神与价值观念，体现和贯彻物流企业的经营宗旨。

（2）战略目标的制定要有前瞻性，要预测到未来规划期内社会、经济、科技、环境、人口、市场诸多方面的重大变化及其影响，考虑相应对策，从而使战略有相当的适应性。

（3）企业战略规划要适应企业发展的规律性，在战略实施的不同阶段设定渐进的战略目标，把企业短期利益与长远利益结合起来，并通过有效的战略管理和战术措施，保证战略规划的落实。

（二）物流企业战略规划的制定

1. 成本领先战略

成本领先战略是形成企业核心竞争力的有效途径之一，是物流企业通过寻求并形成成本优势，成为物流产业中低成本经营、提供低成本物流服务的企业所采取的相关战略。

2. 优先服务战略

随着市场竞争的加剧，服务的重要性日益突出，它已经逐渐成为物流企业在市场竞争中取胜的关键之一。物流企业可以通过优质服务吸引市场上更多的客户，以弥补自身资金、技术或功能等方面的缺陷，在竞争中占一席之地，并在今后的经营过程中不断完善，发展壮大。

3. 集中化战略

集中化战略也被称为聚焦战略，是指企业的经营活动集中于某一特定的客户群、产品线的某一部分或某一地域市场上的一种战略。这种战略的核心是瞄准某个特定的客户群体、某种细分的产品或某个细分市场。

4. 一体化战略

一体化战略是指企业利用自己在服务公共、技术设备和市场上的优势，根据物资流动的方向，使企业不断向深度和广度发展的一种战略。

5. 柔性战略

柔性战略是指物流企业所提供物流服务可以适应市场的激烈竞争和客户需求的不断变化，以战略涉及的灵活性创造经营机会。

6. 网络化战略

网络化战略就是物流企业之间进行横向、纵向整合，结合集团化战略，努力拓展自己的经营网络和服务网络，使物流业涵盖的领域尽量扩大，使物流服务延伸到社会生活的各个方面。

（三）物流企业战略实施

战略实施是一个自上而下的动态管理过程。所谓"自上而下"主要是指战略目标在企业高层达成一致后，再向中下层传达，并在各项工作中得以分解、落实。所谓"动态"主要是指战略实施的过程中，常常需要在"分析—决策—执行—反馈—再分析—再决策—再执行"的不断循环中达成战略目标。

物流企业的战略一旦确定,为实现企业的战略目标就必须进行有效的实施。物流战略实施必须按照既定的战略实施方案循序推进、逐步落实,具体包括:物流经营战略实施行动的制定、物流企业组织架构及物流资源配置等实施准备;建立物流战略实施的内部管理支持系统,发挥物流战略实施的领导作用等战略实施推进;建立物流战略实施的评审系统与监控系统;对物流战略实施进行评审与控制。

物流战略的设计与实施是一个完整的过程,应按物流战略规划的内容和步骤进行。通常可供采用的物流战略推进方式有如下四种。

一是逻辑渐进式推进。按物流战略的主导逻辑推进,在实施的过程中可能对物流战略某些部分做必要的修正。

二是技术跳跃式推进。采用先进的物流核心技术,以物流核心技术做指导。在物流战略组织实施中,能直接在一个较高水平上进行。

三是分步迂回推进。主要是按物流战略实施的难易程度,由易到难地进行。

四是全面综合推进。涉及各个方面,按照既定战略内容要求全面展开,同时推进。

根据我国物流企业战略活动的水平与现状,一般采用前三种方法作为推进物流战略的主要途径。

【案例分析3-3】

浦运公司战略的成功实施

上海市浦东汽车运输总公司(以下简称浦运公司)的战略规划实施过程中,快步易捷全程参与了浦运公司的企业变革。双方的合作集中在三个方面:一是企业战略规划,包括市场战略、内部运作体系战略;二是开放应用一套可适应多种业务模式和多种调度模式的一体化运输管理系统;三是物流战略实施。

要保证物流系统达到预期目标,实施步骤是关键。其主要分为以下两个阶段。

第一阶段,快步易捷在对浦运公司实际运作情况和业务流程进行分析的基础上,提出了详尽的企业变革计划。在变革计划实施过程中,快步易捷的物流顾问团队直接参与了浦运公司营销中心的建立,并领导和完成了SOP(标准运作流程)和KPI(关键绩效指标)体系的设计。

第二阶段,快步易捷为浦运公司设计未来业务模式的核心目标,目标之一就是建立起一个支持浦运公司快速业务发展、适应多种业务类型和运作方式的一体化运输管理系统。快步易捷在对系统进行全面设计和开发过程中,融合了国际先进物流管理理念和深厚的本土行业经验,以及跨系统、跨平台的集成方案,协助浦运公司建立起基于客户业务模式的、跨部门的、动态实时配置的流程管理平台,从而最终做到了如下几点。

一是成为在全国范围内提供多种增值服务、处于领导者地位的资产型专业运输企业。

二是通过运输管理系统,将托运单调度作业流程统一化、规范化和高效化,实现最优的客户服务和最大的资源利用。

三是使所有运作成本透明化,帮助浦运公司进行成本控制的集中管理。

经过一段时间的上线运作,浦运公司基本做到了从收到订单开始到货物准时、安全抵达客户手中为止的运作过程的全程可视性,达到了战略预期的效果。

分析:浦运公司通过准确的战略定位,科学规划,稳步实施,通过一体化物流信息平台的接入,再加上良好的管理制度,轻松地实现了企业间物流流程电子化连接、集成和整合,实现了最大化资源的利用。

1. 物流企业战略实施的原则

(1) 战略协同原则。战略协同是实现战略规划的首要原则。物流企业战略实施应将企业使命、战略目标、战略优势协调起来,同时也应将企业发展战略、经营战略、竞争战略等协调起来,以实现企业系统的协同效应。

(2) 寻求优势原则。企业战略的核心是获得竞争优势。物流企业战略实施过程就是通过企业外部环境分析和内部资源评价,在企业战略思想指导下,在物流市场上寻求和建立竞争优势的过程。

(3) 资源均衡原则。企业战略的实施是资源投入直至效益产出的过程。在这一过程中,由于企业系统运作的要求,资源的类型、投入的方式、资源投入之间的比例必须均衡,只有这样才能保证企业战略实施的有效性。

(4) 相对满意原则。由于战略规划是在一定资源限制和非完全信息条件下制定的,其本身即为相对满意的一种选择。

(5) 阶段发展原则。物流企业发展战略是企业长期发展蓝图和战略实施指南。在实施过程中,必须根据战略规划中阶段性目标的要求分阶段组织实施。

(6) 系统优化原则。物流企业本身是社会再生产系统中的一个子系统。物流企业战略规定了企业的使命和经营宗旨,并具体分解成一系列的经营发展目标。

2. 物流企业战略实施要点

(1) 构建高效的组织。
(2) 重视人力资源开发。
(3) 选择适当的协调控制系统。
(4) 培养企业文化。
(5) 制订计划,落实战略。

(四) 物流企业战略优化

对于大多数的物流企业来说,物流战略优化是其降低供应链运营总成本的最显著的商机所在。但是,物流战略优化过程不仅要投入大量的资源,而且是一项需要付出巨大努力、克服困难和精心管理的过程。

物流企业实现战略优化升级要遵循几项基本原则。第一,应该考虑自己所掌握的资源(各类资产和技术专长)及其特点。第二,应该考虑企业在发展与重组过程中的优势与存在的危机。第三,应充分考虑企业的内外部环境。第四,企业如何制定独特的战略?企业作为一个整体如何创造价值的远见,指导着企业战略的制定。第五,企业战略是由各自相互独立的各个部分组成的系统。第六,企业战略必须顺应并利用企业以外的各种机遇。第七,各个子公司的收益必须高于成本,企业的大部分优势必须依赖业务部门提高业绩来实现。战略升级必须作为决策层的首要任务,责成专门机构或部门负责落实。

> **知识链接 3-3**
>
> **物流优化的十项基本原则**
>
> 美国领先的货运计划解决方案供应商 Velant 公司总裁和 CEO Don Ratliff 博士集 30 余年为企业提供货运决策优化解决方案的经验,在 2002 年美国物流管理协会(CLM)年会上提出了"物流优化的十项基本原则",并认为通过物流决策和运营过程的优化,企业可以获得降低物流成本 10%～40% 的商业机会。这种成本的节约必然转化为企业投资回报率的提高。这些原则可以借鉴到物流企业战略优化的过程中。
>
> (1) 目标(objectives):设定物流战略目标必须是定量的和可测评的。
> (2) 模型(models):物流决策模型必须忠实地反映实际的物流过程。
> (3) 数据(data):物流数据必须准确、及时和全面。
> (4) 集成(integration):物流系统集成必须全面支持数据的自动传递。
> (5) 表述(delivery):物流战略实施方案必须以一种便于执行、管理和控制的形式来表述。
> (6) 算法(algorithms):算法必须灵活地利用独特的问题结构。
> (7) 计算(computing):计算平台必须具有足够的容量在可接受的时间段内给出优化方案。
> (8) 人员(people):负责物流战略设计、实施和优化的人员必须具备支持建模、数据收集和优化方案所需的领导和技术专长。
> (9) 过程(process):物流商务过程必须支持优化并具有持续的改进能力。
> (10) 投资回报率(ROI):投资回报率必须是可以证实的,必须考虑技术、人员和操作的总成本。
>
> 常用的物流战略优化方法主要有如下四种。
> (1)数学规划法。其主要是运用线性规划解决物流企业运输管理、物流资源分配和人员分派的优化问题;运用整数规划法选择适当的仓库地址和配送中心位置;采用扫描法对配送路线进行扫描求优。
> (2)动态规划法。
> (3)探索法。
> (4)分割法。
> 另外,运筹学中的博弈论和统计决策也是较好的优化方法。

二、中国智慧物流行业现状分析

(一)智慧物流与传统物流对比

智慧物流是指通过智能软硬件、物联网、大数据等智慧化技术手段,实现物流各环节精细化、动态化、可视化管理,提高物流系统智能化分析决策和自动化操作执行能力,提升物流运作效率的现代化物流模式。对比传统物流,智慧物流能有效提升仓储物流效率,提高物流配送的准确性并降低成本(表3-1)。具体来看,以仓储为例,与传统物流相比,智慧物流自动化装备能连续大批量地分拣货物,分拣误差率低,实现存储、分拣、输送和包装作业的无人化。智能物流装备具有节约用地、减少劳动力需求、减轻劳动强度、减少货物损坏或遗失、降低货物拣选差错率等诸多优点。

表3-1 智慧物流与传统物流对比(以仓储为例)

对比项目	智慧物流	传统物流
空间利用率	高层货架,充分利用仓库的垂直空间,空间利用率高	低层货架,需占用大面积土地,空间利用率低
存储量	高层货架及密集存储,货物存储量倍数增加	低层货架,货物存储量较少
存储形态	动态存储,货物在仓库内能够按需要自动存取	静态存储,只是货物存储的场所,须人工进行拣选及存取
作业效率	货物在仓库内按需要自动快速存取	主要依靠人力,货物存取速度慢
人工成本	减少人员数量,可以大幅节约劳动力成本	人员需求量大,人工成本高
环境要求	能适应黑暗、低温、有毒等特殊环境的要求	受黑暗、低温、有毒等特殊环境影响很大

(二)智慧物流行业发展背景

2021年3月,《中华人民共和国国民经济和社会发展第十四个五年规划和2035年远景目标纲要》指出,要培育壮大人工智能、大数据、区块链、云计算、网络安全等新兴数字产业,提升通信设备、核心电子元器件、关键软件等产业水平。构建基于5G的应用场景和产业生态,在智能交通、智慧物流、智慧能源、智慧医疗等重点领域开展试点示范。

2021—2022年中国智慧物流行业相关政策梳理如表3-2所示。

(三)数字智能的物流服务体系构建了良好的政策环境

从国内社会物流行业现状来看,国内物流市场持续稳定增长,2022年物流需求规模再上新台阶。数据显示,2022年全国社会物流总额347.6万亿元,按可比价格计算,同比增长3.4%,其中工业品物流总额309.2万亿元,按可比价格计算,同比增长3.6%;农产品物流总额5.3万亿元,增长4.1%;再生资源物流总额3.1万亿元,增长18.5%;单位与居民物品物流总额12.0万亿元,增长3.4%;进口货物物流总额18.1万亿元,下降4.6%。物流费用及收入方面,据统计,2022年社会物流总费用17.8万亿元,同比增长4.4%。2022年物流业总收入12.7万亿元,同比增长4.7%。社会物流总费用与GDP的比率为14.7%,比上年提高0.1个百分点。从结构看,运输费用9.55万亿元,增长4.0%;保管费用5.95万亿元,增长5.3%;管理费用2.26万亿元,增长3.7%。

表 3-2　2021—2022 年中国智慧物流行业相关政策梳理

时间	政策文件	相关内容
2021.03	《中华人民共和国国民经济和社会发展第十四个五年规划和 2035 年远景目标纲要》	建设智能制造示范工厂，完善智能制造标准体系。深入实施质量提升行动，推动制造业产品"增品种、提品质、创品牌"
2021.10	《国家标准化发展纲要》	强化标准在计量量子化、检验检测智能化、认证市场化、认可全球化中的作用，通过人工智能、大数据、区块链等新一代信息技术的综合应用，完善质量治理，促进质量提升。强化国家质量基础设施全链条技术方案提供，运用标准化手段推动国家质量基础设施集成服务与产业价值链深度融合
2021.11	《国家智能制造标准体系建设指南》	智能工厂标准主要包括智能工厂设计、智能工厂交付、智能设计、智能生产、智能管理、工厂智能物流、集成优化等 7 个部分，主要规定智能工厂设计和交付等过程，以及工厂内设计、生产、管理、物流及系统集成等内容
2021.12	《"十四五"国家应急体系规划》	推动各类金融机构出台优惠贷款等金融类产品，大力推广新技术、新工艺、新材料和新装备，实施智能化矿山、智能化工厂、数字化车间改造，开展智能化作业和危险岗位机器人替代示范
2021.12	《国务院办公厅关于促进内外贸一体国务院化发展的意见》	支持反向定制 (C2M)、智能工厂等创新发展，增强企业柔性生产和市场需求适配能力，促进内外贸产业链供应链融合。扎实推进跨境电子商务综合试验区建设，鼓励跨境电商平台完善功能，更好对接国内国际市场
2022.01	《国务院关于印发"十四五"数字经济发展规划的通知》	全面深化重点产业数字化转型，深入实施智能制造工程，大力推动装备数字化，开展智能制造试点示范专项行动，完善国家智能制造标准体系

（四）智慧物流产业链

智慧物流产业链的上游为设备制造商和软件开发商，主要包括单机设备和零部件及系统提供商，供应立体货架、叉车、输送机、分拣机、AGV、堆垛机、穿梭车等硬件设备，以及 WMS、WCS、WES、MES 等仓储软件与工业软件。智慧物流产业链的中游为系统集成商，主要是解决方案提供商，一部分由物流设备的生产厂家发展而来，硬件技术较强，另一部分由物流软件开发商发展而来，在软件技术开发上具有较强的竞争实力。智慧物流产业链的下游为智慧物流的应用行业，智慧物流的应用可分为商业、工业及农业领域。具体从下游需求来看，智慧物流下游市场主要包括快递、医药、汽车、3C 电子、家电、轻工业生产等众多行业，2022 年中国智慧物流下游市场中新能源、快递快运、快消领域的市场规模居前三，分别占比 14.8%、14.7%、12.7%，医药、电商、汽车、机场等应用场景占比同样不低。

（五）智慧物流行业发展现状

智慧物流是基于大数据、云计算、智能感应等一系列现代科技，实现物流服务的实时化、可控化和便捷化管理，同时也有助于物流产业链的优化升级。随着国家产业升级及数字化发展战略布局的开展，贯穿产品全生命周期的智慧物流系统正在成为推动制造业发展的重要引擎。据统计，2022年中国智慧物流行业市场规模约为6995亿元，同比增长8.0%（图3-4）。

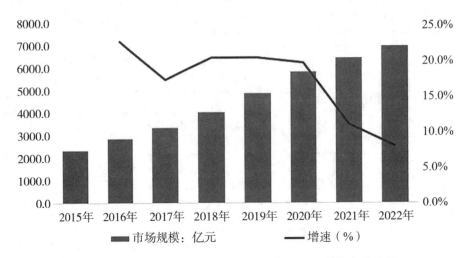

图3-4　2015—2022年中国智慧物流行业市场规模及增速情况

从细分市场-智慧物流装备市场来看，电子商务、快递物流、工业制造等各大下游行业的崛起，以及机械制造、传感定位等技术的成熟，智慧物流装备在国内越来越多的商业场景中得以应用，市场规模实现了飞速的发展。据统计，2022年中国智能物流装备行业市场规模达到829.9亿元，同比增长16.1%。

（六）智慧物流行业竞争情况

物流自动化行业竞争充分，格局分散，各厂商专注于细分赛道。在全球市场方面，根据《物料搬运商业评论》发布的2022年"全球物料搬运系统供应商二十强"榜单，龙头公司以日本、美国、欧洲企业居多。在国内市场方面，2022年诺力股份、今天国际的市占率分别为4.0%、2.9%。智慧物流行业下游较分散，各集成商在不同的细分领域有较强的竞争实力。例如，诺力股份和今天国际深耕新能源行业，昆船智能在烟草和军工领域竞争力较强。

（七）智慧物流行业未来发展趋势

1. SLAM采用融合导航

即时定位与地图构建（SLAM）技术目前已相当成熟，极大地提升了移动机器人（AGV/AMR）的灵活性，但高精度激光雷达的成本较高。由于视觉导航能够获取更多信息、适用范围更广、成本更低，视觉SLAM（V-SLAM）被认为是下一代规模应用的导航方式，也是AI视觉落地的重要方向。综合精度、成本、应用场景等因素，融合导航将成为趋势。例如，二维码+激光SLAM、激光SLAM+视觉SLAM的多传感器融合导航等。

2. AGV/AMR加速渗透

机器人与其他生产设备、MES、WMS等系统全面协同，实现生产物流信息实时管控，同时打通智慧工厂数据链,提高生产制造数据收集的时效性。通过边缘计算和云计算的结合,突破移动机器人终端的算力和存储限制。一方面提高了 AI 算法的训练和推理能力,提升移动机器人的智能程度;另一方面,通过云端数据实时分析,优化每一个移动机器人的工作,提升整体效率。

3. AI+3D 视觉带来传统机械臂变革

机械臂智能拣选是 AI 视觉技术的重要落地场景。长期来看,机械臂是实现各个行业"无人仓"的关键一环。通过算法的迭代升级,能够通过小样本学习,快速识别海量 SKU,应对不同物品、不同抓取环境时能够像人一样柔性处理。同时,通过提升 AI 算法能力,能够降低对高精度传感器的依赖,从而降低硬件成本,提升机械臂的运动节拍,拉开机械臂与人相比的效率优势。

 基本训练

□ 知识题

1. 简述物流战略的要点。
2. 可供物流企业选择的基本战略模式主要有哪些?
3. 物流企业战略的一般目标是什么?
4. 物流企业战略的构成要素有哪些?
5. 分析几种不同类型物流企业的战略特点。
6. 简述物流企业战略规划的一般过程。

□ 判断题

1. 物流企业间竞争加剧,更加突出了物流战略的重要性。(   )
2. 差异化战略就是物流企业向客户提供的物流服务具有一致性。(   )
3. 物流企业把战略转化为实际操作的过程就是物流战略计划。(   )

□ 选择题

1. 物流战略的一般目标是成本最低、投资最少、(   )。
   A. 库存最低   B. 流通最快
   C. 结构最优   D. 服务优化
2. 企业战略的基本要素应包括(   )。
   A. 经营范围   B. 成长方向
   C. 竞争优势   D. 协同作用
3. 以下不属于功能性物流战略层次的有(   )。
   A. 运输与配送管理   B. 仓储与库存管理
   C. 基础设施管理   D. 信息系统管理

□ 技能题

1. 一家大型钢铁国有企业的物流运输部门经股份制改造成立新的物流运输企业,请为该物流企业选择战略发展模式。

实训目的:通过对不同类型的物流企业的特点和环境分析,明确企业的战略目标,并选择适合该企业业务发展的战略模式。

实训要求:可通过网上资料收集,了解钢铁行业物流运输的主要职能和经营范围,然后有针对性地提出可供企业选择的物流战略模式。

2. 通过企业实地考察或网上调研了解一家典型的物流企业的战略规划、实施的全过程,并进行分析,撰写调研报告。

实训目的:分析该物流企业战略规划的背景、实施方案以及实施效果,并提出自己的改进建议。

实训要求:制订调研计划,分阶段按步骤展开调研工作,重点关注物流企业战略规划、实施的实际进展,找出问题所在,思考优化方案,提出合理化建议。

案例分析

中国航空市场将不断向好

2023年8月,国际航空运输协会理事长威利·沃尔什开启了上任后的首次访华。对于此次中国之行,沃尔什表示和他想象中一样,收获颇多。他此行不仅与中国民用航空局就国际航空运输恢复、民航安全与运行合作、民航可持续发展等议题深入交换意见,还与多家成员航空公司和战略合作伙伴进行了交流。访华期间,沃尔什接受了《经济日报》等媒体的采访,就全球航空业的复苏进程以及中国航空市场表现等话题发表了看法。

在采访中,沃尔什首先提到中国航空市场的表现。沃尔什表示,2023年以来,中国国内航班恢复情况十分强劲,国际航班也呈现不断复苏的态势。另外,中国航空公司在国际上不仅有良好的声誉,还有遍布全球的航空网络,相信中国航空市场的前景将不断向好。

"对于国际航协来说,中国是极为重要的市场,拥有良好的增长前景。得益于中国边境的重新开放,国际航协在6月份调整了航空业2023年的前景展望,将全球航空业的净利润上调至98亿美元。"沃尔什说。

沃尔什强调,国际航协十分重视中国市场,今后也将继续践行支持中国民航业高质量发展的承诺。长期以来,国际航协与中国民用航空局等相关政府部门紧密联系,并积极与各成员航空公司及民航业其他重要伙伴开展合作,通过分享全球通行的行业标准、高效的服务流程建议和前沿的解决方案,帮助中国航空公司实现降本、提质、增效的目标。

2023年1月份以来,国际航协积极助力中国民航安全、稳健、有序地回归常态化运营。其中包括:迅速组建由主要来自中国的航空公司参与的民航业重启工作组,协助中国民航恢复国际客运航班;召开首届基于风险的运行安全审计研讨会和预防飞行颠簸研讨会,合作发布《危险品规则》与《鲜活易腐货物规则》中文版,围绕绿色民航发展和可持续航空燃料转型开展信息分享与能力建设,推动旅客非接触式出行、数字货运、全单等行业标准与实施指南在中国落地,推动数字化转型与智慧民航建设,助力中国民航安全、高效与可持续发展。此外,还重启了国际航协北亚区各个培训中心的商务培训课程,与民航领域有关院校加强科研业务交流、合作开展人才培养项目,并且关注民航业人力资源发展中的女性人才培养,加强中国民航中高端人才建设与发展。

"在全球航空业全面复苏的过程中,国际航协将一如既往地支持中国航空旅行重返高速增长的航道。"沃尔什表示,期待来自中国的航空公司在国际航协全球项目的推进和实施中发挥越来越重要的作用和影响力。

沃尔什指出,在这个气候变化日益成为核心议题的时代,可持续发展是全球航空业需要重点关注的问题。在此前举办的第79届国际航空运输协会年度大会上,国际航协公布了关于航空业2050年实现净零碳排放的一系列路线图,涉及飞机技术、能源基础设施、运营、财务和面向净零碳排放的政策考虑等多个方面的细节,强调了实现这一目标所需的技术、政策、金融、运营和基础设施步骤。沃尔什表示,全行业想要实现低碳转型,关键因素之一就是要大力发展可持续航空燃料。因此,2023年的优先事项之一就包括可持续航空燃料生产激励措施,加快实现净零碳排放。对此,国际航协呼吁所有航空业的利益相关方采取行动,提供必要的工具、政策和适合净零世界的产品,确保航空业的这场根本性变革取得成功。

(资料来源:中国航空市场将不断向好——访国际航空运输协会理事长威利·沃尔什[EB/OL].[2024-08-21].http://www.ce.cn/cysc/jtys/hangkong/202308/04/t20230804_38658974.shtml,有改动。)

问题:结合以上案例材料分析,你认为我国的航空物流企业可以采取什么样的业务发展模式?

综合实训

实训项目:虚拟物流企业的战略规划设计

一、实训目的

(1)使学生熟悉物流企业的基本类型与相应的业务范围。

(2)结合不同类型的物流企业选择不同的物流发展模式。

(3)站在企业物流发展的战略高度思考物流企业的战略实践。

(4)训练学生的战略管理思想与实践能力,为今后自主创业或物流企业高端管理打好基础。

二、实训内容

(1)几个同学一起,以兴趣小组的形式虚拟注册一家典型的物流企业,并给该企业合理配置各种物流资源(虚拟)。

(2)运用SWOT法分析该物流企业所处的环境与地位、机遇与挑战。

(3)模拟董事会议,讨论企业的发展战略问题。

(4)制定几套企业的战略规划设计方案,并举行论证会,选出最优方案。

(5)制定具体的战略实施方案,分工合作,落实责任,按计划有步骤地开展实施工作。

(6)请相关负责人陈述战略实施进展情况,并提出下一步的改进措施与设想。

三、实训要求

(1)4～5人为一组,确定其中1人为组长,负责协调统筹工作。

(2)请不同战略规划方案设计者进行3～5分钟的方案陈述。

(3)召开2～3次虚拟董事会。

(4)撰写实训报告。

四、注意事项

(1)兴趣小组先开会讨论,明确实训目标与任务。

(2)最后阶段可邀请专业教师点评指导。

项目四 智慧物流企业决策与计划管理

▪ 思政目标 ▪
◎办事有计划性。
◎敢于决策。

▪ 知识目标 ▪
◎了解物流企业的目标管理、经营决策的类型、经营计划的种类与内容。
◎明确物流企业KPI考核内容、物流企业目标制定的方法。
◎熟知物流企业经营决策的方法。
◎掌握物流企业经营计划编制的方法。

▪ 技能目标 ▪
◎分析物流企业的决策问题,灵活运用决策方法进行经营决策。
◎根据决策结果,编制物流企业经营计划。

 引例

青岛啤酒的物流系统目标和决策

青岛啤酒集团有限公司(以下简称青岛啤酒集团)提出了以"新鲜度管理"为目标的物流管理系统思路,开始建立新的物流管理系统。当时青岛啤酒的年产量不过30多万吨,但是库存就高达十分之一。这么高的库存,引发了以下几个问题:占用了相当大的流动资金,资金运作的效率低;需要有相当数量的仓库来储存这么多的库存。当时的仓库面积有7万多平方米;库存数量大,库存分散,部分啤酒储存期过长,新鲜度下降甚至变质。

青岛啤酒集团并没有把压缩库存作为物流系统的直接目标,而是把"新鲜度管理"作为物流系统的直接目标:"让青岛人民喝上当周酒,让全国人民喝上当月酒"。基于此,青岛啤酒集团实施了以提高供应链运行效率为目标的物流管理改革,建立了集团与各销售点物流、信息流和资金流全部由计算机网络管理的快速信息通道和智能化配送系统。

青岛啤酒集团在确定了合理的目标之后,作出了一系列决策:成立了仓储调度中心,重新规划全国的分销系统和仓储活动,实行统一管理和控制;进行市场区域分布、流通时间等全面的调整和平衡,成立独立法人资格的物流有限公司,以保证按规定的要求、最短时间、最少环节和最经济的运行方式将产品送至目的地。实现了全国的订货,产品从生产厂直接运往港、站;省内的订货,从生产厂直接运到客户仓库。

这一案例表明:"新鲜度管理"物流系统目标的提出,不但达到了降低库存、降低流动资金、降低损耗的目的,而且能面向消费者的实际需求,在实现消费者满意新鲜度目标的同时,达到解决库存问题的目的。

因此,在制定物流系统目标时,要考虑物流系统的方方面面,综合分析物流系统存在的主要问题,以保证目标的合理性,同时,为了实现目标,必须作出正确的决策。

任务一 物流企业目标管理

一、物流企业目标管理与 KPI 考核内容

自"管理大师"德鲁克在《管理的实践》一书中提出"目标管理"的概念后,目标管理在不断完善中得到了长足的发展,现已成为企业管理的重要组成部分。由于这种管理制度在美国应用得非常广泛,而且特别适用于对主管人员的管理,所以被称为"管理中的管理"。目标管理已经在全世界大多数公司中得到了成功的应用。我国引进先进的管理理论与经验,其中重要的一项内容就是目标管理。

(一)目标管理的含义

目标管理是企业根据所处的环境,为了实现自身的任务与目的,从全局出发,在一定时期内,为企业组织各层"从上至下"制定切实可行的目标,并且让它们必须在规定时间内完成的一种管理方法。与传统的目标设定方法不同,目标管理的具体绩效目标由上下级共同决定。目标转化过程既是"自上而下"的,又是"自下而上"的,最终结果是一个目标的层级结构,如图4-1所示。在此结构中,某一层的目标与下一层的目标连接在一起,而且对每一位员工,这

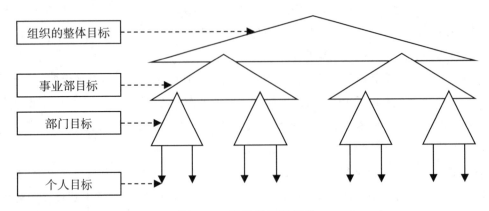

图4-1 目标的层级结构

个目标的层级结构都提供了具体的个人绩效目标。另外,这里的目标不是用来控制下级的,而是用来激励下级的。

(二)物流企业目标管理

物流企业目标管理是指围绕实现物流企业的服务目标和成本目标而开展的一系列管理活动,是物流企业为充分调动全体员工的积极性和创造性,运用管理学中的激励理论和系统工程原理来实现企业目标的一种管理方法。

物流系统有很多的要素,系统要素的层次也很多,每个层次系统及其要素都有各自的目标。对于复杂的物流系统来说,目标优化管理是一件很难的事情。物流系统的基本功能要素包括运输功能、储存功能、装卸搬运功能、包装功能、流通加工功能和物流信息处理功能等。当这些功能要素独立存在时,各自的目标存在着互相冲突。例如,运输成本目标、储存成本目标和物流成本目标之间就存在着明显的冲突(表4-1)。物流系统内其他功能要素之间也存在着类似的冲突,如包装与运输之间存在着目标矛盾。物流包装的目标是保护商品在物流过程中免于损坏,同时降低包装成本。因此在包装材料的强度、内装容量的大小等方面就会考虑以能够确保商品安全为第一目标。但这常常会导致"过度包装",结果不仅增加了商品物流包装的成本,同时由于物流包装过大、过重,增加了无效运输的比重。

表4-1 运输、储存和物流成本目标之间的冲突

运输成本目标	储存成本目标	物流成本目标
运输最经济 运费最低	储存量最低 储存费用最低	物流总成本最低 运输、储存的成本不一定最低

物流企业实行目标管理是十分必要的。物流企业是为其他企业提供服务的,无论是仓储、运输,还是其他业务,都必须按客户的要求进行。物流企业进行目标管理的过程就是开展目标管理活动的步骤和工作内容,是一个围绕制定目标和实现目标进行管理活动的系统过程。

> **小思考 4-1**
>
> 物流系统的目标冲突主要表现在哪些方面?
>
> 答:物流系统的目标冲突主要表现为两种形式。一是物流系统的功能要素之间的冲突,如运输、储存、装卸搬运、流通加工、配送和增值服务等之间往往都存在着冲突;二是物流系统的服务目标和成本目标之间的冲突。一般来说,要降低物流成本就会影响物流服务水平的提高,反过来,如果要提高物流服务水平就会增加物流成本,如图4-2所示。

(三)物流企业的KPI考核内容

物流企业要提高客户服务质量,最有效的方式是建立科学可行的KPI绩效考评指标,建立物流服务质量指标体系。物流企业考核的难点在于确定物流服务目标。服务目标不能太多,少数几个目标应能反映物流服务水平。

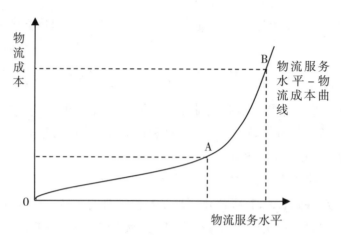

图 4-2　物流服务水平与物流成本之间的关系

马丁·克里斯多夫教授将物流服务指标分成交易前、交易中和交易后三个方面。基于此，我国何明珂教授构建了物流服务 KPI 指标，如表 4-2 所示。

表 4-2　物流服务业绩衡量指标

交易阶段	交易前	交易中	交易后
具体指标	库存可供率 送货日期报告 查询答复期	订单完成率 准时送货率 退单期 交货延迟率 产品替代率	首次报修修复率 客户投诉率 退货率/索赔率 发货差错率

鲍尔索克斯等从物流职能角度对物流企业绩效加以评估，具体的 KPI 指标包括成本管理、客户服务、质量、生产率和资产管理五个方面，如表 4-3 所示。

表 4-3　基于职能的物流绩效评估

成本管理	客户服务	质量	生产率	资产管理
总成本、单位产品成本 成本占销售额百分比 运入/运出运费率 行政管理 仓库订单处理 直接劳动 实际与预算比较 成本趋势分析 直接产品利益率 客户部分利益率 库存持有成本 退回商品成本 损坏/延迟交货成本 无效服务成本	完成比率 缺货率 运输误差 准时交货 延迟交货 周转时间 交货一致性 询价反应时间 反应准确性 完成订单 客户投诉 销售人员投诉 整体可靠性 整体满意度	损坏频率 订单准确性 运输准确性 票据准确性 信息可用性 信息准确性 信息索求次数 客户退货数量	运送产品数量 产品数量 订单数量 与历史水平比较 目标程序计划 生产力指数 设备停工期 订单输入生产率 仓库劳动生产率 运输劳动生产率	库存周转 库存水平 供应天数 陈旧库存 净资产回报 投资回报率 库存分类 经济价值增值

罗杰·山德森从供应链的角度设计了物流服务 KPI 指标,如表 4-4 所示。

表 4-4 供应链物流业绩衡量指标

项目	衡量频率	客户服务	资产管理	运作效率
主要业绩指标	按年或按月	客户服务水平	原材料库存 产成品库存 当地送货车辆利用率	
计划与控制	按月或按周	订单完成率 预测准确率	库存损失 运输车辆利用率 仓库利用率 装卸搬运设备利用率	仓库劳动生产率 送货人员劳动生产率 客户服务生产率
团队业绩	按月或按周	完成的订单送货率	送货车队劳动生产率	拣货人员劳动生产率

二、物流企业目标及其制定

(一)物流企业目标制定的要求

为了更好地发挥目标管理的作用,物流企业在制定企业目标时要做好以下几点。

(1)明确目标。物流目标应当简明扼要,仅仅说希望降低物流成本、改善物流服务或提高质量是不恰当的,这些期望必须转换成定量的目标,以便于度量和评价。例如,明确的目标应该是这样的:降低物流成本 7%。

(2)参与决策。用参与的方式确定目标,上下级共同参与物流目标的选择,对如何实现物流目标达成一致意见。

(3)规定期限。每一个物流目标的完成都有一个简单明确的时间期限,如 3 个月、6 个月或 1 年。

(4)反馈绩效。目标管理寻求不断地将实现目标的进展情况反馈给个人,以便他们能够调整自己的行动。这种不断的反馈还包含不定期举行正式的评估会议。在会上,上下级共同回顾和检查进展情况。

(二)物流企业管理的目标种类

目标是物流企业的灵魂和核心。一般来说,目标可分为长期、中期、短期、每日目标和需要立即执行的目标。从目标内容来看,物流企业的目标主要包括物流服务目标和物流成本目标两大类。物流企业有一个总目标,该总目标规定了物流企业的总体客户服务水平和总物流成本。然后将物流企业的总目标逐层分解至各部门,如运输部门有运输服务目标和运输成本目标,仓储部门有仓储服务目标和仓储成本目标,配送部门有配送服务目标和配送成本目标等,如图 4-3 所示。

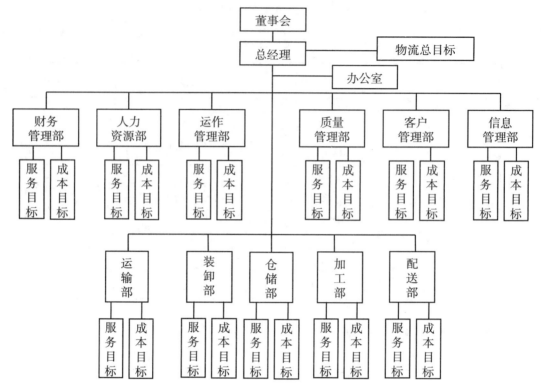

图 4-3 物流企业目标示意图

(三)物流成本目标的制定

物流成本目标是指物流企业在其生产经营活动开始前,根据预定目标预先制定的提供物流服务所需各种耗费的标准,是物流成本责任单位和成本责任人为之努力的方向与目标。物流成本目标可以通过以下方法来制定。

1. 倒扣测算法

倒扣测算法是通过物流市场调查确定的客户或服务对象可接受的目标售价,扣除企业预期达到的目标利润而倒算出物流成本目标的方法。

$$物流成本目标 = 物流目标售价 - 物流目标利润$$

【案例分析4-1】

> 某物流企业制定的物流目标售价为2200元,物流目标利润为500元,确定其物流成本目标。
> 分析:根据物流成本目标 = 物流目标售价 - 物流目标利润
> 则其物流成本目标为:2200-500=1700(元)。

2. 比价测算法

将新物流服务与基本物流服务进行对比。相同的物流作业,按基本物流服务成本目标来测定;不同的物流作业,按预计的各项费用标准加以估价测定。

【案例分析 4-2】

A物流企业接到一项新业务,新业务物流服务内容以及基本物流服务成本目标如表4-5所示,试计算新业务物流服务成本目标。

表4-5 物流服务内容

物流作业	新业务物流服务内容	基本物流服务成本目标
运输	500千米	0.6元/千米
储存	200件/月	5元/(月·件)
包装	200件	2元/件
流通加工	200件	3元/件
替客户收费	300元	—

分析:由于运输、储存、包装和流通加工属于A物流企业的基本物流服务,故这些物流作业的成本目标直接按基本物流服务成本目标算,而替客户收费不在基本物流服务成本目标之列,所以要另外确定其成本目标(假设其成本目标为300元)。则新业务物流服务成本目标为:$500 \times 0.6 + 1 \times 5 \times 200 + 200 \times 2 + 200 \times 3 + 300 = 2600$(元)。

3. 本量利分析法

本量利分析法指在利润目标、物流固定成本目标和物流作业量目标既定的前提下,对单位变动成本目标进行运算的方式。

$$利润目标 = 单位售价 \times 物流作业量目标 - 单位变动成本目标 \times 物流作业量目标 - 物流固定成本目标$$

因此,可以得出:

$$单位变动成本目标 = 单价售价 - \frac{利润目标 + 物流固定成本目标}{物流作业量目标}$$

【案例分析 4-3】

某铁路物流中心的物流作业量目标为100万吨,物流中心提供物流服务的单位产品目标售价为5元/吨,物流固定成本目标为100万元,利润目标为200万元,求单位产品物流服务成本目标。

分析:

$$单位产品物流服务变动成本目标为: 5 - \frac{200 + 100}{100} = 2(元)$$

$$单位产品物流服务成本目标为: 2 + \frac{100}{100} = 3(元)$$

(四)物流服务目标的制定

相对物流成本目标而言,物流服务目标比较模糊。对于物流企业而言,首先要确定企业的总体服务目标,然后将总体服务目标分解到部门,最后将部门服务目标分解到个人。物流企业不同层次的服务目标不一样,从高层到低层,物流服务目标会越来越具体,越来越详细。例如,物流企业的服务目标是提供能让客户满意的物流服务,而将这一目标逐步分解,到最底层的运输作业环节,其服务目标可能为:降低发货品种、规格、数量、地点、时间和单证等方面的差错;缩短集货、组配、装货、填制和签发有关发货凭证的时间;及时与客户联系;等等。

物流企业的总体服务目标通常可以通过标杆法来制定。以竞争对象为基准,与有着相同市场的企业在物流服务和工作流程等方面的绩效与实践进行比较,制定合适的物流服务目标。从一些物流企业的实践中,可以总结出标杆管理的基本步骤如下。

(1)由物流企业的主要领导负责组建标杆管理团队。

(2)确立标杆管理的目标和准则。根据自身物流业务能力和企业发展状况,选择合适的物流企业作为标杆管理的目标,并通过系统的现场参观和访谈,仔细研究本企业的实践和进步情况,然后对结果进行分析并提出一系列改进建议,并付诸实施。

(3)收集与分析数据。这项工作比较烦琐,需要开发一套研究策略。其中包括:其一,实地考察,收集标杆数据;其二,处理、加工标杆数据并进行分析;其三,与企业同组数据进行比较,进一步确立企业应该改进的地方。必要时还需要借助外部咨询和外部专门数据库。通过比较找出差距,确定标杆管理指标。分析流程,自我剖析,找出企业自身业务流程中的缺陷。

(4)实施和系统学习。实施阶段通常是标杆管理过程中最困难的。在这个阶段,物流经理要充分调动各物流部门人员积极参与,克服畏惧变革的心理障碍,谨慎地、巧妙地将参与和竞争文化相结合。同时,物流企业必须随时准备与其他物流企业相比较,向优胜者学习。学习的对象一定要与自己的物流服务方式有关,应在企业内制定明确的考核标准,真正评估、吸收和运用这些知识,达到学习的目的。

(5)评价与提高。实施标杆管理是一个长期渐进的过程。在每一轮学习完成时,都需要重新检查和审视标杆管理的目标,以不断提升实施效果。

任务二 物流企业的经营决策管理

一、经营决策的概念与类型

(一)物流企业经营决策的概念

经营决策就是企业等经济组织决定企业的生产经营目标和为达到生产经营目标的战略

与策略,即决定做什么和如何去做的过程。物流企业经营决策是指物流企业在组织商品流通和提供服务的过程中,对企业活动的重大问题,如经营方向、经营目标、经营范围,以及对销售、运输、存储、价格、服务等经营要素的合理组织所作出的一系列决策。物流企业经营决策应具有以下基本特征。

(1)有明确的目标。物流企业管理者应明确为什么要进行决策,决策最终要达到的目标是什么。

(2)有若干个可供选择的可行性方案。可行性方案是指能够解决经营决策问题和实现经营决策目标、在现有条件下能够得以实施的方案。经营决策时必须要提出多个可行性方案,以便于物流管理者对方案进行比较和选择,只有一个方案而无从比较和选择的决策不是科学的决策。

(3)经营决策是一个发现问题、分析问题和解决问题的过程。在物流服务过程中,通常会出现各种各样的问题,如运输时间太长、储存产品变质等,物流企业经营决策者要认真分析运营过程中出现的问题,提出有效解决问题的方案,以改善物流服务。

(4)经营决策是一项有组织的集体活动。物流运作需要物流企业各个部门有机配合,因此物流企业经营决策问题涉及物流企业的各个部门,具有信息量大、涉及面广、变化快的特点,这就增加了决策的复杂性和艰巨性,因此,物流企业经营决策需要各个部门人员的共同参与,以提高决策的效用。

物流企业经营决策的一般过程如图 4-4 所示。

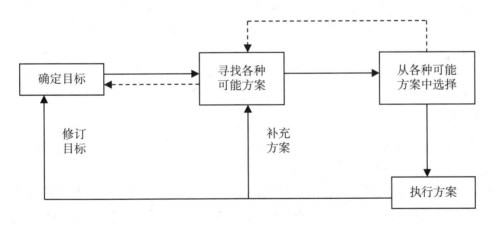

图 4-4 物流企业经营决策的过程

(二)物流企业经营决策的类型

物流企业决策包括的内容很多,依据不同的参照标准可以划分为不同的类型。

(1)从决策主体来看,可以分为组织决策和个人决策。组织决策是物流企业或物流部门对未来一定时期活动的选择或调整;个人决策是指个人在参与物流活动中的各种决策。例如,物流企业的配送计划就是由配送部门共同制定的,这是组织决策。车辆在运行过程中遇到特殊情况不能按原计划路线行驶,车辆驾驶员根据实际情况重新规划行驶路线,这是个人决策。

(2) 从决策需要解决的问题来看,可分为初始决策和追踪决策。初始决策是指物流企业对从事某种活动或从事该种活动的方案所进行的初次选择;追踪决策则是在初始决策的基础上对物流企业活动方向、内容或方式的重新调整。

(3) 从决策所要解决问题的地位或重要程度的不同来看,可分为战略决策、战术决策和业务决策。物流企业战略决策、战术决策及业务决策的不同点如表4-6所示。战略决策面对的是物流企业高层在未来较长一段时期内(一般1~5年)的活动,旨在调整物流企业的活动方向和内容。战术决策需要解决的是物流企业组织的某个或某些具体部门在某段时期内(一般半年到1年)的行动方案,旨在调整既定方向和内容下的活动方式。业务决策是物流企业各个职能部门在短期内的作业决策,旨在提出物流企业战术决策的具体实施方案。

表4-6 战略、战术与业务决策的特点

特点	战略决策	战术决策	业务决策
时期	长	中	短
层次	高层	中层	基层
复杂性	复杂	比较复杂	比较简单
主要内容	物流经营方案	物流运作方案	物流作业方案

(4) 从环境因素的可控程度来看,可分为确定型决策、风险型决策和非确定型决策。

确定型决策,是指在对物流企业经营决策问题的未来情况拥有完整的信息,没有不确定因素时的决策。在这种情况下,每个决策方案只产生一种确定的结果。根据决策目标可以作出确定的抉择。

风险型决策,是指影响物流企业经营决策的主要因素在客观上存在几种可能情况,这些可能情况事先虽可知道,但决策后出现什么样的结局,决策者事先却不能完全知道。这时作出的决策就是风险型决策

非确定型决策,是指物流企业经营决策方案面临多种自然状态,而决策者难以确定其出现的概率,需要进行综合分析,作出决策。

(5) 从决策目标的层次性来看,可分为单目标决策和多目标决策。单目标决策是指仅就物流企业的某个问题进行决策,而多目标决策是指包含两个或两个以上问题的决策。例如,物流企业对物流系统进行库存运输集成优化时,就要考虑库存目标和运输目标两个基本目标,而单独进行运输或库存优化时,就只需考虑其中一个目标。前者属于多目标决策,后者属于单目标决策。

【案例分析4-4】

某汽车企业的经营决策

某汽车企业大约有400个供应商负责把各自的产品送到30个装配工厂进行组装,由于卡车满载率很低,库存和配送成本急剧上升。为了降低成本,改进内部物流管理,提高信息处理能力,

汽车企业委托专业物流企业为它提供第三方物流服务。

　　调查了解半成品的配送路线之后,专业物流企业建议汽车企业使用一家有战略意义的配送中心。配送中心负责接收、处理和组配半成品,由物流企业派员工管理,同时物流企业提供60辆卡车和72辆拖车。除此之外,还通过EDI系统帮助汽车企业的供应商运输车辆以便实现JIT配送。为此,配送中心设计了一套最优送货路线,增加供应商的送货频率,减少库存水平,改进外部物流活动,运用全球卫星定位技术,使供应商随时了解行驶中的送货车辆的方位。与此同时,通过在配送中心组配半成品后,对装配工厂实施共同配送的方式,既降低了卡车空载率,也减少了汽车企业的运输车辆,只保留了一些对配送中心所提供的车队有必要补充作用的车辆,这样也减少了该汽车企业的运输单据处理费用。

　　分析:经营决策广泛存在于物流活动中。本案例中包含的经营决策有:物流外包决策、第三方物流企业选择决策、增设配送中心决策、配送中心经营管理方法决策、送货路线决策和共同配送方法决策。

二、物流企业经营决策的方法

物流企业经营决策的方法分为两大类:定性决策方法和定量决策方法。

(一)定性决策方法

定性决策方法是在社会学、心理学、行为学、政治学和经济学等基础上的"专家法",是一种直接利用决策者本人或者有关专家的智慧来进行决策的方法。下面介绍两种常用的方法。

1. 头脑风暴法

头脑风暴法是比较常用的集体决策方法,是通过专家们的相互交流,在头脑中进行智力碰撞,使专家们的讨论不断集中和精化。

头脑风暴法的实施应遵循四项原则,即:对别人的建议不作出任何评价,将相互讨论限制在最低限度之内;建议越多越好,参与者不要考虑自己建议的质量,想到什么就说出来;鼓励每个人独立思考,广开思路,想法越新颖、越奇异越好;可以补充和完善已有的建议,使他们更具说服力。

头脑风暴法的目的在于通过创造一种畅所欲言、自由思考的环境来诱发创造性思维的共振和连锁反应,产生更多的创造性思维。这种方法的时间一般为20~60分钟,参与者以10~15人为宜。

2. 德尔菲法

德尔菲法是美国兰德公司于20世纪50年代初提出的,它最早用于预测,后来推广应用到决策中来。

德尔菲法是一种向专家进行调查研究的集体判断方法。它以匿名方式通过几轮函询征求专家们的意见,组织决策小组对每一轮的意见都进行汇总整理,将所有专家的意见整理后作为参考资料反馈给每一个专家,供他们分析判断,提出新的意见。如此反复,专家们的意见渐趋一致,最后作出最终结论。这种决策方法的大体过程如图4-5所示。

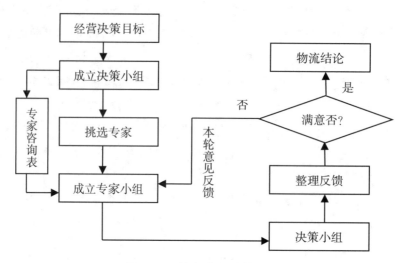

图 4-5　德尔菲法决策过程

(二)定量决策方法

定量决策方法的核心是通过建立数学模型来表示经营决策相关变量与目标之间的关系,然后对数学模型加以求解,得出供决策者参考的结论。

1. 确定型决策方法

确定型决策方法主要适用于影响决策的因素或自然状态是明确的、肯定的情况。盈亏平衡分析法是最基本的确定型决策方法,它是研究物流企业或其部门的经营规模至少应该达到什么程度的决策问题。物流企业经营者必须要知道,自己的企业最少完成多少业务量才不会亏损,这就是盈亏平衡分析的基本目的。盈亏平衡分析法通过盈亏计算公式或物流盈亏平衡图(如图4-6),对产品或服务的可变成本和固定成本进行分析,确定物流经营收入和支出相等时的物流量。这一物流量被称为盈亏平衡点或保本点。

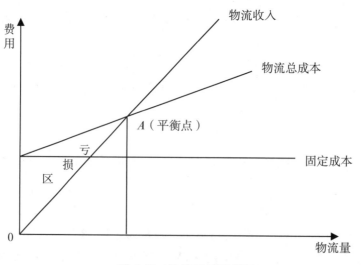

图 4-6　物流盈亏平衡图

设单位物流量的物流收入为 I,物流固定成本为 C,单位物流量变动成本为 v,则盈亏平衡点的物流量公式为:

$$Q = \frac{C}{I-v}$$

设目标利润为 p,则完成目标利润所需完成的物流量公式为:

$$Q^* = \frac{C+p}{I-v}$$

盈亏平衡分析法把十分复杂的物流企业经济活动进行了理想化的处理,使问题变得非常简单明了。对于物流企业来说,问题显得复杂一些,如何使用盈亏平衡分析,则要做技术性处理。如果每个品种的物流处理系统基本独立,那么只要把物流企业管理费用合理地分摊到每个品种,就可以对每个品种分别作盈亏平衡分析。要注意的是,物流企业管理费用分摊的方法一定要科学合理。

【案例分析 4-5】

> 深圳某运输公司的单位运价为 200 元/千吨公里,单位变动成本为 150 元/千吨公里,每月固定成本为 20 万元。
>
> 分析:
> (1) 该运输公司实现盈亏平衡的运输量应为多少?
> (2) 如果该运输公司 10 月份运输目标利润为 30 万元,至少应完成多少运输量?
>
> 分析:
>
> (1) $Q = \dfrac{C}{I-v} = \dfrac{20 \times 10^4}{200-150} = 4000$(千吨公里)
>
> 即该运输公司每月完成 4000 千吨公里运输量时,正好处于盈亏平衡点上。
>
> (2) $Q^* = \dfrac{C+p}{I-v} = \dfrac{20 \times 10^4 + 30 \times 10^4}{200-150} = 100000$(千吨公里)
>
> 即该运输公司每月完成 10000 千吨公里运输量时,可获得利润 30 万元。

2. 风险型决策方法

在实际物流企业制定经营决策过程中会碰到这样的情况,对问题的未来情况不能事先确定,但对未来发生情况的可能性(即概率)是可以知道的,这时的决策就被称为风险型决策。一般来讲,风险型决策应具备这样的条件:有明确的目标,如物流成本最小、物流利润最大等;有两个以上的可选方案;自然状态无法控制;不同行动方案在不同自然状态下的损益值可以计算出来;对自然状态的出现事先不肯定,但概率可以知道。

决策树是处理风险型决策问题的最常用方法。它把方案的一连串因素,按照其相互关系用树状结构图表示出来,然后再按照决策原则和顺序进行优选。它具有层次清晰、一目了然和计算简便等特点。决策树的一般模型如图 4-7 所示。

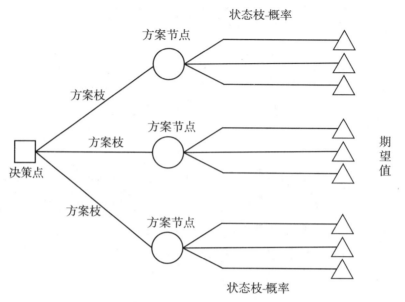

图 4-7 决策树的一般模型

从图 4-7 可知,决策树由决策点、方案枝、方案节点、状态枝和状态末端等五个要素组成。决策点用来表示决策的结果;方案枝是由决策点引出的若干枝条,每一枝条代表一种方案;方案节点用来表示各种方案,上面的数字表示该方案的期望值;每个状态枝代表一种自然状态;状态末端用来表示不同状态下的期望值。

利用决策树法进行决策的步骤如下。

首先,根据可替换经营方案的数目和对未来市场状况的了解,画出决策树的图形。其次,计算各方案的期望值,包括:计算各概率枝的期望值,将方案在各自然状态下的收益值分别乘以各自然状态出现的概率;把各概率枝的期望值相加,并将数字记在相应的自然状态节点上。再次,考虑各方案所需的投资,用收益减去投资,比较不同方案的期望收益值。最后,剪去期望收益值较小的方案枝,保留下来的方案枝就是决策选用的经营方案。

【案例分析 4-6】

某物流企业为了适应市场发展的需要,拟在武汉市汉阳区沌口扩建一个仓库,提出了两种建设方案。第一种方案是建大仓库,第二种方案是建小仓库。建大仓库需要投资 800 万元,建小仓库需要投资 320 万元,两种方案的使用期限均为 10 年。两种方案的收益及自然状态的概率如表 4-7 所示。试用决策树法选出合理的决策方案。

表 4-7 方案收益及自然状态

自然状态	概率	建大规模仓库	建小仓库
物流业务发展好	0.7	280 万元	130 万元
物流业务发展差	0.3	−50 万元	10 万元

分析：

首先画出决策树，如图4-8所示。

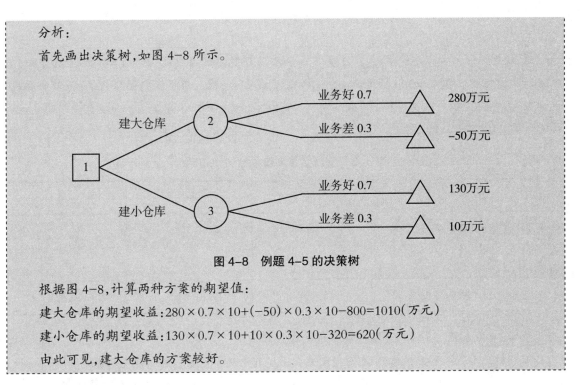

图4-8 例题4-5的决策树

根据图4-8，计算两种方案的期望值：

建大仓库的期望收益：280×0.7×10+(-50)×0.3×10-800=1010（万元）

建小仓库的期望收益：130×0.7×10+10×0.3×10-320=620（万元）

由此可见，建大仓库的方案较好。

3. 不确定型决策方法

在风险型决策方法中，计算期望值的前提是能够判断各种状况出现的概率。如果出现的概率不清楚，就需要用不确定型方法。不确定型决策方法主要依据决策者对待风险的态度来选择不同的决策原则。决策原则主要有乐观原则、悲观原则、折中原则和最小最大后悔值原则等。

(1) 乐观原则。如果决策者比较乐观，认为未来会出现最好的自然状态，那么决策者就可以首先找出各方案在各种自然状态下的最大收益值。然后进行比较，找出在最好自然状态下能够带来最大收益的方案作为决策实施方案。

(2) 悲观原则。持悲观原则的决策者对未来比较悲观，认为未来会出现最差的自然状态。与乐观原则相反，决策者会计算在各种自然状态下最小的收益值，然后进行比较，选择在最差自然状态下仍能带来最大收益的方案作为实施方案。

(3) 折中原则。持折中原则的决策者希望在乐观和悲观两种极端中求得平衡。决策者认为最好和最差的自然状态都有可能出现。在作出决策时，决策者给最好自然状态一个乐观系数，给最差自然状态一个悲观系数，两者之和为1。然后计算每一种方案的决策值。计算方法是用某方案最好自然状态下的收益值与乐观系数之积加上该方案在最差自然状态下的收益值与悲观系数之积。最后比较各方案的期望收益值，选择期望收益值最大方案。

(4) 最小最大后悔值原则。该原则力求使决策者后悔值最小。根据这个原则，决策者应先计算出各方案在各自然状态下的后悔值，然后找出每一种方案的最大后悔值，选择最大后悔值最小的方案作为实施方案。最大后悔值的计算方法是用某自然状态下的最大收益值减去各方案在该自然状态下的收益值。

【案例分析 4-7】

某物流企业由于业务量扩大，考虑构建一套物流信息系统以提高物流效率。关于物流信息系统的构建方案主要有三个：租用物流信息系统管理平台、自主开发物流信息系统、与专业公司联合开发。各种方案的相关资料如表4-8所示，表格中的数字表示各方案在不同业务量下的收益，现要决策选择哪种方案较好？

表4-8　物流信息系统构建方案资料

方案	物流业务量大	物流业务量中	物流业务量小
1.租用物流信息系统管理平台	70万元	60万元	50万元
2.自主开发物流信息系统	150万元	75万元	10万元
3.与专业公司联合开发	180万元	70万元	-20万元

分析：下面分别选择不同决策原则下的决策方案。

（1）乐观原则。在乐观原则下，决策者认为会出现最好的自然状态即物流业务量会很大，此时，方案三的收益最大，因此，方案三是要选择的方案。

（2）悲观原则。在悲观原则下，决策者认为未来的物流业务量会较小，因此，此时选择的方案是方案一。因为方案一在物流业务量小的情况下收益最大。

（3）折中原则。设乐观系数为0.4，悲观系数为0.6。首先计算各方案在折中原则下的收益值如下。

方案一的折中收益为：$70 \times 0.4 + 50 \times 0.6 = 58$（万元）

方案二的折中收益为：$150 \times 0.4 + 10 \times 0.6 = 66$（万元）

方案三的折中收益为：$180 \times 0.4 + (-20) \times 0.6 = 60$（万元）

由于方案二的折中收益最大，按折中原则，决策者应选择方案二。

（4）最小最大后悔值规则。计算各方案在各种自然状态下的后悔值，如表4-9所示。

表4-9　各种自然状态下的后悔值

方案	物流业务量大	物流业务量中	物流业务量小
1.租用物流信息系统管理平台	110万元	15万元	0万元
2.自主开发物流信息系统	30万元	0万元	40万元
3.与专业公司联合开发	0万元	5万元	70万元

由表4-9可知，方案一的最大后悔值为110万元，方案二的最大后悔值为40万元，方案三的最大后悔值是70万元。经过比较，方案二的最大后悔值最小，所以选择方案二。

小思考 4-2

定性和定量决策方法在物流企业决策中的适用场合有哪些？

答：一般而言，定性决策方法用于物流战略决策，而定量决策方法用于物流战术决策和物流业务决策。对比较复杂的物流战术和业务决策问题，可以采用定性和定量相结合的混合决策方法。一般运用头脑风暴等方法确定几种较好的备选方案，然后再运用定量决策方法从这几种备选方案中选择最优的方案。

任务三 物流企业的经营计划管理

一、物流企业经营计划的类型和内容

计划过程是决策的组织落实过程。决策是计划的前提，计划是决策的逻辑延续。经营计划是在经营决策基础上，根据经营目标对企业的生产经营活动和所需的各项资源，从时间和空间上进行具体统筹安排所形成的计划体系。物流企业经营计划是按照物流企业经营决策所确定的方案，对物流企业生产经营活动及其所需的各种资源，从时间上和空间上作出统筹安排的工作。

（一）物流企业计划的类型

按照不同的标准，可将物流企业计划分为不同的类型，如表 4-10 所示。

表 4-10 物流企业计划的类型

分类标准	类型
物流计划期限	长期计划、年度计划和短期计划
物流计划所涉及的活动范围	战略计划、战术计划和作业计划
物流活动的职能	运输计划、库存计划、包装计划、流通加工计划、装卸搬运计划、配送计划

1. 按计划期的长短分类

按计划期的长短分，可以把物流企业计划分为长期计划、年度计划和短期计划。

长期计划通常也称规划或战略计划，计划期一般为 3～5 年，有时更长。长期计划的内容主要是选择、改变或调整物流企业的经营服务领域，确定企业的发展方向和目标，确定实现目标的最佳途径和方法。长期经营计划具有明确的方向性和指导性，具有统率全局的作用。

年度计划的计划期一般为 1 年，它是依据长期计划制订出来的，是长期计划的细化，是保证长期计划得以实现的重要手段。由于年度计划以自然年为计划期，时间不太长，而且在一个自然年内，内外部条件的变化有较强的规律性，因而计划的内容相对比较具体。它是物流企业组织商品流通活动的主要计划。

短期计划也称作业计划或进度计划,一般以季度、月、旬为计划周期。短期计划是依据年度计划的商品流转活动情况进行制订的,它的主要内容是具体的进、销、运、存的工作计划,是年度计划实现的保证。

2. 按计划所涉及的活动范围分类

按计划所涉及的活动范围分,可分为战略计划、战术计划和作业计划。

战略计划是由高层管理者制订的,对物流企业的全部活动所作出的战略安排。它通常具有长远性、计划期限较长等特点。

战术计划是依据战略计划而制订的,同时也是战略计划得以实现的保证。它由物流企业的中层管理者制订,一般是阶段性的计划,用于指导物流企业各部门的共同行动,以完成具体的任务。

作业计划是基层管理者制订的细节计划,是物流企业各部门或更小生产单位的具体行动计划,如某车队的具体送货计划、流通加工部门的加工计划等。

3. 按物流活动的职能分类

按物流活动的职能分,可分为运输计划、库存计划、包装计划、流通加工计划、装卸搬运计划、配送计划等。这些计划都是以物流的基本活动为内容。

以上各种类型的计划不是彼此割裂的,它们之间往往存在着内在的联系,分别适用于不同条件。这些计划能够组成一个有机的计划体系。

(二)物流企业计划的内容

一般来说,物流企业计划应由计划目标、计划任务、方针措施、实施者、计划步骤和预算等要素构成。计划目标是物流企业通过该计划的实施所期望获得的总体效果或解决的问题。它通常由一系列具体指标构成,如运输时间、库存周转率、库存天数等。计划任务表明物流企业在计划期内要开展的具体物流活动。方针措施规定了物流企业开展物流活动应遵循的方针政策、行动方案以及各种应急措施等。物流企业计划要明确规定计划的具体实施者,它可以是一个或一些部门(如交通运输部门等),也可以是一个或一些人(如运输经理等)。计划步骤说明了各项物流活动之间的关系,并确定了每项物流活动的开始时间和结束时间。预算用来明确物流企业计划实施所需的各种耗费。

从物流企业经营的角度而言,物流企业计划的内容主要包括商品流转计划、财务计划、劳动工资计划、基本建设计划和职工培训计划等五个方面。

1. 商品流转计划

商品流转计划是物流企业的基本计划,是企业对计划期内商品流通规模的具体规定。它主要包括商品销售计划、商品购进计划和商品库存计划等。

商品销售计划是以市场需求为依据编制的。销售计划指标包括销售量、销售额、销售结构、市场定位、市场占有率等。

商品购进计划是以商品销售计划为依据编制的,是商品销售计划的资源保证。商品购进计划指标包括购进数量和金额、购进品种、购进时间、供货厂商等。

商品库存计划是为衔接商品销售和购进而制订的计划,是由商品销售规律、库存政策与运输条件等所决定的。库存计划指标主要有库存量、库存金额、库存结构和库存控制策略等。

2. 财务计划

财务计划包括流动资金计划、商品流通费用计划和利润计划等三部分，它是物流企业资金运动和经济效益的综合性计划的反映。财务计划的编制要以商品流转计划为依据，要明确规定商品流转顺利进行所需的资金来源、商品流转所需支出的费用、企业完成商品流转计划形成的盈利及分配政策。

财务计划的指标主要通过物流企业的现金计划、预期损益表和预期资产负债表等表示出来。因此，财务计划的编制主要是计算现金流量，确定借款数额和借款时间，编制预期损益表和资产负债表。

3. 劳动工资计划

劳动工资计划是对完成物流企业计划所需劳动力和劳动报酬数额的规定。同时，它还要确定在保证服务质量的前提下不断提高劳动生产率的策略。劳动工资计划的主要指标有员工人数、人员结构、工资总额和劳动效率等。

4. 基本建设计划

基本建设计划是物流企业为了扩大经营规模或提高经营效率，在物流固定资产投资项目方面的建设计划。例如，扩大物流中心的覆盖范围、提高物流自动化程度、改善物流信息交流手段等。基本建设计划的编制要以物流企业发展目标和商品流转计划为依据，同时要充分考虑物流企业自身的投资能力和投资效果。基本建设计划的指标主要有建设项目、建设规模、投资额和投资效果等。

5. 员工培训计划

员工培训计划是物流企业为提高员工素质而进行智力投资的计划。其计划指标的内容主要包括培训方式、培训内容、培训人数和培训时间等。

知识链接 4-1

物流企业计划书

物流企业计划书一般由计划导入、计划概要、计划背景、计划意图、计划方针、计划构想、计划设计和附录等八个部分组成。物流企业在制作计划书时，要根据物流企业的实际情况、所制订计划的类型和目标来设计计划书的具体内容。一般地，物流企业计划书的构成及其内容如表4-11所示。

表4-11 物流企业计划的构成

构成	内容	说明
	封面	物流企业计划书的脸面，应充满魅力
计划导入	前言	阐述物流企业计划实施的必要性和作用
	目录	反映物流企业计划书的总体结构

续表

构成	内容	说明
计划概要	物流企业计划概要	简要阐述物流企业计划书的总体思路和内容
计划背景	物流现状分析	重点分析物流企业的实际状况,充分说明物流企业计划的实施对当前状况的改善
计划意图	物流目标设定	确定物流企业计划的目的、目标和意义
计划方针	物流总体规划	从总体上明确物流企业计划的方向、原则,规定计划的内容
计划构想	物流实施策略	明确物流企业计划实施的具体策略,提高计划的效果
	物流实施计划	细化物流实施策略,将实现物流目标的方法具体化
计划设计	物流计划资源	确定实施物流企业计划所需的运输、仓储、包装、费用等资源,预测物流实施的总体效果
附录	参考资料	与物流企业计划相关的补充资料

二、物流企业经营计划的编制与控制

(一)计划编制的工作程序

物流活动的任务始于计划,其实质是对物流活动要达到的目标及途径进行事先规定。虽然计划的类型和表现形式各种各样,但科学地制订计划所遵循的步骤却具有普遍性。完整的计划工作程序如图4-9所示。

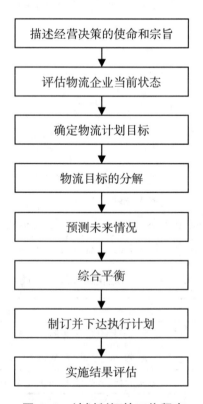

图4-9 计划制订的工作程序

（二）计划编制的方法

随着现代物流的发展，物流网络越来越复杂，物流活动非常多，如何确保各项物流活动有条不紊地进行是非常困难的。网络计划方法非常适合物流服务的这种特点，它能够有效地对物流活动之间的关系进行有效的控制。因此这里主要介绍网络计划方法。

网络计划技术于20世纪50年代后期在美国产生和发展，目前在组织活动的进度管理，特别是企业管理中得到了广泛应用。它是用网络图来表示活动之间的关系和进度，最著名的两种网络模型是关键路线法和计划评审法。这两种方法的目标和分析方法十分相近。主要的不同是关键路线法假定项目中各项活动的时间预测准确并且固定不变，而计划评审法对各项活动的不确定时间进行三点估计，计算每项活动的期望值和标准差。

网络计划方法能够反映整个物流网络中各项活动的逻辑性，清晰地显示关键物流活动，有利于对整个物流网络活动进行优化。网络计划方法的基本步骤如下。

（1）物流任务分解，即把整个物流任务分解成具体的物流活动。

（2）确定各项物流活动之间的先后关系，绘制网络图。

网络图有节点型和箭线型两种绘制方法。在节点型网络图中，节点表示作业；在箭线型网络图中，节点表示作业开始时间和结束的时间。相对箭线型网络图而言，节点型网络图更容易构建和修改，因而得到了更广泛的应用。下面以表4-12中的资料来说明节点型网络图的绘制方法。

表4-12　某物流企业物流系统布置设计的活动清单

活动代号	活动描述	紧前活动	活动所需时间（小时）
A	物流系统总体分析	—	1
B	物流量的计算与物料分类	A	3
C	物流各部门之间的相互关系分析	A	2
D	绘制物流-作业相互关系图	B，C	1
E	必要面积的计算	D	1
F	可用面积的计算	D	0.5
G	绘制面积相互关系图	E，F	1
H	确定物流系统修正条件	G	0.5
I	确定物流系统实际制约因素	G	0.5
J	确定物流系统布置设计方案	H，I	3
K	评价物流系统布置设计方案	J	3

根据活动清单中规定的物流活动之间的关系,将活动代号栏中所有的活动逐项画在网络图上,绘制网络图时应该从左至右进行。首先,从活动代号栏中找出没有紧前活动的活动,它(们)是要进行的第一项物流活动。用起始节点表示第一项活动,画在最左边。然后找出并用节点起始活动的紧后活动,用箭头将起始活动和其紧后活动连起来。接着,再找出当前活动的紧后活动,并用箭头将它与紧前作业连起来。依此类推,直到所有作业都在网络图上表示出来,如图4–10所示。

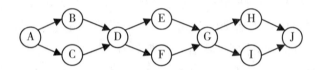

图4–10　物流系统布置设计网络图

值得注意的是,在节点型网络图中,只有唯一的起始节点和唯一的终止节点。如果有多个起始节点,必须增加一个"虚"的起始活动,所有的起始活动是该"虚"活动的紧随活动。同样地,如果有多个终止活动,则必然增加一个"虚"的结束活动,所有结束活动都是该"虚"活动的紧前活动。

(3)估计各项物流活动所需的时间。关键路线法采用单点时间估计法,而计划评审技术采用三点时间估计法。

三点时间估计法是用一个时间来表示活动的时间。活动时间可采用类比法、定额法和统计法确定。三点时间估计法用最乐观时间 a、最可能时间 m 和最悲观时间 b 三个时间参数来表示活动的时间。用三个时间参数表示作业时间时,需要按以下公式计算活动的期望值和方差:

$$期望值:t = \frac{a + 4m + b}{6}$$

$$方差:\sigma^2 = \left(\frac{b-a}{6}\right)^2$$

(4)计算网络参数,确定关键物流活动的路线。对于节点型网络图而言,需要计算每个活动的两种开始和结束时间:最早开始时间和最早结束时间、最迟开始时间和最迟结束时间。同时,要确定关键的物流活动路线,以便于对物流活动网络进行优化。

(5)网络计划的优化。为了加快物流系统运作的进度、减少成本和平衡资源的利用率,需要对网络图进行优化,主要包括时间优化、时间－成本优化和时间－资源优化。

(6)网络计划的控制。网络计划制订后,就需要下达网络计划,并对计划执行进行控制,包括严格监控资源、成本、质量和预算。

(三)计划控制

控制是监视物流企业各项活动以保证它们按计划进行并纠正各种重要偏差的过程。控过程可以划分为三个步骤:衡量实际绩效;比较实际绩效与标准;采取管理行动来纠正偏差或不适当的标准,如图 4-11 所示。

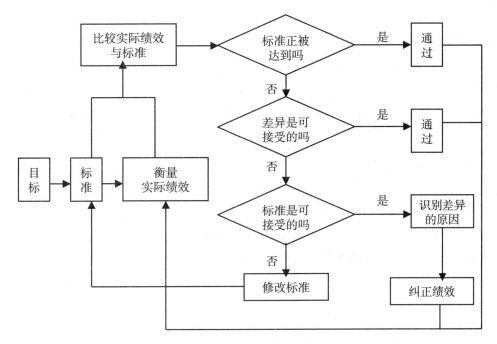

图 4-11　计划控制过程图

 基本训练

□ 知识题

1. 物流企业 KPI 考核内容有哪些？
2. 物流企业的目标有哪些？
3. 如何制定物流企业目标？
4. 物流企业经营决策的方法有哪些？
5. 物流企业经营计划有哪些种类？
6. 如何编制物流企业的经营计划？

□ 判断题

1. 目标管理方法中的目标主要用于激励下级努力工作。（　　）
2. 物流企业的目标主要分为服务目标和成本目标两大类。（　　）
3. 物流企业对经营决策问题的未来情况拥有完整的信息、没有不确定因素时的决策是风险型决策。（　　）
4. 根据计划所涉及的活动范围,可将物流计划分为运输计划、仓储计划、装卸计划和配送计划

等。( )

5. 在不确定性决策中,采用乐观原则时的决策结果最优。( )

选择题

1. 下面属于定量决策方法的是( )。
   A. 头脑风暴法　　　　　　　B. 德尔菲法　　　　　　　C. 盈亏平衡法

2. 物流企业的运输车队为了完成一项运输任务而进行的运输路线优化决策是( )。
   A. 战略决策　　　　　　　　B. 战术决策　　　　　　　C. 业务决策

3. 物流企业的基本计划是( )。
   A. 员工培训计划　　　　　　B. 商品流转计划　　　　　C. 财务计划

4. 关键路线法估计物流活动的时间采用的方法是( )。
   A. 单点时间估计法　　　　　B. 两点时间估计法　　　　C. 三点时间估计法

5. 对物流企业而言,下列属于多目标决策的是( )。
   A 库存决策　　　　　　　　B 物流网络优化决策　　　C 运输决策

技能题

1. 参观1~2家物流企业,要求学生撰写一份参观报告,报告内容由物流企业目标管理的方法、物流企业绩效评价的指标体系构成。

   实训目的:要求学生了解物流企业目标管理的过程,重点分析物流企业绩效评价指标包含哪些内容,以及应该如何改进。

   实训要求:结合运用所学知识,认真分析物流管理过程。

2. 浏览国内外知名物流企业的网站和查阅相关资料,分析国内外物流企业的决策方法和计划制订的方法。

   实训目的:了解物流企业常用的决策方法,分析不同物流计划制订的方法;比较物流企业在决策和计划方面的异同点。

   实训要求:根据本项目所讲的决策方法和计划制订的方法,认真思考物流企业如何更好地作出决策、制订计划?

案例分析

海外仓,不只是打通出海"最后一公里"

2024年6月,商务部等9部门发布了《关于拓展跨境电商出口推进海外仓建设的意见》(以下简称《意见》),提出15条具体举措,"跨境电商+海外仓"这一外贸新模式再度引发关注。

近年来，跨境电商让更多中国产品融入外国消费者的衣食住行，拉近了中国与世界的距离。2024 年商务部数据显示，过去 5 年，我国跨境电商贸易规模增长超过 10 倍。

海外仓是跨境电商重要的境外节点，也是新型外贸的基础设施，助力中国卖家打通了出海"最后一公里"。商务部数据显示，目前，中国企业建设的海外仓超 2500 个，面积超 3000 万平方米，其中专注于服务跨境电商的海外仓超 1800 个，面积超 2200 万平方米。

其实，在海外仓这个外贸"新赛道"，除了发挥传统仓储基本功能外，中国很多地方的企业早就有了不少新探索。比如宁波的"聪明的海外仓"、义乌的"前展后仓"、余杭的"包裹必达"等，让海外仓成为具备多重功能、提供综合服务的智能化仓库。

一、"聪明的海外仓"

"听了你们的建议，一下子帮我节省了数万元费用，谢谢！"端午节后的第一个工作日，宁波发现国际物流有限公司总裁许光辉就收到了一条微信，来自企业海外仓的中国客户。原来，为了应对美国电商亚马逊的夏季促销活动，5 月，深圳一家户外用品出口企业准备提前备货，此前，这家企业都是将产品直接发往宁波发现国际物流有限公司位于美国西部地区的海外仓。"实际上，我们根据数据分析后发现，购买这家企业沙滩椅、帐篷等产品的美国买家收货地址大都集中在东部，所以建议企业将后续批次备货发往萨瓦纳等美国东部的海外仓。"许光辉介绍，这个备货优化措施，核算后可降低每个集装箱货物约 2000 美元的快递费。

这次的选址建议，都是基于这家海外仓企业研发的智慧物流平台系统。这个系统通过数据采集、信息共享、智能分析等功能，实时更新海外仓数据，让跨境物流供应链的所有节点可在一个平台上串联，帮助跨境电商企业进行数据分析与决策，让海外仓变得更"聪明"。

许光辉表示，不只是选址建议，系统每月为客户出具的数据报告，助力客户准确掌握订单在不同季节、不同时间的"量"的分布，从而还会提出诸如提前多久备货的建议，降低备货成本、提高供应链周期准确率并降低尾程派送成本，客户可以根据报告安排生产任务。

《意见》提出，提升跨境数据管理和服务水平。鼓励跨境电商、海外仓企业依法依规利用数据赋能产业链上下游，增强生产企业柔性化供应能力。

早在 2016 年，宁波发现国际物流有限公司就从传统国际货代转型，开展海外仓布局，目前已在美国、德国、英国等地建设 20 个海外仓，总面积达到 22 万平方米，月均各类业务发货总量达到 30 多万单，旺季为 40 万单。

以前中国发货到美国，即便是直邮小包，最快也需要 5~7 个工作日。如今通过海外仓备货实现本土发货，美国消费者可在 2~3 天收货。许光辉说，开始做海外仓主要是增强配送时效优势和帮助客户办理退货。现在，海外仓的功能在不断迭代升级，强调服务理念。

无独有偶，跨境电商物流企业无忧达(宁波)物流科技有限公司在全球设立了 23 个运营中心，并搭建 3 个数据中台，综合最优路径和算法加速海外"最后一公里"配送。其董事长王勇曾表示，"以科技引领跨境供应链创新，为用户提供可视化、数字化、高效的物流供应链综合解决方案，是行业发展的重要方向"。

宁波市商务局相关负责人说,"目前,宁波已形成以国际物流企业为主,跨境电商综合服务平台企业为辅,跨境电商企业、外贸企业等共同参与的海外仓建设格局"。目前,宁波市共有74家企业在全球建设经营海外仓223个,面积达366万平方米,业务量居全国前列。

二、"前展后仓"

轻点鼠标,一个3.2万平方米的大型仓库实时画面"跳"了出来,坐标为西班牙瓦伦西亚。义乌一米供应链管理服务有限公司总经理朱蓉芳在接受记者采访时介绍道:"这是我们企业的海外仓之一,采用了'前展后仓'的结构,前半部分是商品展示厅,展示各种百货样品;后半部分是立体仓库,主要用于备货。这种形式方便客商现场挑选、一站采购。"

据了解,除了西班牙外,该企业还在葡萄牙、智利、墨西哥等国布局了共计5个海外仓,总面积超8万平方米,都是"前展后仓"形式。展示存储的商品中,义乌小商品占三分之一,服务国内生产企业及外贸企业超700家,2023年销售额突破13亿元。

朱蓉芳透露,企业主要是为海外零售商提供中国厂家直供百货商品。近年来,为了保证能为客户提供实时的充足的货源,该企业开始建设海外仓并不断增加其功能,"我们的海外仓,提供一站式采购、仓储、报关、运输等服务,展示厅则像一个'微型'义乌国际商贸城"。

2024年5月,义乌一米供应链管理服务有限公司还在瓦伦西亚海外仓举办展销会,主题是夏季清凉用品,涉及50余家义乌的小微企业,不少海外客商当场签单,订单额超过2000万元。

值得关注的是,今年是"义新欧"中欧班列开行十周年,这条班列连接起了"世界超市"义乌和欧洲小商品集散地马德里。朱蓉芳表示,中欧班列的开行,为企业提供了除海运、空运之外的物流新选择,每年企业有大批量义乌商品在西班牙和中国之间的"铁轨上"穿行。

《意见》提出,增强跨境电商物流保障能力。促进中欧班列沿线海外仓建设,积极发展"中欧班列+跨境电商"模式。

数据显示,义乌目前在全球累计布局海外仓210个,覆盖日本、俄罗斯、菲律宾、西班牙、波兰、尼日利亚、巴基斯坦等54个国家和地区,总面积超190万平方米。

三、"包裹必达"

"没有门牌号,包裹也可以按时送到!"这两年,杭州市余杭区一家跨境电商企业在深耕中东市场时给出了这样的承诺,并且已经做到了。这家企业就是杭州哆啦咔科技有限公司(以下简称哆啦咔),主营跨境综合电商平台Fordeal,在沙特、阿联酋、约旦等国设有贸易公司、全球客服中心和4个海外仓(面积共计2万多平方米)。

中东当地的很多小街没有门牌号,快递员配送效率不高;同时,当地仍将货到现金付款作为在线购物的首选交易方式。为此,从2020年开始,哆啦咔与当地物流企业开展联运项目,还和百度地图、谷歌地图合作,对大道小街进行定位,形成自己的地址库并不断完善,解决了从当地海外仓到买家收货地的末端配送难题,使商品配送更精确、更快捷,提升了签收率。

哆啦咔相关负责人杨女士信心满满地介绍,"比如买家写的地址是某某便利店东北方向50米,我们都能送到,实现'包裹必达'。虽然平台经营的是全品类商品,但是我们根据当地消费者的偏好,与国内工厂合作,开发了家居、时尚等品类的自营产品,销量也不错"。

目前,哆啦咔已在中东构建起"贸易公司＋海外仓＋客服中心＋末派物流项目"的海外服务网络,在助力中国商品"出海"、提升买家购物体验的同时,也推动当地电商产业蓬勃发展,已助力 4 万多家中国企业将产品畅销海外。

据了解,Fordeal 平台先后获得险峰、元璟、顺为、高瓴等知名资本投资,为多个国家的用户链接中国优质商品。前不久,在余杭区商务局的指导下,哆啦咔成功入选杭州市海外服务网络优秀企业。

《意见》要求,推动跨境电商海外仓高质量发展。统筹用好现有资金渠道,支持跨境电商海外仓企业发展。发挥服务贸易创新发展引导基金作用,引导更多社会资本以市场化方式支持跨境电商海外仓等相关企业发展。

此外,余杭在海外仓建设上持续"加码",发挥菜鸟供应链、华立集团、百佳荟对外贸易等省级公共海外仓的骨干作用,提升海外仓数字化、智能化水平。如菜鸟已在全球建设和运营海外仓超40 个,智慧物流网络已覆盖全球 200 多个国家和地区。

(资料来源:段琼蕾.海外仓,不只是打通出海"最后一公里"[EB/OL].[2024-09-18].https://baijiahao.baidu.com/s?id=1802423203709877839&wfr=spider&for=p,有改动。)

问题:案例中提到的几个物流企业是如何根据《意见》作出正确的决策?

综合实训

实训项目:物流企业经营决策与计划

一、实训目的

(1)通过本实训项目,使学生了解物流企业经营决策的内容。

(2)运用本项目所讲的方法对物流企业的实际问题进行决策。

(3)熟悉物流企业计划制订的方法。

二、实训要求

(1)在企业期间遵守各项规章制度,注意劳动安全。

(2)物流企业工作繁忙,实习时不得妨碍工作人员工作。

(3)要虚心好学,多向工作人员求教。

三、实训内容

(1)在大、中和小型物流企业实习。

(2)学习不同类型物流企业的决策方式。

(3)学习物流企业如何制订计划,如何保证计划的顺利实施。

四、具体安排

(1)深入物流企业的各个部门实习,了解各物流部门的日常决策问题。

(2)认真分析物流企业针对不同问题所采取的决策方法。

(3) 从整体上分析物流企业计划制订的过程与方法。
(4) 结合物流企业计划执行情况,分析如何能够更好地保证计划顺利实施。
(5) 撰写实训报告和制作实训报告PPT。5~6人为一组,相互讨论。
(6) 实训结束后开设课堂讨论课,各个小组展示自己的实训成果,相互交流实训经验。

项目五 智慧物流企业作业管理

思政目标
◎认真对待工作。

知识目标
◎了解运输的功能及原理,配送的类型,包装的作用和分类。
◎明确仓储的基本概念,配送的流程,流通加工的概念及作用。
◎熟知物流企业运输系统的基本要素,仓储的基本作业过程,配送合理化的判断标志,典型的装卸工艺流程。
◎掌握运输作业管理的内容,库存控制的方法,配送合理化的实现方法。

技能目标
◎能够参与物流企业的作业管理。
◎能够参与设计仓储的作业流程。

引例

海尔的物流改革

海尔物流整合了采购系统,将海尔集团的采购活动全部集中,在全球范围内采购质优价廉的零部件。海尔一年的采购费用达150多亿元,有1.5万种品种,供应商2000多家。2001年,海尔通过物流整合采购,加强采购管理,全球集合竞价,使供应商的数目减少到900多家,集团采购人员优化后,减少1/3,成本每年降低4.5%以上。因为零部件库存的管理不太先进,库存资金占用比较大,甚至有些呆滞,所以海尔物流首先选择零部件作为突破点。建立了现代化的立体库,开发了库存管理软件,使其达到最先进水平。之后,海尔发现车间、分货方和经销商的管理水平跟不上,于是又向他们推荐先进的作业方法。立体库带动了机械化搬运和标准化包装,采用标准的托盘和塑料周转箱,都符合国际标准。因海尔生产的零部件种类繁多,所以就用标准的容器将其规范化,便于机械化搬运和管理。把检验集中起来,尽量分散到分供方和第三方仓库去检验。这样减少了大量的库存,只留3天的库存量,库存占用资金也大大减少。同时,海尔也利用第三方物流进行内部配送。海尔成立了物流推进部门,下属采购、配送、运输三个事业部,专业从事全集团的物流活动,使得采购、生产支持、物资配送从战略上一体化。

这一案例表明：采购、运输、仓储、配送、流通加工等活动是物流企业管理的重要内容。加强物流企业各个环节的管理，并且使之协调一致地运作，是物流企业作业管理的目标。提升物流企业的作业管理水平，可以降低成本、提高效率，从而向客户提供高质量的、个性化的和快捷、周到的服务。

任务一　运输管理

一、运输概述

(一) 运输的概念

运输是指用交通工具把人或物资从一个地方运到另一地方。物流的运输则专指"物"的载运及输送。运输是物流企业的重要职能。不论是运输型物流企业、综合服务型物流企业，还是仓储型物流企业，运输活动都居于特殊地位。因此，如何抓好物流企业的运输管理，是物流企业作业管理的关键环节。

(二) 运输的功能

运输是物流作业中最直观的要素。运输的功能包括产品转移和产品短期储存。

1. 产品转移

运输实现了产品在空间上的转移。通常情况下，产品在生产与需求之间存在空间和时间上的差异，运输的作用即是克服这种差异。

2. 产品短期储存

将交通工具作为暂时储存的场所。当交付的货物处在转移之中而原始的装运目的地被改变时，产品也需要临时的储存。另外，在仓库空间有限的情况下，利用运输工具储存也不失为一种可行的选择。

(三) 运输的原理

运输管理的两条基本原理是规模经济和距离经济。

1. 规模经济

规模经济的特点是随着装运规模的增长，每单位重量的运输成本下降。例如，整车装运（即车辆满载装运）的单位成本低于零担装运。铁路或水路之类运输能力较大的交通工具，其每单位重量的费用要低于诸如汽车或飞机之类运输能力较小的交通工具。运输规模经济之所以存在，是因为相关的固定费用可以按整批货物的重量分摊。规模经济使得货物的批量运输显得合理。

2. 距离经济

距离经济的特点是每单位距离的运输成本随运输距离的增加而减少。距离经济的合理性类似于规模经济,尤其体现在运输装卸费用的分摊上。距离越长,可使固定费用分摊后的值越小,导致每单位距离支付的总费用很小。

二、物流企业运输系统

(一)运输系统的基本要素

运输系统的基本要素包括运输对象、运输手段和运输参与者。

1. 运输对象

运输对象统称货物。货物可以分为成件物品、液态物品、散碎物品、集装箱、危险物品、易腐物品、超长超重物品等几大类。

2. 运输手段

运输手段是指物质手段,主要包括运输工具、运输线路(通道)、运输站点及配套设施等。运输工具是运输的主要手段,包括铁路机车车辆、公路机动车辆、船舶、飞机等。运输线路和通道是运输的基础设施,如铁路线路、公路、水运航道和空运航线等。运输站点及配套设施。运输站点就是运输网络的节点,如铁路车站、汽车站、货场、转运站、港口、机场等。

3. 运输参与者

这里所说的运输参与者是指货主和承担运输任务的人员(图 5-1)。他们是运输活动的主体。货主是货物的所有者,包括委托人(或托运人)和收货人。

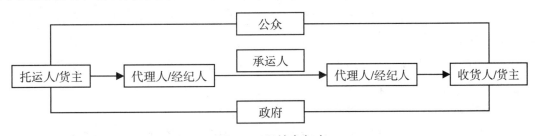

图 5-1 运输参与者

承运人是运输活动的承担者,他们可能是运输企业或个体运输业者。承运人受托运人或收货人的委托,按委托人的意愿以最低的成本完成委托人委托的运输任务,同时获得运输收入。

货运代理人是根据客户的指示,并为客户的利益而揽取货物运输的人,其本人不是承运人。货运代理人把来自各种客户手中的小批量货物整合成大批量货物,然后利用承运人进行运输。送达目的地后,货运代理人再把该大批量货物拆分为原先的小批量货物,送往收货人。

4. 其他资源要素

运输系统的基本要素除上述的运输对象、运输手段、运输参与者外,还有信息、资金和时间等,运输管理就是要有效利用这些资源,提高运输效率,降低运输成本,满足用户要求。

(二)运输作业管理

运输作业是指通过各种运输方式实现物品实体在空间位置上的转移过程。在商品流通的过程中,伴随着每一次的交易活动,几乎都有相应的物品运输过程。

1. 运输方式的选择

基本的运输方式有五种,即铁路运输、公路运输、水路运输、航空运输和管道运输。五种运输方式各有特色,适合于运输不同距离、不同形式、不同运费负担能力和不同时间需求的物品。

选择运输方式主要考虑如下因素:运输的安全性和准确性、物品的性质、运输时间、交付时间、运输成本、批量的适应性、运输的机动性和便利性等。

1) 铁路运输

铁路运输主要承担长距离、大批量的货运。其也较适合运输散装、罐装货物,以及运费负担能力小、货物批量大的货物。

优点:运行速度快;运输能力较大;运输连续性强,由于运输过程受自然条件限制较小,所以可提供全天候的运行;安全性高,运行较平稳;通用性好,可以运送各类货物;运输成本较低;能耗低。

缺点:设备和站台等限制使得铁路运输的固定成本高,建设周期较长,占地也多;近距离的运费较高;长距离运输情况下需要进行货车配车,其中途停留时间较长;装卸次数较多,货物破损通常也比其他运输方式多。

2) 公路运输

公路运输一般指汽车运输,主要承担近距离、小批量的货运,以及水运、铁路运输难以到达地区的长途、大批量货运。由于高速公路的迅猛发展,较远距离的大批量运输也开始使用公路运输。

优点:灵活性强,可实现"门到门"运输;装卸方便,运输速度快,物品损耗少;不仅承担着为铁路、水路和航空运输进行集疏运的任务,而且还在一些缺乏铁路和水路航线的地区承担着干线运输的任务。

缺点:与铁路、水路运输相比,公路运输能力较低;运输成本和能耗高,劳动生产率低;不适宜大宗物资运输和长距离运输。

3) 水路运输

水路运输适合于承担运量大、运距长,对时间要求不太紧,运费负担能力相对较弱的货运任务。

优点:几种运输方式中,水路运输的运输能力最大;运输成本低,能以最低的单位运输成本提供最大的货运量,尤其在运输大宗货物或散装货物时,采用专用的船舶运输,可以取得更好的经济效果;劳动生产率高;平均运距长。

缺点:运送速度慢,准时性差;受自然气象条件因素影响大,航行风险大,安全性略差;搬运成本与装卸费用高。

4) 航空运输

航空运输是目前运输速度最快的运输方式,适合于运输价值高、运费承担能力很强的货物,如贵重设备的零部件、高档产品等的运输,以及紧急需要的物资,如抢险救灾物资等的运输。

优点:高速直达,较少受自然地理条件限制;安全性能高,事故率低;经济性良好,使用年限较长,包装要求低。

缺点:运输能力小,能耗高;设施成本高,维护费用高;受气候条件的影响大;需要航空设施,可达性差;运输技术要求高,人员(飞行员、空勤人员)培训费用高。所以航空运输的单位成本在几种运输方式中是最高的。

5)管道运输

利用管道输送货物,和其他运输方式的重要区别在于管道设备是静止不动的。管道运输承担着很大比例的能源物资运输,包括原油、成品油、天然气、煤浆等。

优点:运输效率高,适合于自动化管理;运输费用低;能耗少、成本低;运量大、连续性强;安全可靠、运行稳定、不会受恶劣多变的气候条件的影响。

缺点:运输对象受到限制,承运的货物比较单一;灵活性差,不易随便扩展管道,管线往往完全固定,服务区域有限;仅提供单向服务;运速较慢。

2. 承运人的选择

物流企业有时需要向其他运输企业购买运输服务。此时,物流企业必须根据确定的运输方式选择合适的承运人。虽然某一运输方式的大多数承运人的运价和服务是相似的,但其服务水平存在很大的差异,比如运输时间与可靠性、运输能力与可接近性以及安全性等方面。

运输时间包括接货与送货、中转搬运和起讫点之间运输所需的时间。可靠性是指承运人运送时间的稳定性及诚信度。运输时间与可靠性影响着企业的库存和缺货损失。运输时间越短,可靠性越高,所需的库存水平越低。

运输能力是指承运人提供运输货物所拥有的运输工具与设备的能力。可接近性则是指承运人为企业运输网络提供服务的能力,即承运人接近企业物流节点的能力。运输能力与可接近性直接决定着一个特定的承运人能否提供理想的运输服务。

安全性是指物品在到达目的地的状态与开始托运时的状态应无变化。安全性是选择承运人的必备条件。

3. 单证的管理

物流企业涉及的运输单证主要包括提单、运费清单和货运清单。

提单是购买运输服务所使用的基本单证,由承运人开出。它对所装运的物品和数量起着收据和证明文件的作用。在货物发生丢失、损坏或延误的情况下,提单又是索赔的最基本证据。另外,提单上所指定的人是物品唯一真实的受领人。

运费清单是承运人收取其所提供运输服务费用的一种明细方式。运费可以是预付的,也可以是到达后再付的,一切取决于承、托双方事先的协商。

货运清单是当一辆交通工具装运多票货物时,能列明每票货物的停靠站点、收货人、提单、重量,以及每票货物的清点数。其作用是通过提供一份单独的文件,用于明确总货载中的具体内容,而无须检查个别的提单。对于一站到底的托运货物来说,货运清单的作用与提单基本相同。

4. 运输成本与定价

运输成本包括固定成本、变动成本、联合成本、公共成本等,了解运输成本的构成对物流企业而言是很有必要的。影响运输成本的因素有运距、运量、产品密度、空间利用率、搬运难易度、责任以及市场竞争等。

在确定运费时,往往利用两种方法:一是服务成本定价,二是服务价值定价。前者是从承运人角度出发的,包括承运人的固定成本和可变成本,再加上一定的利润。后者是从托运人的角度出发的,是基于市场承受能力收取费用,并以运输服务方面的需求和竞争环境为基础。在多数情况下,竞争决定价格的制定。

费率是特定的产品在两点之间运输时,单位重量产品的运输价格。费率一般都会罗列在价格单上。承运人为了定价的方便,通常将产品进行分类定价。制定分类费率,第一步是按照一定的规则将运输的产品进行分类,第二步是基于产品的分类和起点站及终点站的位置来确定精确的费率。

三、智慧运输

(一)物联网应用场景之智慧运输

在物联网中,交通系统被认为是最有前景的应用领域。"智慧交通"是物联网的具体表现形式,它利用先进的信息技术、数据传输技术、计算机处理技术等,将人、车、路紧密结合起来,实现人、车、路的紧密结合,改善交通运输环境、保障交通安全,提高资源利用率。下面重点介绍智慧运输的主要应用场景,其中包括智慧型巴士、共享单车、车辆联网、智慧泊车、智慧化交通信号灯、车辆电子标识、充电桩、快速无感知计费。

1. 智慧型巴士

智慧型巴士是指结合公交运营特点,构建公交智慧调度系统,计划、调度线路,实现智慧化调度。

2. 共用单车

共用单车是指使用 GPS 或 NB-IoT 模块的智慧锁,通过 App 连接,可精确定位、实时控制车辆状况等。

3. 车辆联网

车辆联网智慧化交通信号灯采用先进的传感器和控制技术等实现自动驾驶或智慧驾驶,实时监测车辆运行状况,减少交通事故的发生。

4. 智慧泊车

智慧泊车是指通过安装地磁感应,与进入停车场的智慧手机相连,实现泊车自动导航、泊位等功能。

5. 智慧化交通信号灯

智慧化交通信号灯是根据交通流量、行人、天气等情况动态调节信号灯信号,以控制车流,提高路面承载能力。

6. 车辆电子标识

车辆电子标识是指利用 RFID 技术,可以准确地识别车辆身份,动态采集车辆信息。

7. 充电桩

充电桩是指通过物联网设备,实现充电桩定位、充放电控制、状态监控、统一管理等功能。

8. 快速无感知计费

快速无感知计费是指通过摄像机识别车牌信息,根据路径信息收费,提高通行效率、缩短车辆等待时间等。

(二)智慧运输有效提升跨境物流运输效率

物流业是为货代企业提供物流服务的行业,隶属于服务业。跨境物流业若想要在市场经济环境中生存、发展,不仅要为货代企业提供优质的物流服务,还要想方设法降低成本。作为一个系统,国际物流业运营成本的降低依赖于物流系统效率的提升,而物流系统效率的提升则依赖于物流七大功能要素的整合。虽然现有的物流信息技术在提升物流效率方面发挥了一定的作用,但是仍有待提升。

例如,目前物流行业广泛应用传统的条形码技术,但相较于RFID技术来说,该技术的扫描效率较低,并且不可重复使用。所以,未来物流行业要广泛应用RFID技术,使自己的运营效率得以进一步提升。跨境物流七大功能要素包括运输、包装、储存、流通加工、装卸搬运、配送与信息处理。我们讨论的物联网在跨境物流领域的应用就是物联网在这七大功能要素中的应用,其中物联网在运输、储存、配送等方面的应用最具潜力。跨境物流信息技术在跨境物流运输中的应用不仅提升了跨境物流运输效率,还增强了跨境物流运输过程的透明度。随着GPS、GIS、计算机网络与通信技术在物流运输领域的应用,企业可实时对运输车辆进行监控,规划车辆运行路线,追溯车辆运行轨迹,提升车辆管控能力,使跨境物流运输过程更加透明,跨境物流运输效率更高。

另外,随着传统GPS终端与GSM(全球移动通信系统)、GPRS(通用分组无线服务)、GIS(地理信息系统)的结合,跨境物流企业还可启动远程遥控断电、断油,超界超速报警等功能。跨境物流货代企业用一组智能传感器架构无线网络,对网络覆盖区域的对象信息进行感知、采集、处理,在GSM网络或卫星通信网络的作用下将信息传输给远方的IT系统,对感知对象进行全程监控。近年来,社会经济迅猛发展,人民生活水平逐渐提高,人们越来越注重食品安全。跨境物流运输在食品安全链条上是非常重要的一个环节。对于物流企业的经营者及客户来说,如何保证跨境物流运输过程中的食品安全,对运输过程中的食品进行监控是一大关键问题。面对这一问题,物联网技术为其提供了有效的解决工具。跨境物流企业可利用GPS、GIS、移动通信技术、传感网络技术对运输过程中的农产品、水产品进行监控,主要监控其温度、湿度,对其进行跟踪定位,保证客户了解产品在运输过程中的状态,保证跨境物流管理者对车辆进行有效监控与调度。全面覆盖的移动通信网络是对跨境物流车辆进行远程监控的基础,在此过程中各种信息技术的集成是关键,尤其是移动通信网络与传感网络的融合。

目前,各种网络或技术与移动通信网络的融合、集成是物物相连实现的现实基础。运输车辆信息监控体系可以划分为三个部分:一是感知部分,其功能主要是实时采集GPS定位数据及传感数据;二是Web服务器和数据库服务器,其功能主要是存储、处理GPS定位数据及传感数据,让 GIS 数据与 GPS 数据匹配;三是终端部分,其功能主要是为客户使用浏览器查询数据、跨境物流管理者监控跨境物流过程提供方便。

(三)智慧运输:"人车货"跑得更精准

货品仓储、分拣更加智能化的同时,货品运输环节也在整合资源、不断完善。"车找货,货等车",这是过去物流业信息不对称、配载效率低造成的普遍现象。一次偶然机会,惠龙易通国际物流股份有限公司董事长施文进发现,很多从事货物运输的车辆经常空驶,造成能源和运力的巨大浪费。他突发奇想,能不能搭建起一个"网络货运"运输平台,将缺乏运单的车辆重新组织起来。只用一部手机,就能让等车或找货的用户随时发布信息,以最快速度找到离得最近的彼此。运费支付、事故理赔等,统一交给平台处理。在调度呼叫中心,可以实现所有运输业务的实时监控。一辆车什么时间出发、起点在哪、终点为何处,全过程都能在线上显示,利用互联网借力借智,"人车货"可以跑得更精准。

物流运输过程中,如果有部分货物受损,客户该如何查询溯源?天翼智联科技有限责任公司给出了应对方式,即给每件货物都装上"黑匣子"。这个"黑匣子"名为"天翼镖星",是一个仅有名片 1/4 大小的芯片。每个芯片都采用了卫星定位、5G 等技术。运输期间,不论是收货方还是发货方,都可以通过手机小程序实时查看货物的行进轨迹,并知晓货物在何时何地被签收,实现精细化溯源管理。

(四)智慧物流运载设备标准明细

标准是推动智慧物流发展的重要基础。我国交通运输部会同国家标准化管理委员会制定《交通运输智慧物流标准体系建设指南》,明确了智慧物流运载设备的标准明细,涉及保温集装箱远程状态监控、集装箱二维码通用技术规范和冷链运输保温箱技术规范等。专家表示,随着标准体系建设步伐的加快,物流智慧运输业将迎来发展机遇期。

任务二 智慧仓储管理与库存控制

一、仓储管理概述

仓储是物流活动的重要环节之一。从物流管理的角度看,仓储是指根据客户的要求,为调节生产、销售和消费活动以及确保社会生产、生活的连续性,避免物品损耗、变质和灭失,而对物品进行储存、保管、管理、供给的作业活动。仓储管理的核心目标是提高仓库的运作效率。

(一)仓储的基本概念

1. 仓库

仓库是保管、存储物品的建筑物和场所的总称。仓库作为物流服务的据点,在物流作业中发挥着重要的作用,它不仅具有储存、保管等传统功能,还包括拣选、配货、检验、分类等作业功能,并具有多品种小批量、多批次小批量等配送功能及附加标签、重新包装等流通加工功能。

2. 仓库的种类

仓库可按不同的标准进行分类。

按社会性质分类,可分为自有仓库、营业仓库、公共仓库、保税仓库。

按仓库功能分类,可分为储备仓库、周转仓库。

按保管形态分类,可分为普通仓库、冷藏仓库、恒温仓库、危险品仓库。

按结构和构造分类,可分为平房仓库、多层仓库、高层货架仓库(立体仓库)、散装仓库、罐式仓库。

按仓库地址分类,可分为港口仓库、车站仓库、工厂仓库等。

3. 仓库的设施和设备

仓库的设施或设备是指除主体建筑(库房、货棚、货场)之外,仓储业务所需的所有技术装置与机具。仓库设施或设备是提高劳动效率、缩短商品进出库时间、提高仓储服务质量、充分利用仓容和降低仓库费用的必要条件。

小思考 5-1

仓库的设施和设备按照用途可以分为几类?

答:仓库设施及设备按主要用途和特征,可划分为装卸搬运设备和保管设备。具体内容如下。

1. 装卸搬运设备

装卸搬运设备主要有装卸堆码设备和搬运传送设备。

装卸堆码设备包括各种起重机、吊车、叉车、堆码机等。

搬运传送设备包括手推车、搬运车、拉车、运货卡车、各式平面和垂直传送装置等。

2. 保管设备

保管设备主要有苫垫用品、存货用具、计量设备、养护检验设备,以及通风、照明、保暖设备和安全设备。

苫垫用品主要包括苫布、垫垛用品等。

存货用具包括各种货架、货橱等。

计量设备从计量方法角度主要分为重量计量设备、流体容积计量设备、长度计量设备、个数计量装置。重量计量设备包括各种磅秤、地下及轨道衡器、电子秤等。流体容积计量设备包括流量计、液面计等。长度计量设备包括检尺器、自动长度计量仪等。个数计量装置包括自动计数器及自动计数显示装置等。

养护检验设备主要有测试仪、红外线装置、空气调节器以及测试、化验使用的部分仪器和工具。

通风、照明、保暖设备是商品养护工作和库内作业使用的设备。

> 安全设备包括保障消防安全和劳动安全的必要设备,如各种报警器、灭火器材、劳动保护用品等。
>
> 此外,还有其他用品及工具,如小型打包机、标号打印机等。

(二) 仓储运作

仓储的基本作业过程可以分为三个阶段,即货物入库阶段、货物保管阶段和货物出库阶段,如图5-2所示为仓储运作流程。

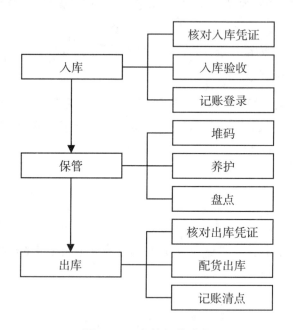

图 5-2 仓储运作流程

1. 入库阶段

(1) 核对入库凭证。根据货物运输部门开出的入库单核对收货仓库的名称、印章是否有误;商品的名称、代号、规格和数量等是否一致;有无更改的痕迹等。只有经过仔细的核对,无误后才能确定是否收货。

(2) 入库验收。货物的验收包括对货物规格、数量、质量和包装方面的验收。对货物规格的验收主要是对货物品名、代号、规格等方面的验收;对货物数量的验收主要有对散装货物进行称量,对整件货物进行数目清点,对贵重物品进行仔细的查收等;对货物质量的验收主要有货物是否符合仓库质量管理的要求,产品的质量是否达到规定的标准等;对货物包装方面的验收主要有核对货物的包装是否完好无损,包装标志是否达到规定的要求等。

(3) 记账登录。如果货物的验收准确无误,则应该在入库单上签字,确定收货,安排货物存放的库位和编号,并登记仓库保管账务。如果发现货物有问题,则应另行做好记录,交付有关部门处理。

2. 保管阶段

货物进入仓库进行保管,需要安全地、经济地保持好货物原有的质量水平和使用价值,防止由于不合理的保管措施所引起的货物磨损、变质或者流失等现象,具体步骤如下。

(1)堆码。由于仓库一般实行按区分类的库位管理制度,因而仓库管理员应当按照货物的存储特性和入库单上指定的货区及库位进行综合的考虑和堆码,做到既能够充分利用仓库的库位空间,又能够满足货物保管的要求。

(2)养护。仓库管理员应当经常或定期对仓储货物进行检查和养护。检查工作的主要目的是尽早发现潜在的问题,养护工作主要是以预防为主。在仓库管理过程中,采取适当的温度、湿度和防护措施,预防破损、腐烂或失窃等,以保证存储货物的安全。

(3)盘点。对仓库中贵重的和易变质的货物,应经常盘点,其余的货物应当定期进行盘点(如每年盘点一次或两次)。盘点时应当做好记录,与仓库账务核对。如果出现问题,应当尽快查出原因,及时处理。

3. 出库阶段

仓库管理员根据提货清单,在保证货物原先的质量和价值的情况下,进行货物的搬运和简易包装,然后发货。

(1)核对出库凭证。仓库管理员根据提货单,核对无误后才能发货,除了保证出库货物的品名、规格和编号与提货单一致外,还必须在提货单上注明货物所处的货区和库位编号,以便能够比较轻松地找出所需的货物。

(2)配货出库。凡是需要发运的货物,仓库管理员应当在货物的包装上做好标记,而且可以对出库货物进行简易的包装,在填写有关的出库手续后,可以放行。

(3)记账清点。每次发货完毕之后,仓库管理员应该做好仓库发货的详细记录,并与仓库的盘点工作结合在一起,以便于以后的仓库管理工作。

二、库存控制的概述

库存控制又称库存管理,即对生产、经营过程的各种物品、产成品进行管理和控制,使其储备量保持在经济合理的水平上。库存水平和库存周转速度的高低会直接影响物流成本的高低。库存量过少,会影响到生产经营,还可能失去市场机会;库存量过多,不仅会占压大量资金,增加商品保管费用支出,而且还会加大市场风险。因此,在物流管理中,必须采用科学的方法管理和控制库存。

(一)库存的概念和类型

凡是处在储存状态的物资,都可以称作库存物资,即库存。按照不同的分类标准,库存可分为以下几种。

按生产过程分类,有原材料库存、在制品库存、产成品库存。

按库存所处状态分类,有在库库存、在途库存。

按存货目的分类,有周转库存、安全库存、促销库存、投机性库存、季节性库存。

(二)库存管理的评价指标

考核库存管理的主要指标是库存周转率。库存周转率是指一定时期(一般为一年或半年)库存周转的速度。库存周转率是衡量库存管理水平的重要指标。在一定意义上,企业的效益受库存周转率的影响。这是因为企业的生产过程实际上是由资金变为存货,经过销售又由存货变为资金,并从中获得利益的过程。在这一循环过程中,库存周转率越高,资金占用越少,资金利用率也就越高,这就意味着在资金相同的情况下,可以获得更高的利润。库存周转率可以用以下公式进行计算:

$$库存周转率 = 该期间的出库总金额 \div 该期间的平均库存金额$$
$$= (该期间出库总金额 \times 2) \div (期初库存额 + 期末库存额)$$

提高库存周转率对于加快资金周转,提高资金利用率和变现能力有积极作用。提高库存周转率可以通过合理确定进货批量、削减滞销存货、控制耗用金额高的物品和及时清理过剩物品等措施来实现。但是,库存周转率并不是越高越好。由于库存成本与订货成本、采购成本、缺货成本、相关的风险成本之间存在一定的效益背反现象,因此,库存周转率过高,会造成发生缺货的机会增加以及由于采购次数增加导致采购费用上升等问题。

(三)库存控制方法

1.ABC 分类管理法

库存商品品种繁多、数量巨大,有的商品品种数量不多但市值很大,有的商品品种数量多但市值却不大。由于企业的资源有限,不能对所有库存商品都同样地重视,因此,要将企业有限的资源用在需要重点管理的库存上,按库存商品重要程度的不同,进行不同的分类管理和控制。

将库存物品按品种和占用资金的多少分为特别重要的库存(A类)、一般重要的库存(B类)、不重要的库存(C类)三个等级,然后针对不同等级分别进行管理和控制。

ABC 分类的依据是库存中各物品每年消耗的金额(该品种的年消耗量乘以其平均单价)占年消耗的总金额的比例。对于怎样划分各物品在每年消耗的总金额的比例,ABC 分类没有一个统一的标准,一般是遵循下面的规律(表 5-1):

表 5-1　ABC 库存分类比重表

类别	平均品种比例(%)	平均年消耗的金额比例(%)
A 类	10	70
B 类	20	20
C 类	70	10

A 类物品,品种比例为 5%~15%,平均为 10%,品种比重非常小;年消耗的金额比例为 60%~80%,平均为 70%,占用了大部分的年消耗的金额,是关键的少数物品,是需要重点管理

的库存。

B类物品,品种比例为15%～25%,平均为20%;年消耗的金额比例为15%～25%,平均为20%,可以发现其品种比例和金额比例大体上相近,是需要常规管理的库存。

C类物品,品种比例为60%～80%,平均为70%,品种比重非常大;年消耗的金额比例为5%～15%,平均为10%,虽然表面上只占用了非常小的年消耗的金额,但是由于数量巨大,实际上占用了大量的管理成本,属于只需要一般管理的库存。

ABC三类货物在管理上的区别如表5-2所示。

表5-2　ABC三类货物在管理上的区别

项目	A类货物	B类货物	C类货物
控制程度	严格	一般	简单
库存量计算	按模型计算	一般计算	简单或不计算
进出记录	详细	一般	简单
检查次数	多	一般	少
安全库存量	低	较大	大

2. 定量控制法

定量控制法也称连续检查控制法或订货点法。它是连续不断地检查库存余量的变化,当库存余量下降到订货点 R 时,便提出订购申请,且订购量是固定的。经过一段订货时间 L,货物到达后补充库存。定量控制法的库存变化如图5-3所示。

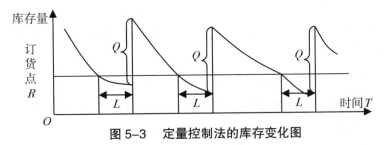

图5-3　定量控制法的库存变化图

上图中 R 点为补充库存的重新订货点,每次订货量为 Q,订货提前期为 L。

这种库存控制的特点如下。

(1)每次的订货批量通常是固定的,批量大小的确定主要考虑库存总成本最低的原则。

(2)每两次订货的时间间隔通常是变化的,其大小主要取决于需求的变化情况,需求大则时间间隔短,需求小则时间间隔长。

(3)订货提前期基本不变,订货提前期是由供应商的生产与运输能力等外界因素决定的,与物资的需求没有直接的联系,故通常被认为是一个常数。

这种方法主要通过建立一些存储模型,以求解决库存降到什么水平订购,订购量应该多大,才能使总费用最低这两大问题。

3. 定期控制法

定期控制法也称周期检查控制法或订货间隔期法,是一种定期盘点库存的控制方法。它的特点如下。

(1)每两次订货的时间间隔是固定的,以固定的间隔周期 T 提出订货。

(2)每次订货批量是不确定的。管理人员按规定时间检查库存量,并对未来一段时间内的需求情况作出预测,若当前库存量较少,预计的需求量将增加时,则可以增加订货批量,反之则可以减少订货批量,并据此确定订货量、发出订单。

(3)订货提前期基本不变。

定期控制法的库存变化如图 5-4 所示。

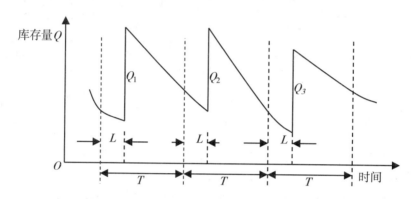

图 5-4 定期控制法的库存变化图

上图中 T 为订货间隔周期,每次订货量分别为 Q_1、Q_2、Q_3,订货提前期为 L。

这种控制方式当物资出库后不需要对库存品种数量进行实地清点,可以省去许多库存检查工作,在规定订货的时候检查库存,简化了工作,缺点是在两次订货之间没有库存记账,则有可能在此期间出现缺货的现象。如果某时期需求量突然增大,也有可能缺货,所以一般适用于重要性较低的物资。

这种控制方式主要面对的关键问题是如何确定订货间隔周期和每次的订货量。

一般来说,其订货间隔周期 T 由存储物资性质而定。对存储费用高、缺货损失大的物资,T 可以定得短一点。反之可定得长一点。

每次的订货量可由下式确定:

订购量 = 平均日需用量 × 订货间隔周期 + 保险储备量 − 现有库存量 − 已订货未交量

其中,

保险储备量 = 保险储备天数 × 平均日需用量

保险储备天数可由以往统计资料中平均误期天数来定。

三、智慧仓储

随着物流的数字化,现代"仓储"已不仅仅是物流过程中的一个"中转站",而是一个能够提供更精细化服务的关键节点。大数据、物联网、人工智能等在此应用,推动越来越多的智能仓走向市场。先进智能仓的背后是统管全局的"智能大脑"——智能仓储系统。"智能仓储系统,是货物从入库到在库再到出库全环节的'指挥官'。"京东物流人工智能算法专家赵巍博士举例解释,在入库环节,通过大数据和机器学习算法,可提前优化货物存储位置,畅销货会存放在靠近拣货产线的储位,同时关联性高的货品会存放在同一个储存区,由此提升多货品订单的拣货效率;到了出库环节,还能根据货品的长宽高,推荐合理包裹数与箱型,避免打包时出现大箱装小物、包裹数过多等问题,减少耗材浪费。据报道,智能仓储系统运用到的技术和算法会持续根据实际进行优化,目前已完成了几次大型迭代升级。

国家发展改革委投资研究所副所长盛磊认为,仓储物流基础设施的数字化、网络化、智能化发展,关键是以"数据"驱动决策与执行,通过物流作业自动化、物流规划与决策智能化、物流管理与流程透明化等,与产业的制造与销售流程形成深度嵌套,达到提升物流运营效率、降低生产运行成本的目的。"对整个经济社会运行来说,智慧仓储发挥了优化资源配置、降低整体能耗、驱动产业升级的重要作用。"

(一)智慧仓储的含义

智慧仓储(intelligent storage)就是在传统仓储的基础上,对仓储的设施、存储的管理系统、行为规范和标准进行设计和改进,通过科学的仓储系统改进和规划,利用先进的现代化智能设备,构建统一的仓储网络,引进先进的技术,使仓储系统达到整体的统一管理和调度,实现仓储系统的真正自动化和智能化。

智慧仓储是物流过程的一个环节,智慧仓储的应用,保证了货物仓库管理各个环节数据输入的速度和准确性,确保企业及时准确地掌握库存的真实数据,合理保持和控制企业库存。通过科学地编码,还可便捷地对库存货物的批次、保质期等进行管理。

建立一个智能仓储系统需要物联网的大力支持,现代仓储系统内部不仅物品复杂、形态各异、性能各异,而且作业流程复杂,既有存储又有移动,既有分拣又有组合。因此,以仓储为核心的智能物流中心,经常采用的智能技术有自动控制技术、码垛机器人技术、智能信息管理技术、移动计算技术、数据挖掘技术等。对于上面的这些情况,物联网的应用可以化繁为简,大大提高整个物流仓储配送的效率。

一般意义上而言,智慧仓储是指两条映射的主链相互作用而构成的现代信息管理系统。一条是以"采集—处理—流通—管理—分析"为顺序的信息加工链,另一条是以"入库—出库—移库—盘点—拣选—分发"为顺序的业务环节链,信息加工链包含了与物联网技术有关的先进信息技术,可以智能化地完成仓储物流业务环节链的各个业务管理过程,如物品流动实时监控、货位动态分配、统计报表输出等,使得仓储货物的流转效率提高、物流成本降低,从而为仓储物流的提供商带来最大化的利润,为仓储服务对象提供优良的服务,最大限度地降低不必要的资源消耗,从整体上提高产业链的信息化水平,以此推动整个产业良性发展。

(二)智慧仓储的特点

智慧仓储的智能特征有两点。第一,它实现了仓储管理的智能化。由于大量采用物联网感知技术,如 RFID 标签、传感器和 M2M 等技术,可以实时反映仓储货物的流动状况,主动传递异动信息,实现仓储物流过程的完全监控。第二,具备了仓储管理决策的自动化特征。由于数据感知和处理与仓储生产调度实现了一体化,获取的实时数据可以即时地被二次加工处理。在对大量历史和即时数据科学建模、智能分析的基础上,系统将迅速准确地得出反馈结果,这将有助于企业了解仓储物流的真实状态,从而作出正确的生产决策,使得日益丰富的仓储个性化需求得到更加灵活的响应。

与传统仓储相比较,智慧仓储有很多突出的优势:智慧仓储由统一的网络控制,这样既保证了智能仓储信息的安全,同时,又有利于仓储系统对仓储进行统一管理和控制。智能仓储采用智能设备进行操作,大大减少了人工操作,节约了劳动成本,同时提高了仓储效率。智能仓储采用智能软件进行人工控制和管理,大大提高了管理效率,同时由于软件的使用非常简单,因此客户可以亲手管理仓库。智慧仓储采用无线传感技术控制仓库的环境,保证了商品存放的环境安全,另外也大大延长了商品的存放时间。

(三)智慧仓储的任务

智慧仓储的任务有如下几点。

(1)提高货物出入库效率。

(2)实现非接触式货物出入库检验,问题货物标签信息写入。

(3)检验信息与后台数据库联动,提高货物盘库效率。

(4)库管员持移动式阅读器完成非接触式货物盘库作业,缩短盘库周期,降低盘库人工成本,盘库信息与后台数据库联动,自动校验,提高货物移库效率。

(5)实现对仓储货物在调拨过程中进行全方位实时管理,准确快速定位移库货物,提高移库工作灵活性。

(6)通过对移库货物的移库分析,找出最佳货物存放位置,实现仓储管理智能化,各类仓储单据、报表快速生成。

(7)问题货物实时预警,特定条件下货物自动提示。

(8)通过信息联网与智能化,形成统一的信息数据库,为供应链整体运作提供可靠依据。

【案例分析5-1】

仓储物流缩短3天,意味着什么?

可以肯定的是,李宁(中国)体育用品有限公司(以下简称李宁)对供应链与区域物流中心仓的建设不是一日之功。依托于业务上下游信息的数字化整合,李宁始终在强化物流管理平台的数字化、智能化能力打造。

一方面,李宁通过打造智能物流平台,搭建并运用了订单履约系统,可提供货品100%的路由信息,让工作人员实时了解订单从生产端到门店端的各个节点状态。根据不同场景业务需求及销售预测,匹配物流仓储运营策略,灵活匹配线上线下的仓储作业能力。

另一方面,李宁也运用数据分析实现对物流生产计划的预判,推动生产和销售团队精准高效调整,以此发挥物流环节的核心枢纽价值。而在提升商品快速反应能力的同时,李宁供应链的灵活性也进一步提升,商品经营效率、库存效率、店铺运营效率、全渠道效率、组织架构效率以及成本效率也得到整体升级。

分析:物流仓储是连接生产和终端的枢纽,它的进步有助于推动上下游的协同和提效;同时物流也是生产和终端的数据集合中心,它的智能化能力加强,能够串联生产和终端并提升效率。

任务三 智慧配送管理

一、物流企业配送的概述

(一)配送的概念

配送是物流活动中一种特殊的、综合的、具有商流特征的形式。配送是在经济合理区域范围内,根据用户的要求,对物品进行拣选、加工、包装、分割、组配等作业,并按时送达指定地点的物流活动。

配送以用户为出发点,用户处于主导地位,配送处于服务地位。因此,配送在观念上必须明确"用户第一""质量第一"。配送实质是送货,但与一般的送货有区别。一般的送货可以是一种偶然行为;配送是一种固定的形态,有确定组织、确定渠道,有一套设施、装备和管理力量、技术力量,有一套规范的制度和体制。

知识链接 5-1

配送与运输的区别

配送不同于运输,两者的区别如表 5-3 所示。

表 5-3 配送与运输的区别

项目	配送	运输
运输性质	地区内的支线运输	地区间的干线运输
运输工具	汽车为主	各种交通工具
供应链位置	前端或末端运输	中间运输
距离	短距离	中长距离
物流特点	多品种、小批量、多批次	少品种、大批量、少批次
运输周期	短周期	长周期
功能类型	综合功能,几乎包括物流的所有功能要素	单一功能,货物位置转移

（二）配送的分类

配送可以进行不同的分类,具体内容如下。

1. 按实施配送的节点不同分类

按实施配送的节点不同分,可分为配送中心配送、仓库配送、商店配送、生产企业配送。

（1）配送中心配送。这种配送的组织者是配送中心,配送专业性较强,配送品种多、数量大,一般和用户有固定的配送关系,配送设施及工艺是按用户专门设计的。但由于服务对象固定,其灵活机动性较差;而且由于规模大,要有一套配套设施、设备,因此其投资较高。

（2）仓库配送。它一般是以仓库为据点进行的配送,也可以是原仓库在保持储存保管功能前提下,增加一部分配送职能,或经对原仓库的改造,使其成为专业的配送中心。

（3）商店配送。这种配送的组织者是商业或物资的门市网点。商店配送形式是除自身日常的零售业务外,按用户的要求将商店经营的品种配齐后送达用户。

（4）生产企业配送。配送业务的组织者是生产企业。一般认为,这类生产企业具有生产地方性较强的产品的特点,如食品、饮料、百货等。

2. 按配送商品的种类和数量分类

按配送商品的种类和数量分,可分为单（少）品种大批量配送、多品种少批量配送、配套成套配送。

（1）单（少）品种大批量配送。其适用于那些需求量大、品种单一的生产企业,可以实行整车运输,有利于车辆满载和采用大吨位车辆运送。

（2）多品种少批量配送。用户所需的物品数量不大、品种多,因此在配送时,要按用户的要求,将所需的各种物品配备齐全,凑整装车后送达用户。

（3）配套成套配送。用户所需的物品是成套性的。例如,装配型的生产企业,需要将所需的全部零部件配齐,按生产节奏定时送达生产企业,生产企业随即将此成套零部件送入生产线装配产品。

3. 按配送时间和数量分类

按配送时间和数量分,可分为定时配送、定量配送、定时定量配送、定时定路线配送、即时配送。

（1）定时配送。按规定的时间间隔进行配送,每次配送的品种、数量可按计划执行,也可以在配送之前以商定的联络方式通知配送时间和数量。

（2）定量配送。按规定的批量在一个指定的时间范围内进行配送。由于配送数量固定,备货较为简单,可以通过与用户的协商,按托盘、集装箱及车辆的装载能力确定配送数量,这样可以提高配送效率。

（3）定时定量配送。按照规定的配送时间和配送数量进行配送,兼有定时配送和定量配送的特点,要求配送管理水平较高。

（4）定时定路线配送。在规定的运行路线上制定到达时间表,按运行时间表进行配送,用户可按规定路线和规定时间接货,或提出其他配送要求。

(5)即时配送。完全按用户提出的配送时间和数量进行配送，是一种灵活性很高的应急配送方式。采用这种方式配送的物品，用户可以实现保险储备为零的零库存，以即时配送代替保险储备。

4. 按经营形式不同分类

按经营形式不同分，可分为销售配送、供应配送、销售－供应一体化配送、代存代供配送。

(1)销售配送。销售配送的主体是销售企业，配送的对象一般是不固定的，因此配送的随机性较强，大部分商店配送就属于这一类。

(2)供应配送。用户为了自己的供应需要而采取的配送方式，它往往是由用户或用户集团组建的配送据点，集中组织大批量进货，然后向本企业或企业集团内若干企业配送。商业中的连锁商店广泛采用这种方式。这种方式可以提高供应水平和供应能力，可以通过大批量进货取得价格折扣的优惠，达到降低供应成本的目的。

(3)销售－供应一体化配送。销售企业对于那些基本固定的用户及其所需的物品，在进行销售的同时还承担着用户有计划的供应职能，既是销售者，又是用户的供应代理人。这种配送有利于形成稳定的供需关系，有利于采取先进的计划手段和技术，有利于保持流通渠道的稳定等。

(4)代存代供配送。用户把属于自己的货物委托配送企业代存、代供，或委托代订，然后组织对本身的配送。其特点是货物所有权不发生变化，只是货物的位置发生转移，配送企业仅从中获取收益，而不能获得商业利润。

5. 按加工程度的不同分类

按加工程度的不同分，可分为加工配送、集疏配送。

(1)加工配送。与流通加工相结合，在配送据点设置流通加工，或是流通加工与配送据点组建共同体实施配送业务。流通加工与配送的结合，可以使流通加工更具有针对性，并且配送企业不但可以依靠送货服务、销售经营取得收益，还可以通过流通加工增值取得收益，如木料的流通加工，使之成为门或窗。

(2)集疏配送。这种配送只改变产品数量的组成形式，而不改变产品本身的物理、化学性质，并与干线运输相配合，如大批量进货后小批量多批次发货，或零星集货后形成一定批量后再发货等。

6. 按配送企业专业化程度分类

(1)综合配送。这种配送的特点是配送的商品种类较多，且来源渠道不同，是在一个配送据点中组织对用户的配送，因此综合性强。它可以减轻用户为组织所需全部商品进货的负担，只需和少数配送企业联系，便可以解决多种需求。

(2)专业配送。它是按产品性质和状态划分专业领域的配送方式。这种配送方式可以优化配送设施，合理配备配送机械、车辆，并能制定适用合理的工艺流程，以提高配送效率。诸如中、小件杂货配送，金属材料配送，燃料煤、水泥、木材、平板玻璃、化工产品、生鲜食品等的配送，都属于专业配送。

知识链接 5-2

共 同 配 送

共同配送是为了提高物流效率,对许多用户一起进行配送,以追求配送合理化为目的的一种配送形式。共同配送可分为以下几种形式。

(1) 由一个配送企业综合各用户的要求,在配送时间、数量、次数、路线等方面的安排上,在用户可以接受的前提下,作出全面规划和合理计划,以便实现配送的优化。

(2) 由一辆配送车辆混载多货主货物的配送,是一种较为简单易行的共同配送方式。

(3) 在用户集中的地区,由于交通拥挤,各用户按货场或处置场单独进行配置有困难,而设置的多用户联合配送的接收点或处置点。

(4) 在同一城市或同一地区中有数个不同的配送企业,各配送企业可以共同利用配送中心、配送机械装备或设施,对不同配送企业的用户一起进行配送。

(三)配送流程

从总体上讲,配送是由备货、理货和送货三个基本环节组成的。

1. 备货

备货是准备货物的一系列活动,是配送的基础环节。物流企业在组织货源和筹集货物时往往采用两种方法。一是直接向生产企业订货或购货完成此项工作。二是选择商流和物流分开的模式,由货主自己去完成订货、购货等工作,物流企业只负责进货和集货等工作,货物所有权属于货主。

备货环节不仅要筹集货物,而且还承担着存储货物的职能。存储货物是购货、进货活动的延续。在配送作业中,货物存储有两种表现形态:一种是暂存形态,为了适应按日配送或即时配送的需要,在理货场地储存的少量货物;另一种是储备形态,储备状态的存储是按照一定时期的配送活动要求和根据货源的到货情况(到货周期)依计划确定的,是使配送持续运作的资源保证。

2. 理货

理货是配送的一项重要内容,也是配送区别于一般送货的重要标志。理货包括货物拣选、配货和包装等具体活动。货物拣选就是采用适当的方式和手段,从储存的货物中选出用户所需的货物。为了确保经过拣选、配备好的货物的运送质量,有时需要对货物重新包装,并且要在包装物上贴上标签,记载货物的品种、数量、收货人的姓名、地址及运抵时间等。

3. 送货

送货是备货和理货工序的延伸,是配送活动的末端。在物流活动中,送货实际上就是货物的运输。但是,组成配送活动的运输与通常所讲的干线运输是有很大差别的。前者多表现为用户的末端运输和短距离运输,并且运输的次数比较多;后者多为长距离运输。

二、配送合理化

(一)影响物流配送的因素

物流配送像其他经济活动一样,受到众多因素的影响,概括起来主要有如下几点。

1. 人

人是影响物流配送的核心因素,所以,物流配送一定要坚持"以人为本"的创新理念。事实上,不论是物流配送方案的设计,还是物流配送作业的实施,都是靠人来实现的。

2. 时间

时间是影响物流配送的重要因素。物流配送中的准时制原则十分重要,物资必须按照计划准时送达目的地。物流配送效率的提高在很大程度上取决于物流配送方案中对时间的合理安排。严格控制物流配送时间是实现准时配送的前提条件。

3. 车辆

车辆是物流配送的主要工具。配送通过车辆将物资在空间上进行移动,使物资能够送达消费者手中,实现其空间价值。车辆的状况,在很大程度上影响到物流配送的效率和物流配送的成本。

4. 配送路线

配送路线是影响物流配送的又一重要因素。配送路线的设计取决于配送网点的布局和可供选择的线路交通状况。配送路线是否恰当,将影响到物流配送的时间和成本。

5. 物流节点

物流节点在物流配送中发挥着衔接作用和信息处理作用。物流节点的衔接作用表现在它将各个物流线路连接成一个系统,使各个线路通过节点变得更加通畅。例如,轮船的大量运输和短途汽车的小量运输之间的转接有时会出现停滞,物流节点则利用各种技术(如托盘、集装箱等)使之通畅。另外,物流节点也是整个物流配送系统的信息传递、收集、处理、发送的集中地。

(二)配送合理化的判断标志

配送合理化是配送决策系统的重要内容。配送合理化的判断标志,可概括为以下几个方面。

1. 库存标志

库存是判断物流配送合理与否的重要标志。其具体指标有两个,即库存总量和库存周转。

在库存总量方面,在一个配送系统中,库存量从各个分散的用户转移给配送中心后,配送中心库存量加上各用户在实行配送后的库存量之和应低于实行配送前各用户库存量之和。此外,各用户在实行配送前后的库存量比较,也是判断合理与否的标准,如某个用户库存量上升而总量下降,就属于一种不合理的现象。

在库存周转方面,合理的物流配送可以加快库存周转速度,使得用户能够以较低库存来保持较高的供应能力。此外,从各用户角度进行判断,各用户在实行配送前后的库存周转比较,也是判断合理与否的标准。

2. 资金标志

一是资金总量,即用于资源筹措所占用的流动资金总量,实行配送后,随储备总量的下降及供应方式的改变,必然有所降低。二是资金周转,同样数量的资金,过去需要较长时期才能满足一定供应要求,实行配送后,在较短时期内就能达到此目的。三是资金投向的改变,实行配送后,资金必然从分散投入改为集中投入,能增强资金调控能力。

3. 成本与效益标志

总效益、宏观效益、微观效益、资源筹措成本都是判断配送合理化的重要标志。成本及效益对配送合理化的衡量,还可以具体到储存、运输等具体配送环节,使配送合理化判断更为精准。

4. 供应保证标志

实行配送后,用户最大的担心是害怕供应保证程度降低,所以必须提高而不是降低对用户的供应保证能力。即时配送的能力及速度是用户出现应急情况下的特殊供应保障方式,这一能力必须高于未实行配送前用户的紧急进货能力及速度才算合理。

5. 物流合理化标志

物流配送必须有利于配送合理化。要看物流配送是否合理化就必须判断物流配送过程中是否降低了物流费用;是否减少了物流损失;是否加快了物流速度;是否发挥了各种物流方式的最优效果;是否有效衔接了干线运输与末端运输;是否不增加实际的物流中转次数;是否采用了先进的技术手段。物流合理化问题是物流配送要解决的大问题,也是衡量物流配送本身的重要标志。

(三)实现配送合理化的主要方法

要实现配送合理化,可采取以下方法。

1. 推行专业性独立配送或综合配送

专业性独立配送是指根据产品的性质将其分类,由各专业经销组织分别、独立地进行配送。其优点是可以充分发挥各专业组织的优势,便于用户根据自身的利益选择配送企业,从而有利于形成竞争机制。这类配送主要适宜于小杂货配送、生产资料配送、食品配送、服装配送等。

综合配送是指将若干种相关的产品汇集在一起,由某一个专业组织进行配送。这是一种向用户提供比较全面服务的配送方式,可以很快备齐用户所需的各种物资,从而减轻用户的进货负担。

2. 推行加工配送

通过加工和配送结合,在充分利用本来应有的中转,而不增加新的中转的情况下实现配送合理化。同时，加工与配送相结合，使得加工目的更明确，和用户联系更紧密，避免了盲目性。

3. 推行共同配送

共同配送是指对某一地区的用户进行配送不是由一家企业独自完成，而是由若干个配送企业联合在一起共同去完成。通过共同配送，可以以最近的路程、最低的配送成本去完成配送，从而达到配送合理化效果。

4. 推行送取结合

配送企业与用户建立稳定、密切的协作关系，它不仅是用户的供应代理人，而且又是用户的储存据点，甚至变成用户的产品代销人。在配送时，将用户所需的物资送到，再将该用户生产的产品用同一车辆运走，这种产品也成了配送中心的配送产品之一，或者作为代存代储，免去了生产企业的库存包袱。这种送取结合，使配送运力得到充分利用，也使配送企业功能得到更大的发挥，从而趋向配送合理化。

5. 推行准时配送

准时配送是配送合理化的重要内容。只有将配送做到了准时，用户才可以放心地实施低库存或零库存，才可以有效地安排接货的人力、物力，以追求最高效率的工作。另外，保证供应能力，也取决于准时供应。从国外的物流企业的管理经验看，准时供应配送系统是现在许多配送企业追求配送合理化的重要手段。

三、智慧配送

智能物流配送体系是一种以互联网、物联网、云计算、大数据等先进信息技术为支撑，在物流的仓储、配送、流通加工、信息服务等各个环节实现系统感知、全面分析、及时处理和自我调整等功能的现代综合型物流系统，具有自动化、智能化、可视化、网络化、柔性化等特点。发展智慧物流配送，是适应柔性制造、促进消费升级、实现精准营销、推动电子商务发展的重要支撑，也是今后物流业发展的趋势和竞争制高点。

智慧配送在制定配送规划时，运用计算机、图论、运筹学、统计学等方面的技术，由计算机根据配送的要求，选择最佳的配送方案。通过供应链各节点的协同运作，实行客户需求拉动式智能订货和精准配送，可灵活配置需求与产能，智能组织生产，通过PC、移动终端等多服务手段，快速响应客户需求，实现准时准量的全程配送服务。

在物流末端的配送环节，多类型自动化智能设备也在逐步普及，无接触式服务逐渐成为送货"标配"。京东物流智能快递车最大可载重200千克，可续航100千米，日均配送超200单，融入了高精度定位、融合感知、行为预测等10大核心技术，可以实现L4级别的自动驾驶。对于一些路途较远的送货片区，快递小哥也无须再往返站点奔波，智能快递车可将货物运送到该片区，再由快递小哥送货上门。通过"人车共配"模式，快递小哥能提高个人工作效率，并获得更多经济收益。

从无人机投递包裹到无人机送餐，现实生活中，精准续航、智慧灵动的无人机正在将配送员的角色演绎得淋漓尽致。

"随着物流产业的不断扩大,今后行业的最大挑战与变化一定是技术更新带来的。"京东集团副总裁何田分析,到 2025 年,智慧物流会进入全新时代,全域数据生态等人工智能技术将助力实现物流全链路的高效自动化发展。"未来,我们要持续进行高效的技术赋能,不断提升整体配送效率与服务质量,保障物流全环节的安全。"

任务四 包装、装卸与流通加工

一、包装的作用、分类

包装是在物流过程中为保护物品、方便储运、促进销售、按一定技术方法采用材料或容器,对物品进行包封并加以适当的装潢和标识工作的总称。智能包装是指通过检测包装食品的环境条件,提供在流通和储存期间包装食品品质的信息。例如,时间－温度显示包装,新鲜度显示包装等。

(一)包装的作用

1. 保护物品

保护物品不受损伤,这是包装的主要目的。要防止物品在运输、装卸过程中受到各种冲击、振动、压缩、摩擦等外力的损害,并要防止物品在运输,特别是保管过程中发生受潮、发霉、生锈、变质等化学变化,还要防止有害生物对物品的破坏。

2. 方便流通、方便消费

商品经过包装,特别是推行包装标准化,能够为商品的流转提供许多方便。例如,将液态产品(如硫酸、盐酸等)盛桶封装,小件异形产品装入规则箱体,零售小件商品集装成箱,为产品的装卸、搬运、储存提供方便;同时,推行包装标准化,能够提高仓库的利用率,提高运输工具的装载能力。此外,产品包装容器上有鲜明的标记,是为了指导产品的装卸和运输,便于商品的识别、清点和验收入库,有利于减少货损和货差,减少各流通环节的作业时间,加快商品流转,降低流通费用。

3. 刺激消费、促进销售

在商品质量相同的条件下,精致、美观、大方的包装可以增强商品的美感,引起消费者注意,诱导消费者的购买欲望和购买动机,从而产生购买行为。包装的销售功能在出口商品中更加重要,而且要求也更高。

(二)包装的分类

按照包装在流通中的作用,可将包装分为运输包装和销售包装两大类。

1. 运输包装

运输包装又称工业包装或外包装,它是以保护商品安全输送、提高运输效率为目的的包装。随着物资的销售量逐渐变大,采用适合于大批量高效率的运输包装是非常有必要的。

> **知识链接 5-3**
>
> **商品流通中对运输包装的基本要求**
>
> 商品流通中,对运输包装的基本要求如下。
>
> 一、确保商品运输安全
>
> 运输包装的外径尺寸和外部结构必须具有抵抗外界因素损害的能力,一般采用瓦楞纸箱、木箱、托盘、集装箱等容器,其构成材料强度要高,容器的结构要坚固结实,外部进行捆扎包裹。在包装外形设计及包装材料的选择上,要考虑商品的物理化学性质、物态、外形、体积、重量、结构,流通过程中的冲击、震动负荷,装卸中的强度和次数,贮存中的耐压、防雨、防潮等因素,确保商品在运输过程中不损坏、不变质、不变形、不变色、不污染,安全地到达消费者手中。
>
> 二、要有明确的包装标志
>
> 运输包装的外形上一般都标有"小心轻放""切勿倒置"等储运标志以及易燃易爆等危险品标志,同时还标有如发运地、到达地以及商品品名、规格、件数、号码、重量、体积、生产厂家等标志,便于商品的识别,加速流转,使商品正确无误地运往目的地。
>
> 三、运输包装要采用先进的包装技术和包装材料
>
> 随着新技术、新材料的不断出现,运输包装必须进行革新,逐步实现包装的标准化、规格化。特别是要大力开展集装箱运输,提高运输效率,节约流通费用。

2. 销售包装

销售包装又称商品包装,它是以促进商品销售为主要目的的包装。在商品流通中,越接近用户,就越要求包装具有促进销售的功能及鲜明的特性。为了发挥包装对商品销售的促进作用,对销售包装的基本要求如下。

(1)包装的外形要美观大方、醒目新颖。要突出商品的形象和特点,并选择符合市场习惯和用户心理因素的造型、图案和色彩,以增强商品的感染力和吸引力。

(2)突出商标。商标是消费者选购商品的主要依据之一,商标应设计在包装容器最显眼的位置,并且要简单明了,便于用户识别商品。

(3)要有简单和必要的文字说明,如实地介绍商品的性能和使用方法,方便用户携带和使用。

(4)在包装材料的选用及包装设计上要尽量降低包装成本,减轻用户负担。

(三)智慧包装

1. 智慧包装的含义

智慧包装是指通过检测包装食品的环境条件,提供在流通和储存期间包装食品品质的信息。主动式智慧包装是指人们通过创新思维,使这些包装的特殊性能恰好满足商品的特殊要

求和特殊的环境条件的动态变化,主要是指采用了机械、电气、电子和化学性能的包装技术。随着国家对产品安全的重视、同类竞品的增多、假货泛滥,智慧包装在中国得到爆发式的增加,为商家们解决了产品所存在的痛点问题并提高品牌的整体形象。整体智慧包装解决方案对企业来说不仅可以省去沟通的成本及时间,而且与整个产品系统平台契合度非常高,对其他竞品来说更具有优势,也方便市场推广。

随着产品价格的下降和性能的提高,主动式智能包装市场将取得进一步发展。此外,民众对食品安全的高度重视以及对易腐食品的保护需求将为智能包装的增长提供强劲动力。除了要延长食品、饮料、药品和其他产品的保质期以外,这些智能包装还承担着提高产品可追溯性的重任。

毫无疑问,主动式智能包装的增长速度将变得越来越快,而且将在时间-温度指示器(TTIs)和其他主动式智能包装系统的推动下取得跨越式的发展。据了解,很多的新兴主动式智能包装都能以最合理的价格提升产品的差异化水平,并为它们提供追踪和各种互动功能。

2. 智慧包装成为新趋势

近几年来,智慧包装有五个重要趋势,品牌企业可以利用这些趋势来建立与客户更深入、更有意义的联系。具体内容如下。

(1)可持续发展。随着人们对环境的关注度增加,可持续性成为包装的主要趋势。减少塑料的使用,增加回收利用率以及创造性地使用包装产品可以为环保作出积极贡献。

(2)防伪与认证。随着社会对假冒产品危险性的意识增强,智慧包装可以减轻消费者的顾虑。客户购买产品时,只需在手机上扫描包装即可验证商品。例如,购买在时装秀上亮相的Burberry品牌服装的客户会收到嵌有隐形代码的定制卡片,从而使他们能够访问有关其服装的专有背景信息,这些信息也可用于验证每件衣服。

(3)独家内容。智慧包装利用产品来创建数字世界,从而增强消费者对产品的参与度。通过向消费者提供独家内容,营销团队可以加深与消费者的关系,提高品牌忠诚度,并增加客户的终身价值感。例如,美泰(Mattel)通过为消费者提供"虚拟护照"来创建虚拟现实体验,该"虚拟护照"中嵌入了允许访问独特虚拟世界的代码,从而扩大了消费者对品牌及其产品的理解。

(4)折扣信息。智慧包装可以嵌入电子优惠券,以鼓励消费者重复购买。相比于纸质优惠券,一般情况下消费者更喜欢在手机上使用电子优惠券。

(5)品牌信誉的提升。智慧包装还可以通过嵌入代码,让客户更好地了解品牌故事,产品生产流程等,扩大品牌的影响力。

二、装卸的工艺设计

(一)装卸工艺设计的步骤

1. 分析整理资料

初步设计时应根据设计任务书及收集的有关资料,进行分析整理,包括分析整理已落实的设计货运任务资料,作出设计货运量及设计操作过程的汇总表;分析整理设计船型、车型、货物特性及运输生产组织要求,作为装卸工艺设计的重要依据等。

2. 确定装卸工艺流程

确定装卸工艺流程是指根据货运任务、特点以及船型、车型等确定装卸工艺流程,选择装卸机械设备的类型,确定装卸作业线中主机的生产效率和数量。

3. 计算确定装卸搬运规模

计算确定装卸搬运规模是指计算所需车辆数、库场面积、装卸机械数、装卸人员和机械驾驶人数、铁路装卸线的最小有效长度等。

4. 计算有关技术经济指标

计算有关技术经济指标主要是指计算机械设备投资费、劳动生产率、车船停留时间、装卸机械化程度、装机总容量、单位装卸成本等。

5. 进行方案比选

装卸工艺设计时,应事先作出两个以上的方案进行比较,择优推荐。比较内容既有定性比较,又有定量比较,定性比较主要是使用条件比较(表5-4),定量比较是指主要技术经济指标的比较。

表5-4 使用条件比较表

序号	使用条件	方案		
		I	II	III
1	技术的先进性与可能性			
2	工艺流程的合理性			
3	人员的劳动条件和劳动强度			
4	对作业的适应性			
5	设备安装、保修、使用的难易程度			
6	工程上马的快慢			
7	预留发展的余地等			

6. 编制设计文件

编制设计文件的内容一般应包括概述、货运量的分配、装卸工艺、主要建设规模、方案比选及推荐意见。

(二)几种典型的装卸工艺流程

完整的装卸工艺除装卸工艺过程、流程外,还应包括具体的装卸搬运操作方法、作业技术标准和生产组织三部分内容。物流过程中的装卸工艺过程通常是指将货物从某种运输工具转移到库、场等的作业过程和范围。它由一个或一个以上的操作过程组成,常见的货物装卸工艺过程有车(火车或汽车)→库(场)→车(汽车或火车)→库(场)→船等。

装卸工艺流程是指各作业工序的连续。例如,在"车→库"这一工艺过程中的工艺流程,如图5-5所示。

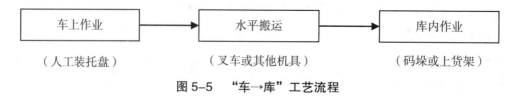

图 5-5　"车→库"工艺流程

以下介绍几种典型的工艺流程。

1. 平库或楼库底层

(1)平板车、堆垛机系统。载货汽车将货物运至货场,入库后由人工卸到平板车上,再推进库房,使用升降堆垛机提升到一定高度后用人工堆垛,如图5-6所示。

图 5-6　平库或楼库底层平板车、堆垛机工艺流程

它的特点是人工与无动力、半动力机具结合作业,主要靠人工搬、推、堆,是目前一般仓库常见的作业流程;通道一般长1.2米,仓库间的面积利用率高;堆垛机提升后用人工堆垛,有一定的劳动强度。

(2)库内叉车托盘化系统。货物由载货汽车入库,小件货物用人工码放在托盘上,较重货物用小型吊车码放在托盘上,然后叉车入库作业,如图5-7所示。

图 5-7　库内叉车托盘工艺流程

它的特点是机械化作业,大大减轻劳动强度;使用叉车、托盘,加快装卸搬运速度;减少了货物的装卸搬运环节,降低了货损,提高了货物的保管质量。

(3)厂、库"一条龙"系统。工厂生产的成品,置于托盘上,进成品库。出厂时由叉车将货物连托盘装上载货汽车,运到仓库,再用叉车将货物连托盘一起卸入仓库堆垛。发货时由叉车从货垛中把货物取出并装车,如图5-8所示。

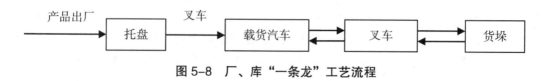

图 5-8　厂、库"一条龙"工艺流程

它的特点是效率高;减少环节,原来产品出厂要由人工搬上载货汽车,到库后还需要人工卸到托盘上,现在由叉车作业减少两道环节,做到货物不下地;减少货损;只有在厂、库协作条件较好时才能采用这一工艺。

(4)巷道机、货架系统。送货时,载货汽车将货物运到仓库,由人工将其码放到托盘上,叉车再将托盘送到载货台,由巷道机送入货架。发货时由巷道机将货物取出,送到载货台,再由叉车将货物装上载货汽车,如图5-9所示。

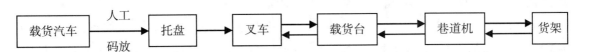

图 5-9　巷道机、货架工艺流程

它的特点是提高了空间利用率,增加了货物储存量,普通仓库高度一般为 5 米左右,实际堆放低于 5 米(如人工堆垛高度 2 米左右,叉车堆垛 3~4 米),而巷道机货架仓库高度可提高至 6~8 米;货物可实现先进先出;工效高;便于管理、计数。

(5)桥式起重机系统。载货汽车直接进入仓库通道,由桥式起重机将货物吊起直接卸至货架。一般适用于质重、体大的货物,如五金商品、钢材、夹板纸等,如图5-10所示。

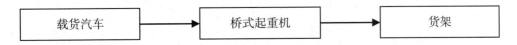

图 5-10　桥式起重机工艺流程

它的特点是工序简单,一次完成;提高了仓库面积利用率;提高了工作效率。

2. 楼库

(1)平板车、堆垛机系统。载货汽车货物由人工卸到平板车上,由平板车将货物送入电梯,垂直运输到楼层,再由平板车推入仓库间,用堆垛机将货物提升到所需高度,最后由人工堆垛并码放整齐,如图5-11所示。

这种方式适于楼板承载力较小的楼层库,货物质量较小的轻泡货、零星存放。

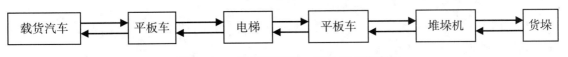

图 5-11　楼库平板车、堆垛机工艺流程

(2)叉车、托盘系统。货物入库,人工卸至托盘,叉车将托盘货物铲入电梯内,垂直运输到楼层,再由楼层上的叉车将货物运至仓库间堆垛,如图5-12所示。这种方式适用于楼板承载能力较大的楼层,且可存放轻而批量大的货物。

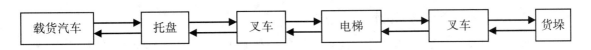

图 5-12　叉车、托盘工艺流程

三、流通加工的作用

(一)流通加工的概念

流通加工是物品在生产地到使用地的过程中,根据需要施加包装、分割、计量、分拣、刷标志、拴标签、组装等简单作业的总称。一般来说,生产是创造产品的价值和使用价值,而流通则是保持物资的原有形式和性质。但是,有时为了提高物流速度和物资利用率,物资进入流通领域后,还需要根据用户的要求进行一定的加工,即流通加工。

流通加工和一般的生产加工不同,虽然二者在加工方法、加工组织、生产管理方面并无显著区别,但在加工对象、加工程度、加工目的、加工的组织者方面差别较大,其差别如表 5-5 所示。

表 5-5 流通加工和生产加工的区别

项目	生产加工	流通加工
加工对象	零部件、原材料、半成品等	进入流通过程的产品
加工程度	复杂的生产加工过程	简单加工,是生产加工的一种辅助及补充
加工目的	创造产品的价值及使用价值	完善产品的使用价值,并不在于提高价值
加工的组织者	生产制造企业	商业或物资流通企业

(二)流通加工的主要作用

流通加工的主要作用有以下几个方面。

1. 提高原材料的利用率

利用流通加工环节进行集中下料,可将生产厂直接运来的较大规格的产品,按使用部门的要求下料。例如,钢板、玻璃、木材等均可进行集中下料,这样可以优材优用、小材大用、合理套裁,减少边角余料,节约材料,降低使用部门的成本,取得很好的技术经济效果。

2. 进行初级加工,方便用户

对某种物料需求量小或临时需要的用户,可省去进行初级加工的投资,减少了工序,缩短了生产周期,降低了生产成本。

3. 提高加工效率及设备利用率

建立集中加工点,采用效率高、技术先进、加工量大的专门机具和设备,可提高加工效率,从而降低加工费用及原材料成本。同时,流通加工面向全社会,加工的数量明显增加,加工对象的范围显著扩大,所以设备的利用率将大大提高。

4. 充分发挥各种输送方式的优势

流通加工环节将实物的流通分成两个阶段。一般来说,从生产地到流通加工点的输送距离长,从流通加工点到消费地的距离短。第一阶段是在数量有限的生产地与流通加工点之间进行定点、直达、大批量的远距离输送,可以采用船舶、火车等交通工具运输。第二阶段则是利用汽车和其他小型车辆来输送经过流通加工后的多规格、小批量、多用户的产品。这样可以充分发挥各种运输方式的优势,加快运输速度,节省运力、运费。

5. 提高产品的附加值,创造收益

在流通过程中可以进行一些简单加工,增加产品的附加值。例如,对内地生产用于出口的玩具、时装等制成品进行简单的装潢加工,如改变产品包装外观,可使产品售价提高。所以,在物流领域中,这种高附加值的产品,主要着眼于满足用户的需要,提高服务功能,是一种低投入、高产出的加工形式。

基本训练

□知识题

1. 简述企业采购的流程。
2. 采购管理的内容包括哪些?
3. 物流企业运输系统包括哪些基本要素?
4. 简述仓储作业的流程。
5. 配送与运输有什么区别?
6. 影响物流配送的因素有哪些?
7. 如何实现配送合理化?
8. 包装有何作用?
9. 简述装卸工艺设计的步骤。

□判断题

1. 接收货物标志着一次采购工作的完整结束。(　　)
2. 距离经济的特点是每单位距离的运输成本随运输距离的增加而增加。(　　)
3. 定期控制法的特点之一是每次订货批量是确定的。(　　)
4. 配送就是送货。(　　)
5. 包装的主要目的是保护物品不受损伤。(　　)

□选择题

1. 采购管理最基本的目标是(　　)。
   A. 提供企业所需的物资和服务　　　　　　B. 努力降低成本
   C. 使存货和损失降到最低　　　　　　　　D. 保持并提高自己的产品或服务质量
2. SRM 指的是(　　)。
   A. 客户关系管理　　　B. 供应商关系管理　　　C. 供应链管理　　　D. 采购管理

3. 灵活性强,可实现"门到门"运输的运输方式是(　　)。
A. 铁路运输　　　　　B. 公路运输　　　　　C. 水路运输　　　　　D. 航空运输
4. 下列哪种配送方式可以帮助用户实现保险储备为零的零库存。(　　)
A. 定时配送　　　　　B. 定量配送　　　　　C. 定时定量配送　　　D. 即时配送
5. JIT采购又叫作(　　)。
A. 电子商务采购　　　　　　　　　　　　　B. 供应链采购
C. 准时化采购　　　　　　　　　　　　　　D. 订货点采购

□ 技能题

1. 参观一家综合型物流企业,请该企业专家介绍本企业各项物流作业活动的管理情况。
实训目的:结合实际,了解企业在采购管理、运输管理、仓储管理等各方面的具体情况。
实训要求:熟悉物流企业在实际操作过程中的业务流程、管理方法。
2. 学生就参观情况结合本项目所学知识写一篇体会。
实训目的:通过写体会来加强对物流企业作业管理的理解。
实训要求:首先必须熟悉物流企业的各项作业活动,然后就企业的现状能够提出自己的看法,如提出在管理方法和手段上的改进措施。

案例分析

奥康,物流运作三个"零"

奥康集团(以下简称奥康)是国内一家大型皮鞋制造商,其朝着企业经营三个"零"的方向不断发展,即物流管理零库存、物流运营零成本、物流配送零距离。

一、物流管理零库存

奥康在外地加工生产的鞋子必须通过托运部统一托运到温州总部,经质检合格后方可分销到各个省级公司,再由省级公司向各个专卖店和销售网点进行销售。没有通过质检的鞋子需要重新退回给生产厂家,修改合格以后再托运到温州总部。这样一来,既浪费人力、物力,又浪费了大量的时间,加上鞋子是季节性较强的产品,错过上市最佳时机,很可能导致这一季的鞋子库存积压。

经过不断探索与实践,奥康运用将别人的工厂变成自己仓库的方法来解决这一问题。在外地生产加工的鞋子,只需总部派出质检人员前往生产厂家进行质量检验,质量合格后生产厂家就可直接从当地向各营销点发货。这样,既节省大量人力、物力、财力,又可以大量减少库存,甚至保持零库存。

二、物流运营零成本

奥康提出的物流运营零成本并非物流运营不花一分钱,只是通过一种有效的运营方式,极大限度地降低成本,提高产品利润。

对皮鞋行业而言,如果能抢先对手一星期上货、一个月出货,就意味着抢先占领了市场。如果你的产品慢对手一步,就会形成积压。积压下来的鞋子将会进行降价处理,如此一来,利润减少,物流成本加大。实在处理不掉的鞋子,将统一打回总部,二次运输成本随之产生,物流成本也就在无形之中增加了。奥康将一年分为8个"季",鞋子基本上做到越季上市。一般情况下,在秋季尚未到来的半个月前,秋鞋必须摆上柜台。为此,奥康在广州、米兰等地设立信息中心,将国际最前沿的流行信息在第一时间反馈到温州总部。这样就可以做到产品开发满足市场需求、减少库存、增加利润。

三、物流配送零距离

以最短的时间、路程对产品进行配送。传统的库存管理主要通过手工做账与每月盘点的方法来实现,但面对当今市场高速运行、皮鞋季节分化日益明显的态势,不能及时清晰对库存结构及数量作出准确的反映,就会在企业的运营中出现非常被动的局面。例如,有时你的库存处于警戒线时,你必须在一个月后,经过全国大盘点后才可以得知,而这时,当你想进行调整的时候已经有些晚了。

为此,奥康开始采用ERP系统。着手建立了全国营销的分销系统,每个分公司、办事处均与总部联网,信息沟通、反馈及处理全部在电脑上操作完成。现在,无论在奥康全国任何一个分公司、办事处的任何一台电脑上,都可以了解到奥康产品的库存总数、当天销售、累计销售、某一类型产品的数量及尺码,总部对一些畅销品种就能马上作出反应,调货工作能够迅速完成。促进了总部的决策活动与全国物流整体把握,降低了全国物流风险,提高了整体的经济效益。

(资料来源:许兆凯. 奥康:物流运作三个"零"[J]. 物流时代,2005(18):62-63,有改动。)

问题:为了减少库存,奥康集团都采用了哪些方法和手段?

 综合实训

实训项目:物流作业流程优化

一、实训目的

(1)通过本实训项目,使学生了解物流作业流程。

(2)能结合企业实践分析当前流程的合理性。

(3)能站在新的管理理念、技术的基础上,看到其局限性,并在此基础上进行优化。

二、实训内容

(1)在综合型物流企业实习。

(2)熟悉物流企业各项物流活动的作业流程。

(3)对作业流程进行分析,找出问题,并提出优化与改进方案。

三、实训要求

(1)认真考察物流企业,对照所学知识分析,并绘制改进后作业流程图。

(2)撰写实训报告和制作实训报告PPT,并在实习结束后一周内完成。

(3)5~6人为一组,相互讨论。

(4)实训报告完成后设课堂讨论课,相互交流实训经验。

四、注意事项

(1) 物流作业管理的活动环节多,要注意组内的分工协作。

(2) 虚心向企业工作人员学习求教。

(3) 在企业实习期间遵守各项规章制度,注意安全。

项目六　智慧物流企业的设施设备管理

▪ 思政目标 ▪
◎爱护公物。
◎保护财产。

▪ 知识目标 ▪
◎了解智慧物流企业设施与设备的类型、特点。
◎熟知物流企业设施选址的影响因素、常用的选址方法。
◎熟知仓库平面布置原则、配送中心平面布置流程。
◎掌握物流设备寿命周期及全寿命周期管理的含义。
◎掌握物流设备磨损的规律和对应的补偿方法。
◎掌握物流设备的保养、点检、修理、更新和技术改造的基本知识。

▪ 技能目标 ▪
◎能用因素评分法进行单一设施选址。
◎能用线性规划——运输法进行设施网络选址。
◎能用作业相关图法对一般配送中心进行平面布置。
◎掌握常用物流设备的保养、点检、修理、更新和技术改造的方法。

 引例

日日顺的智能无人仓

日日顺供应链科技股份有限公司(以下简称日日顺)积极响应国家战略需求,助力智能制造升级发展,规划建立了青岛中德生态园区的智能无人仓项目,即日日顺中德智能无人仓项目,为工厂提供兼顾零部件管理和成品管理的供应链服务,满足了海尔智能工厂订单批次多、频率高、JIT精益管理的要求。该项目集成应用了国家重点研发计划的系列管理成果和技术装备成果,建设成为支撑海尔智能工厂高效运转的关键设施。日日顺中德智能无人仓项目,是支撑海尔青岛中德生态园智能工厂高效运转的关键基础设施,是智能制造领域国内首个兼容零部件大、中、小件全品类成品管理的智能无人仓。

日日顺牵头国家重点研发计划"智慧物流管理与智能服务关键技术"项目研究,联合中科大、华为、海康威视等一流高校和科技公司开展智慧物流技术和智能物流装备研究,产出了丰富的管理成果和技术装备成果。日日顺中德智能无人仓项目应用了国家重点研发计划的一系列管理成果和技术装备成果,为海尔中德智能工厂提供兼顾零部件管理和成品管理的供应链服务。日日顺中德智能无人仓项目采取"供应商库存VMI前置集中化管理、根据生产订单拉动进行JIT精准化供给、根据成品订单进行云仓智能化分拨"的管理服务模式,开发应用了兼容零部件管理和成品管理的智慧仓储管理系统和智能控制管理系统,集成应用各类基于物联网和人工智能技术的自动化智能设备,实现智能输送、全景扫描称量、智能码垛、无人搬运、智能仓储、预出库备货等全流程无人化作业。

日日顺中德智能无人仓项目共有17606个货位,存储空间达64000平方米,可存储40余万件/台零部件及成品货物,规划预出库备货区可备5500平方米货物,日均可出库23500件货物,可同时容纳14台车作业,大家电作业能力最高可达每小时1860台。项目可实现智能工厂300万台产品的大规模定制化制造。

日日顺中德智能无人仓项目在管理模式和先进技术集成应用方面有诸多创新,实现了智能仓全流程无人化作业,支撑了海尔智能工厂高效运行。该项目凭借管理方案创新、系统创新、技术创新和集成应用创新,入选国家发改委"5G专网建设"和"现代服务业与先进制造业深度融合发展"建设项目。项目对智能制造供应链服务领域的科技进步将发挥突出的引领示范作用,创造了显著的经济效益和社会效益,积极助力国家"智能制造"和"双碳战略"实施。

这一案例表明:物流企业要适应智能制造发展需要,开展物流智能化改造,推广应用物流机器人、智能仓储、自动分拣等新型物流技术装备的要求,采用智慧物流管理技术和智能物流设备。

现代物流企业的高效率作业,需要大量的物流设备,尤其是现代化的设备,如高层货架、高架叉车、自动分拣机、信息技术设备等。设施设备是物流企业的重要资产,也是物流活动的物质基础,如何对设施进行合理地选址和布置,如何对各类设备进行正确的管理,都是物流企业管理中非常重要的问题,也是本项目的主要内容。

任务一 智慧物流企业设施布置

物流设施是进行物流活动的基础,也是物流水平和现代化程度的重要标志,对于现代物流的发展,促进现代化大生产、大流通具有十分重要的作用。

随着现代物流的蓬勃发展,物流基础设施也在不断地发展和创新,其内容也越来越丰富。物流基础设施包括以下三大类型。

(1)物流节点。例如,仓库、物流中心、铁路货运站、港口堆场、机场货运站等。

(2)物流线路。连接上述物流节点的公路、铁路、航线、管道等运输线路都是物流线路。

(3)物流基础信息平台及通信设施。它包括公共物流信息平台和专用物流信息平台等,能提供各种物流信息服务。

我国物流企业的设施主要有以下三种类型。
(1)储存型的仓库。例如,储备仓库等。
(2)流通型的仓库。例如,货物中转站、配送中心、流通加工中心等。
(3)企业的物流信息平台。

物流设施作为企业投入较大的固定资产,其建设是否合理,将在较长时间内影响企业的运营成本和效益。因此,对物流企业设施的选址、设施内部布置等作出合理的规划就显得尤为重要。

一、仓库的平面布置

仓库是物流企业最主要的设施。仓库的平面布置是对仓库的各个组成部分,如库房、辅助建筑物、办公设施、库内道路等,进行全面合理的安排和布置。仓库平面布置是否合理,将对仓储作业的效率、储存质量、储存成本和仓库盈利目标的实现产生很大影响。

(一)影响仓库平面布置的因素

(1)仓库的专业化程度。仓库储存商品的种类越少,仓库的专业化程度就越高;相反,仓库储存商品的种类越多、越杂,仓库的专业化程度就越低。各种商品性质不同,装卸搬运方式和存储方法也会有所区别,对仓库平面布置的要求也不同,因此,仓库的专业化程度越高,布置越简单,反之越难。图6-1和图6-2显示了两种不同专业化程度的仓库。

图6-1 专业化程度较低的仓库　　图6-2 专业化程度高的仓库

(2)仓库规模。仓储的规模越大、功能越多,需要的设施设备就越多,设施设备之间的配套衔接就成为十分重要的问题,布置就越难,反之则越简单。

(3)环境设施、地质地形条件。环境设施、地质地形条件越好,仓库平面布置越简单,反之越难。

(二)仓库平面布置的要求

(1)仓库平面布置要适应仓储作业过程的要求,有利于仓储作业的顺利进行。

第一,仓库平面布置的物品流向,应该是单一的流向(图6-3)。仓库内物品在入库、验收、储存直到出库作业,应该是按一个方向流动的,以减少仓库内的拥塞和混乱。

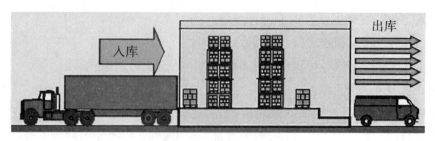

图 6-3　物品流向图

第二，最短的搬运距离，并尽量减少迂回、重复搬运等。

第三，最少的装卸环节。尽量减少在库物品的装卸搬运次数，如物品的卸车、验收、入库最好一次完成。

第四，最大限度地利用空间。物品储存时应合理储存并充分利用仓库容积，如高层货架可充分利用仓库的立体空间(图6-4)。

图 6-4　高层货架

(2) 仓库平面布置要有利于提高仓储经济效益。要因地制宜，充分考虑地形、地质条件，利用现有资源和外部协作条件，根据设计规划和库存物品的性质，选择和配置合适的设施设备，以便最大限度地发挥其效能。

(3) 仓库平面布置要有利于保证安全和员工的健康。仓库建设时严格执行相关规定，留有一定的防火间距，并有防火防盗安全设施，作业环境的安全卫生标准要符合国家的有关规定，有利于员工的身体健康。同时还要考虑防洪、排水标准和措施。

(三)仓库平面布置原则

(1) 根据物品特性分区分类储存，将特性相近的物品集中存放。

(2) 重、大件物品以及周转量大和出入库频繁的物品，宜靠近出入口，以缩短搬运距离，提高出入库效率。

(3) 易燃的物品，应尽量靠外布置，以便管理。

(4) 有吊车的仓库，汽车入库的运输通道最好布置在仓库的横向方向，以减少辅助面积，提高面积利用率。

(5) 仓库内部主要运输通道的宽度，一般采用双行道。

(6)仓库出入口附近,一般应留有用于收发作业的面积。

(7)仓库内设置管理室及生活间时,应该用墙与库房隔开,其位置应靠近道路一侧的入口处。

二、配送中心平面布置的流程和方法

配送中心平面布置的一般流程如图 6-5 所示。

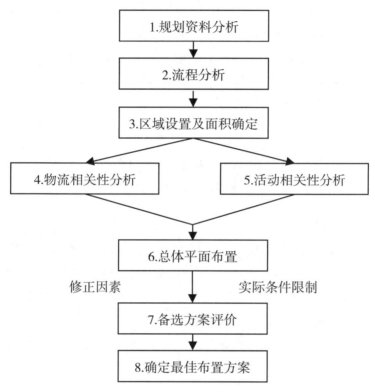

图 6-5　配送中心平面布置流程图

（一）规划资料分析

1. 物品特性分析

物品特性是货物分类的重要参考因素,例如:按储存保管特性可分为干货区、冷冻区及冷藏区;按货物重量可分为重物区、轻物区;按货物价值可分为贵重物品区及一般物品区等。因此,配送中心布置规划时首先要对货物进行物品特性分析,以区分不同的储存和作业区域。

2. 储运单位分析

储运单位分析就是分析仓库各个主要作业(进货、拣货、出货等)环节的基本储运单位。一般仓库的储运单位包括托盘(P)、箱子(C)和单品(B),而不同的储运单位,其配备的储存和搬运设备也不同。因此掌握物流过程中的单位转换相当重要。需要将这些包装单位进行分析。

在企业的订单资料中常常有各类出货形态,如订单中有整箱或零散出货,也有两种类型同时出货。为使仓储区与拣货区得到合理的布置,必须将订单资料按出货单位类型加以分析,以正确计算各区域实际的需求。常见的储运单位组合形式如表6-1所示。

表6-1 配送中心包装单位组合分析

入库单位	存储单位	拣货单位
P	P	P
P	P, C	P, C
P	P, C, B	P, C, B
P, C	P, C	C
P, C	P, C, B	C, B
C, B	C, B	B

注：P为托盘，C为箱子，B为单品。

(二) 流程分析

流程分析这一步需要确定主要物流活动及其流程。配送中心主要作业包括入库、保管、拣选、配送等，有的还包括流通加工，如贴标签、包装及退货等。

(三) 区域设置及面积确定

区域设置及面积确定这一步需要根据配送中心的主要作业，来设置内部区域。配送中心内部区域，一般包括三大类，即物流作业区、辅助作业区及行政办公区。物流作业区又可分为收货区、托盘储存区、立体库区、流通加工区、分拣区、发货区和设备存放区等。辅助作业区包括设备维修区等。行政办公区包括出入库的办公区、员工休息室等。

各区域面积的确定与各区域的功能、作业方式、所配备的设施和设备以及物流量等有关，应分别进行详细计算。

(四) 物流相关性分析

物流相关性分析就是对配送中心各作业区域间的物流路线和物流量进行分析，从而确定各区域的物流相关程度。

物流中心作业区域间的物流路线类型主要有如下几种。

1. 直线式

直线式适用于出入口在库房两侧、作业流程简单、规模较小的物流作业。无论订单大小与配货品种多少，几乎所有货物均须通过库房全程。如图6-6(1)所示。

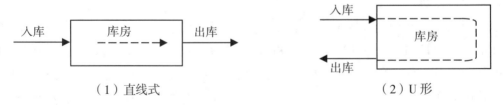

图6-6 物流路线类型图

2. 双直线式

双直线式适用于出入口在库房两侧、作业流程相似,但是有两种不同进出货形态或作业需求的物流作业。

3. 锯齿形(或 S 形)

锯齿形(或 S 形)通常适用于多排并列的库房货架区。

4. U 形

U 形适用于出入口在库房同侧的作业,可依进出货频率大小安排接近进出口端的储区,以缩短拣货搬运路线,如图 6-6(2)所示。

5. 分流式

分流式适用于批量拣取后进行分流配送的作业。

6. 集中式

集中式适用于将订单分割在不同区域拣取后进行集货的作业。

在分析物流流量时,需要汇总各项物流作业活动从某区域至另一区域的货物流量,作为分析各区域间货物流量大小的依据。若不同物流作业在各区域之间的货物搬运单位不同,则必须先转换为相同单位后,再合并计算其物流量的总和。

(五)活动相关性分析

除了物流作业区域外,物流中心内还有一些辅助作业区及行政办公区等功能区域。这些区域尽管本身没有物流活动,但与作业区域有密切的业务关系,故还需要对这些区域与作业区进行业务活动相关性分析,确定各区域之间的密切程度。

一般相关程度高的区域在布置时应尽量紧邻或接近,如出货区与称重区,而相关程度低的区域则不宜接近,如库区与员工休息室等。在规划过程中应由规划设计者根据使用单位或企业经营者的意见,进行综合的分析和判断。

配送中心内部各区域间的物流相关性分析、活动相关性分析常用作业相关图法。

 知识链接 6-1

作业相关图法

作业相关图法是根据各区域之间的活动关系密切程度布置其相关位置,首先,将关系密切程度划分为 A、E、I、O、U、X 六个等级,其意义如表 6-2 所示。

表 6-2 关系密切程度表

代号	密切程度	代号	密切程度
A	绝对重要	O	一般
E	特别重要	U	不重要
I	重要	X	不予考虑(或不能放在一起)

然后，列出导致不同关系密切程度的原因，填入表6-3中。

表6-3　不同关系密切程度的原因

代号	关系密切原因	代号	关系密切原因
1	工作流程连续	4	人员接触频繁
2	共用场地	5	文件交换频繁
3	共用设备	6	其他

使用以上这两种资料，将待布置的部门的关系密切程度一一确定出来，根据相互关系重要程度，按重要等级高的部门相邻的布置原则，便可安排出最合理的布置方案。

例如，某配送中心内部区域有以下八个，分别为收货区、储存区、流通加工区、整箱分拣区、拆零分拣区、发货区、办公区和设备存放区。下面用作业相关图法对其进行布置。

分析：

第一步，首先分析该配送中心内部八个待布置区域的关系密切程度，并画出各区域之间的作业相关图，如图6-7所示。

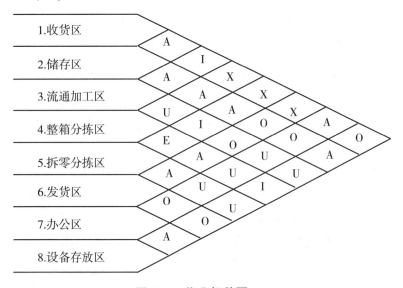

图6-7　作业相关图

列出关系密切程度分类，如表6-4所示（只考虑A和X）。

表6-4　关系密切程度分类表

A	X
1—2，1—7	1—4，1—5，1—6
2—3，2—4，2—5，2—8	
4—6	
5—6	
7—8	

第二步,根据表6-4编制主联系族,原则是从关系"A"出现最多的部门开始,如本例中的储存区,出现5次"A",首先确定储存区,然后将与储存区关系密切程度为"A"的区域一一联系起来。

第三步,考虑其他关系为"A"的区域,如能加在主联系族上就尽量加上,否则画出分离的子联系族。本例中,所有关系为"A"的区域都能加到主联系族上去。如图6-8所示。

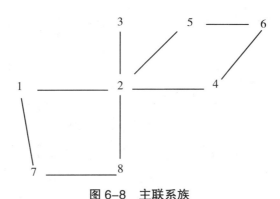

图6-8 主联系族

第四步,分析关系为"X"的区域,使它们不要联系在一起。

最后根据主联系族,对该配送中心内部相互关系最为密切的区域,进行相邻布置。这是进行总体平面布置的主要依据。

(六) 总体平面布置

分析了各区域之间的活动关系密切程度之后,就要对配送中心的区域进行布置,布置方法有流程性布置法、活动相关性布置法。

1. 流程性布置法

流程性布置法是根据物流移动路线作为布置的主要依据,适用于物流作业区域的布置。首先在配送中心内,确定进货到出货的主要物流路线形式,并完成物流相关性分析。在此基础上,按作业流程顺序和关联程度配置各作业区域位置。其中,可将面积较大且长宽比例不易变动的区域先置入建筑平面内。

2. 活动相关性布置法

活动相关性布置法是根据各区域的活动相关表进行区域布置。首先选择与各部门活动相关性最高的部门区域先行置入规划范围内,再按主联系族上的关联关系和各区域间的关联程度,依次置入布置范围内。

在【知识链接6-1】中,根据得到的各区域之间的主联系族,用活动相关性布置法布置所有区域,可得到总体平面布置方案,如图6-9所示。

进行总体平面布置时,还应对配送中心内通道进行布置,确定通道的位置和宽度。仓库内通道一般有主干通道、一般作业通道、辅助通道等。其宽度的大小受搬运设备类型、货物尺寸、作业方式、货物进出库批量等因素影响。一般主干通道宽3~6米,一般作业通道宽3米,人行通道宽0.75~1米。

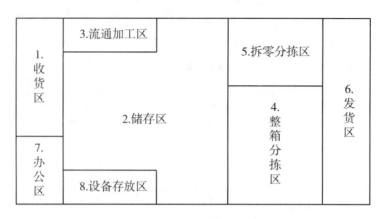

图6-9 总体平面布置图

配送中心的区域布置可以用绘图方法直接绘成平面布置图;也可以将各功能区域按面积制成相应的卡片,在总面积图上进行摆放,以找出合理方案;还可以采用计算机辅助平面区域布置技术进行平面布置。

(七)备选方案评价与确定最佳布置方案

平面布置可以作出几种方案,最后通过综合比较和评价选择一个最佳方案。

经由上述的规划分析,得到了配送中心总体平面布置图,最后还应根据一些实际限制条件进行必要的修正与调整。这些影响因素包括如下内容。

(1)库房与土地面积比例:库房建筑比率、容积率、绿地与环境保护空间的比例限制等。

(2)库房建筑的特性:建筑造型、长宽比例、柱位跨度、两高限制或需求等。

(3)法规限制:土地、建筑、环保、卫生、安全等相关法规及劳动法等。

(4)交通进入限制:交通出入口及所在区域的特殊限制等。

(5)其他:经费预算限制、政策因素等。

任务二 物流企业设备管理

一、物流企业设备及其管理概述

物流设备在物流活动中起着非常重要的作用,它们的发展极大地减轻了人们的劳动强度,提高了物流作业的效率和质量,降低了物流成本,也促进了物流的快速发展。同时现代物流业的高速发展对物流设备也有着更高的要求。

(一)现代物流设备的类型

现代物流设备,按照其功能分类,主要有以下几种类型。

1. 物流仓储设备

仓储,即对物品进行储存、保管,仓储在物流系统中起着缓冲、调节、集散和平衡的作用,是物流系统的一个中心环节。

物流仓储设备包括各种类型的货架(如托盘货架,见图6-10)、叉车、室内搬运车、堆垛机、出入库输送设备(图6-11)、分拣设备、商品质量检验设备、商品保管养护工具以及计算机仓储管理系统和监控系统等。

这些设备可以组成自动化、半自动化或者机械化的仓储系统,完成对物料的储存、搬运、分拣等作业。

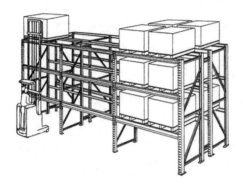

图6-10　托盘货架

图6-11　出入库输送设备

2. 运输设备

在物流活动中,运输始终处于核心地位,运输设备必须作业效率高、灵活快捷并安全可靠,同时尽可能运输成本低,环境污染小。

根据运输方式的不同,运输设备可分为公路运输载货汽车、铁路货车、货运船舶、空运设备、管道运输设备等。对于一般的物流企业而言,拥有一定数量的载货汽车是可能的,而其他运输设备必须有相应的社会公共设施的支持才能运行。图6-12展示的是一种适合城市配送用的厢式货车。

3. 起重机械

起重机械是不可缺少的物料搬运设备,起重机械包括千斤顶、起重葫芦、桥式起重机、臂架类起重机、装卸桥等。图6-13展示的是一种常用的桥式起重机。

图6-12　厢式货车

图6-13　桥式起重机

4. 输送机械

输送机械是按照规定路线，输送散状物料或成件物品的设备，是现代物料搬运系统的重要组成部分。其主要有带式输送机（图6-14）、斗式提升机、埋刮板式输送机等。

5. 流通加工机械

流通加工机械是完成流通加工作业的专用机械设备，主要有切割机械与包装机械两大类。切割机械有金属、木材、玻璃、塑料等原材料切割机械。包装机械有充填机、罐装机、捆扎机、裹包机、贴标机、封口机、真空包装机、多功能包装机等。

6. 集装单元器具

集装单元器具主要有集装箱（图6-15）、托盘（图6-16）、周转箱等。货物经过集装和组合包装后，提高了搬运灵活性，便于储存、装卸搬运、运输，便于实现物流作业的机械化、自动化、标准化。

7. 物流信息技术设备

现代物流系统广泛应用了现代信息技术设备，如条形码技术设备、射频识别技术设备、GPS系统设备等。

条形码技术设备包括条形码生成、扫描、识读等设备。商品或货物上的条形码信息，通过条形码阅读器阅读后，可以迅速、准确地把条形码信息录入计算机，实现信息的自动登录、自动控制、自动处理等功能。可用于条形码扫描的无线手持终端如图6-17所示。

图6-14 带式输送机

图6-15 集装箱

图6-16 托盘

图6-17 无线手持终端设备

（二）智慧物流设备

随着物流行业的发展，智能化设备已经成为物流企业提升管理效率和降低运营成本的重要手段。智能化物流设备可分为两类：一类是物流场内设备，主要包括自动化仓储设备、智能式分拣设备、仓储物流机器人、无人机配送和智能化AGV等；另一类是物流场外设备，包括智能物流箱、物联网物流设备、智能配送箱等。

1. 自动化仓储设备

自动化仓储设备指的是一些可控制、可编程的机器人和设备，包括自动化搬运机器人、自动化仓储货柜等。该设备主要适用于大型物流库房，其不仅能够提高库房运作效率，降低运输成本，同时还能够避免因人员差错而导致的运输损失。

2. 智能式分拣设备

智能分拣设备是一种先进的物流设备，通过分拣机器人和人工智能技术，实现对物流物品的智能分拣和提高物品的分拣速度。该设备主要适用于快递和在线零售业务等，能够快速响应客户需求，提供高效的物流服务。

3. 仓储物流机器人

仓储物流机器人属于工业机器人的范畴，是指应用在仓储环节，可通过接受指令或系统预先设置的程序，自动执行货物转移、搬运等操作的机器装置。仓储物流机器人作为智慧物流的重要组成部分，顺应了新时代的发展需求，成为物流行业在解决高度依赖人工、业务高峰期分拣能力有限等瓶颈问题的突破口。根据应用场景的不同，仓储物流机器人可分为AGV机器人、码垛机器人、分拣机器人、AMR机器人、RGV穿梭车五大类。

（1）AGV机器人。AGV机器人又被称为自动引导车，是一种具备高性能的智能化物流搬运设备，主要用于货运的搬运和移动。自动引导车可分为有轨和无轨引导车。顾名思义，有轨引导车需要铺设轨道，只能沿着轨道移动。无轨引导车则无须借助轨道，可任意转弯，灵活性及智能化程度更高。自动引导车运用的核心技术包括传感器技术、导航技术、伺服驱动技术、系统集成技术等。

（2）码垛机器人。码垛机器人是一种用来堆叠货品或者执行装箱、出货等物流任务的机器设备。每台码垛机器人携带独立的机器人控制系统，能够根据不同货物，进行不同形状的堆叠。码垛机器人进行搬运重物作业的速度和质量远远高于人工，具有负重高、频率高、灵活性高的优势。按照运动坐标形式分类，码垛机器人可分为直角坐标式机器人、关节式机器人和极坐标式机器人。

（3）分拣机器人。分拣机器人是一种可以快速进行货物分拣的机器设备。分拣机器人可利用图像识别系统分辨物品形状，用机械手抓取物品，然后放到指定位置，实现货物的快速分拣。分拣机器人运用的核心技术包括传感器、物镜、图像识别系统、多功能机械手。

（4）AMR机器人。AMR机器人又被称为自主移动机器人，与AGV自动引导车相比具备一定优势，主要体现在：①智能化导航能力更强，能够利用相机、内在传感器、扫描仪探测周围环境，规划最优路径；②自主操作灵活性更加优越，通过简单的软件调整即可自由调整运输路线；

③经济适用,可以快速部署,初始成本低。

(5)RGV穿梭车。RGV穿梭车是一种智能仓储设备,可以配合叉车、堆垛机、穿梭母车运行,实现自动化立体仓库存取,适用于密集存储货架区域,具有运行速度快、灵活性强、操作简单等特点。

4. 智能化AGV

智能化AGV是一种可以自主行驶、跟踪、搬运物品的无人驾驶车辆,它可以根据预设的路径和引导标志自动规划线路并运输物品。该设备可以有效地减少人工差错和运输成本,提升产品配送效率。

5. 无人机配送

无人机配送作为一种新兴的智能化物流设备,已经应用于物流配送领域。它能够在短时间内完成货物的传递,并减少传统物流所需的时间和人力成本。无人机物流的崛起,标志着物流行业迎来了一次革命性的变革。这一变革的背后,离不开一系列新技术的迅猛发展,这些技术共同推动了无人机物流从概念走向现实。无人机技术的快速发展,使得无人机具备了更高的飞行稳定性、更长的续航能力、更精准的定位能力,以及更强大的载荷能力。这些技术特性使得无人机能够胜任物流配送的任务,实现快速、准确、安全的货物配送。

6. 智能物流箱

智能物流箱是一种新型的智能化设备,其通过传感器、GPS等技术实现对物流箱内部的监测、追踪和管理。该设备主要适用于高价值、易损商品的运输,通过实时监测,能够有效避免物品遗失或损坏。

(三)物流设备选择原则

物流设备的选用,应根据物流作业的需要,因地制宜。结合作业场地、货物的种类、特性、货运量大小、运输车辆或船舶的类型、运输组织方法、货物储存方式、各设备在物流系统中的作用等,考虑是自行设计、制造还是购置,并进行技术经济论证,以选择最优方案。物流设备的选择原则如下。

(1)符合货物的特性。货物的物理、化学性质以及外部形状和包装千差万别,在选择装卸机械时,必须与货物特性相符,以确保作业的安全和货物的完整无损。

(2)适应物流量的需要。物流设备的作业能力应与物流量的大小相适应,应选择投资较少、作业能力恰当的设备。

(3)各类物流设备之间的衔接和配合是否协调。

(4)物流设备的经济性和使用性。选择物流设备时,各设备应操纵灵活,维修保养方便,有较长的使用寿命,使用费用低,消耗能源少,生产率高,辅助人员少等。

(5)应具有超前性和富余量。随着物流需求及物流技术的飞速发展,在选择设备时,应有长远考虑,使它们能满足不远将来的变化,适应经济的发展,这也是减少投资、提高适应性的一个有效途径。

二、物流设备的全寿命周期管理

（一）设备寿命周期的含义

设备的寿命周期是指设备从最初的调查研究开始直到报废为止的整个过程，包括调查研究、计划、设计、制造、购买选型、购置、安装调试、运转、维修、更新报废等环节。其中调查研究、计划、设计、制造的环节被称为设备寿命的前半生；购买选型、购置、安装调试、运转、维修、更新报废等环节被称为设备寿命的后半生。

（二）设备寿命周期费用

设备寿命周期费用是指设备一生的总费用，它包括从设备的调查研究、计划、设计、制造、安装调试、运转、维修、更新报废的全过程产生的费用之和，可以看成主要由以下几部分组成，即购置费、维持费、报废处理费和残值。

其中购置费，对于外购设备包括调研、招标、购置、运输、安装调试等全部费用；对于自制设备则包括设备规划、设计、制造、安装调试等费用。

维持费包括设备使用时的维护保养费、维修费、能源消耗费、操作工人工资等。

设备寿命周期费用的公式为：

$$寿命周期费用 = 购置费 + 维持费 + 报废处理费 - 残值$$

（三）寿命周期利润

与寿命周期费用相对应，设备使用过程中会给企业创造效益或收益。这种收益减去寿命周期费用，即为寿命周期利润，公式如下：

$$寿命周期利润 = 收益 - 寿命周期费用$$

（四）设备的全寿命周期管理

1. 全寿命周期管理的含义

设备的全寿命周期管理是现代设备管理中的一个非常重要的观点，设备寿命的前、后半生，即制造（或购买、选型）与使用之间是紧密联系的，是相互依存、相互制约的。

设备全寿命周期的管理目标就是要追求全寿命周期利润的最大化，也就是说，既要考虑寿命周期费用最小化，又要追求收益最大化，最终实现寿命周期利润最大化。这一理念不仅可以用在前期管理，而且渗透到整个设备寿命周期。

2. 设备全寿命周期管理的三个阶段

（1）前期管理阶段。设备的前期管理包括调查研究、计划、设计、制造、购买选型、购置，直至安装调试、运转的全部过程。

在购置新设备时，不能贪图价格便宜，而要同时考虑到设备购置后的一系列其他费用。不能只考虑设备寿命中某一阶段（制造、采购、使用、维修）的经济性，更要十分注重设备购置费和使用费总和的最经济。

设备购置价格最便宜,不一定整个寿命周期费用最低,而寿命周期费用最低并不等于该设备最好,还应考虑设备全寿命周期所发挥的效益的大小。

(2)运行维修管理阶段。此阶段主要是防止设备性能劣化而进行的日常维护,包括保养、检查、监测、诊断以及修理、更新等管理,其目的是保证设备在运行过程中经常处于良好技术状态,并有效地降低维修费用。

(3)报废及更新改造管理阶段。

设备的全寿命周期管理不仅体现在设备一生管理的三个阶段,还体现在它是企业现代管理中一个不可分割的重要组成部分,因为在很大程度上,企业装备(设备)决定着企业的生存和发展。因此企业现代化管理中不可忽视设备管理工作,并使全寿命周期管理与专业管理相结合。

三、物流企业设备的使用管理

(一)物流设备的合理使用

物流设备使用寿命的长短、生产效率的高低,在很大程度上受制于设备的使用是否合理、正确。正确使用可以在节省费用的条件下减轻设备的磨损、保持其良好的性能和应有的准确度,延长设备的使用寿命,充分发挥设备的效率和效益。

设备的正确使用,是设备管理中的一个重要环节。具体应做好以下几项工作。

1. 做好设备的安装、调试工作

设备在正式投入使用前,应严格按质量标准和技术说明安装调试,安装调试后要经试运转、验收合格后才能投入使用。

2. 合理安排生产任务

使用设备时,必须根据工作对象的特点和设备的结构、性能特点来合理安排生产任务,防止和消除设备无效运转。使用时,要严禁设备超负荷工作,要避免"大马拉小车"现象。

3. 切实做好设备操作人员的技术培训工作

操作人员在上机操作之前,须做好上岗前培训,认真学习有关设备的性能、结构和维护保养等知识,掌握操作技能和安全技术规程等,经过考核合格后,方可上岗。必须严禁无证操作(或驾驶)现象的发生。

4. 建立健全一套科学的管理制度

现代物流企业要针对设备的不同特点和要求,建立各项管理制度、规章制度和责任制度等。如持证上岗制、安全操作规程、操作人员岗位责任制、定人定机制、定期检查维护制、交接班制度以及设备档案制度等。

 知识链接 6-2

某企业叉车管理制度

为规范企业管理,做好生产安全工作,特制定本制度。

一、安全管理

(1) 定期对叉车司机进行安全教育(每周一次)。

(2) 操作者必须持证上岗,严格执行《安全操作规程》,并对驾驶员进行年审,对叉车进行年检,在得到合格确认后方可继续驾驶和使用叉车。

(3) 严格按本企业机动车驾驶要求执行。

(4) 每天做好叉车的点检工作(按点检表进行),保持叉车良好的工作状态。

二、维修、保养管理

(1) 每周对车辆进行2次清洗,并检查油、电、刹车系统是否正常,定期更换齿轮油、更换液压油、电池充电、水箱加水。

(2) 发现故障时由专人进行检修,如若不能排除故障,才通知制造商或专业维修厂来进行维修,并做好记录。

三、叉车维修、平时停放的定置管理

(1) 叉车维修必须在比较安全的位置进行(如车槽等)。

(2) 叉车的备用轮胎必须定置存放,应放置在方便取用和安全的地方。

(3) 班后叉车的停放必须离开作业区域和仓库,尽可能不要露天放置并切断电源,拉上手刹,如场地不平则必须在车轮底下垫上三角垫木,以确保车辆不发生滑行,以免发生安全事故。

四、叉车交接

(1) 不同班次,上下班时必须进行交接,填写交接表,让下一班人员知道叉车的状态,以确保安全。

(2) 同班次不同叉车司机交接使用叉车时,必须进行口头交接,以确保安全。

(3) 故障车维修完毕,维修人员与叉车司机必须进行交接,叉车司机进行试车,确认故障已排除后方可接车。

五、创造良好的设备作业条件和环境

保持设备作业条件和环境的整齐、清洁,并根据设备本身的结构、性能等特点,安装必要的防护、防潮、防尘、防腐、防冻、防锈等装置。有条件的还应该配备必要的测量、检验、控制、分析以及保险用的仪器、仪表、安全保护装置。这对精密、复杂、贵重设备尤为重要。

(二) 设备的保养

设备在使用过程中,会产生技术状态的不断变化,不可避免地出现摩擦、零件松动、声响异常等不正常现象。这些都是设备故障隐患,如果不及时处理和解决,就会造成设备的过早磨损,甚至酿成严重事故。因此,只有做好设备的保养与维护工作,及时处理好技术状态变化引起的事故隐患,随时改善设备的使用情况,才能保证设备的正常运转,延长其使用寿命。

设备的保养维护应遵循设备自身运动的客观要求。其主要内容包括清洁、润滑、紧固、调整、防腐等。目前,实行将比较普遍的是"三级保养制",即日常保养、一级保养和二级保养。

(1) 日常保养。日常保养是由操作人员每天对设备进行的物理性保养。其主要内容有班前班后检查、擦拭、润滑设备的各个部位,使设备经常保持清洁润滑;操作过程中认真检查设备运转情况,及时排除细小故障,并认真做好交接班记录。

(2)一级保养。一级保养是以操作人员为主,维修人员为辅,对设备进行局部和重点拆卸、检查、清洗有关部位,疏通油路,调整各部位配合间隙,紧固各部位等。

(3)二级保养。二级保养是以维修人员为主,操作人员参加,对设备进行部分解体检查和修理,更换或修复磨损件,对润滑系统清洗、换油,对电气系统检查、修理,局部恢复精度,满足物流作业要求。

此外,物流企业在实施设备保养制度过程中,对那些已运转到规定期限的重点和关键设备,不管其技术状态好坏、作业任务缓急,都必须按保养作业范围和要求进行检查和保养,以确保这类设备运转得正常完好和具有足够的精确度、稳定性。

知识链接 6-3

货运车辆维修保养注意事项

货运车辆的保养十分重要,它会直接影响车辆的使用寿命,并间接影响车辆的安全性。对此,特别整理了保养货运车辆的几大注意事项。

将车开到一个相对平坦的地方,停稳后检查机油是否在油尺刻度的上限,同时一定要注意发动机底部不要漏油。

启动前要检查水箱中的水是否加满。为避免发动机水温过高,最好使用防冻液,这样也可以清除水垢。别忘记加满玻璃清洁剂,万一路上遇到下雨,清洁玻璃是必不可少的。

看一看刹车油的油面是否在油罐的中高位置,油色应十分清澈,要是发黑就应趁早更换。启动发动机,听喇叭声音是否正常。打开雨刷器,同时检查几个档位速度是否正常。调整轮胎和备用胎的气压。检查灯光,从车外的大灯、示宽灯、雾灯、刹车灯、牌照灯到倒车灯等都应仔细检查。

(三)物流企业设备的检查

现代物流企业的设备检查是指对设备的运行情况、技术状态和工作稳定性等进行检查和校验,它是设备维修中的一个重要环节。

通过对设备的检查,可以全面掌握设备技术状态的变化和磨损情况,及时发现并消除设备的缺陷和隐患,找出设备管理中存在的问题,并对设备是否需要进行技术改造或更新提供可靠的技术资料和数据。

物流设备的点检制度,是一种现代先进的设备检查制度"点",即设备的关键部位或薄弱环节,"点检",即是对设备的这些"点"进行经常性检查和重点控制。

实行点检制度,能使设备隐患和异常及时得到发现和解决,保证设备经常处于良好的状态。同时,减少设备维修的盲目性和被动性,掌握主动权,提高设备完好率和利用率,提高设备维修质量及总体效益。

1. 设备点检的类型

设备点检可分为日常点检、定期点检、专项点检三类。

1) 日常点检

日常点检是由操作工人按规定标准,以五官感觉为主,每日对设备的关键部位进行技术状态检查和监视,了解设备在运行中的声音、动作、振动、温度、压力等是否正常,并对设备进行必要的维护和调整,检查结果记入日常点检卡中。

日常点检的作业内容比较简单,作业时间也较短,一般可在设备运行中进行。

2) 定期点检

定期点检的作业周期通常有半月、一个月、数月不等。定期点检由设备维修人员和专业检查人员根据点检卡的要求,凭感官和(或)仪器,定期对设备的技术状态进行全面检查和测定。

定期点检的检查作业,除了包括日常点检的工作外,主要是测定设备的劣化程度、精度和功能参数,查明设备异常的原因,记录下次检修时应消除的缺陷。定期点检的主要目的是确认设备的缺陷和隐患,定期掌握设备的劣化状态,为进行精度调整和安排计划修理提供依据。

3) 专项点检

专项点检是有针对性地对设备某些特定项目的检测,要使用专用仪器工具,在设备运行过程中进行。

2. 设备点检的实施

实施设备点检包括以下各项工作。

(1) 确定点检点及点检路线。进行点检时首先需要确定检查哪些部位,每一个部位所要检查的项目以及检查各部位的顺序和路线。

为了防止漏检,通常规定出具体检查的顺序路线,还可以绘制出点检流程图,逐点检查。

检查项目就是各检查部位所要检查的内容,如将传动带定为检查点,其检查项目就应包括皮带老化情况、声响、张紧度等。确定检查项目时,还应考虑点检人员技术水平和检测工具配套情况等。

值得注意的是,随着设备使用时间的推移,有些寿命期较长的零件也开始劣化。因此,不同时间的点检,检查点也不尽相同。但每次点检的检查点一经确定,就不应随意更改。

(2) 确定点检的方法和条件。根据点检的要求,确定各检查项目所采用的方法和作用条件,如是用感官还是用检测仪器,是停机检查还是运行中检查等。检查方法和条件形成规范化的程序,一般不轻易改动。

(3) 确定点检的判断标准。确定各检查部位及项目是否正常的判断标准,如磨损量、偏角、压力、水温、油温等数量界限等。判定标准要明确地附在检查项目表内。

(4) 确定点检周期。根据设备实际情况制定点检周期。

(5) 确定点检人员并做好培训工作。所有检查任务都要确定点检的执行者和负责人。日常点检通常由操作人员负责,定期和专项点检通常由专业点检人员、专业技术人员、维修技术人员等参加。

设备点检对专业点检人员要求很高，应具有相当的专业知识和实际工作经验。为了点检取得良好的效果，有必要对点检人员进行培训，使其明确自己的职责，并熟练掌握点检技能等。

(6) 编制点检表。为了保证各项检查工作按期执行，需要将该检查期的各检查点、项目、周期、方法、检查记录等制成固定的表格，即点检表，供检查人员使用。

详细记录的点检表，是设备技术状态和安全状况分析的原始记录，是设备维修和安全管理中最重要的原始资料。

知识链接 6-4

某企业货运汽车维修保养、定期安全检查制度

一、实行定人、定车、定保养制度，驾驶员应经常对车辆进行清洗、保养，保持车辆的干净、整洁，始终保持良好的运行状态。

二、驾驶员应在每天出车前或出车后，尤其是长途运输前必须对车辆安全技术状况进行检查，检查不合格的车辆坚决禁止营运，经检查安全性能良好方能出行。

三、营运车辆每月 1～5 日必须到公司指定修理厂进行安全检查，缺席一次罚款 50～100 元。

四、安检前必须保持车辆内干净、整洁、漆皮完整，车牌、门徽、警语、资质证以及行车证件齐全，车证相符。

五、必须依法购置车辆保险，保证合法有效，不能脱期，弄虚作假。

六、必须配备灭火器、枕木、防滑链、铁锹、随车工具等安全用具。

(四) 物流企业设备的修理

设备在运转、使用过程中，往往由于磨损、断裂、老化或腐蚀，使设备的某一部位或某些零件损坏。设备的修理就是修复和更换损坏的部位或零件，使设备的效能得到恢复。设备的修理工作十分重要，尤其到了设备寿命周期的后期阶段尤为重要。

设备修理可以分为大修、中修、小修三类。

1. 小修

小修是指工作量最小的局部修理。它通常只需在设备所在地点更换和修复少量的磨损零件或调整设备、排除障碍，以保证设备能够正常运转。

2. 中修

中修是指更换与修理设备的主要零件和数量较多的各种磨损零件。中修需要对设备进行部分解体，通常由专职维修人员在设备作业现场或机修车间内完成。

3. 大修

大修是维修工作中规模最大、花钱最多的一种设备维修方式，它是通过对设备的全部解体，修理耐用的部分，更换全部损坏的零件，修复所有不符合要求的零部件，全面消除缺陷，以使设备在大修理之后，达到或基本达到原设备的出厂标准。

设备大修后，设备管理部门应检查验收，合格后办理交接手续。大修一般是由专职检修人

员进行。因为大修的工作量大、修理时间长、修理费用较高,所以进行大修之前要精心计划好。

在设备寿命周期内,对设备进行适度的大修理,一般在经济上是合理的。但是,长期无休止的大修理,却是不经济的。一方面,大修间隔期会随着修理次数的增加而缩小;另一方面,大修理的费用越来越高,从而使大修理的经济性逐渐降低,优越性不复存在。

(五)物流企业设备的日常管理工作

设备的日常管理工作包括对设备进行分类、编号、登记以及调拨、事故处理、报废和日常养护等工作。

设备购进后,要根据设备的类别进行归类。然后进行编号,编号后进行逐项登记,即详细登记设备的名称、来源、生产单位、用途、技术参数,以及随主机附带的工具数量、安装地点等,并在使用过程中建立设备的技术档案制度。如果设备因故调出,则要在设备登记卡上详细记载设备的去向、所处状态、调出日期、交接地点及责任人等情况。

如果设备发生事故(或故障),操作人员和维修人员要分析事故(或故障)发生的原因,制定避免措施,并及时安排修复,使设备尽快恢复正常运转状态。

【案例分析6-1】

输送机的技术改造

某煤矿是20世纪80年代初建成投产的矿井,原煤输送一直采用DX4型强力胶带机。随着原煤产量逐年提高,原煤运输环节的瓶颈问题逐渐凸显出来,为此,决定对输送机进行技术改造。他们采取加大功率、提高带速(改造驱动和控制单元)等方式对胶带机进行技术改造。

分析:

改造内容包括如下几点。

(1)将原来2×500千瓦两机拖动改为3×500千瓦三机拖动,带速由2.5米/秒提升至3.15米/秒。

(2)更换强力胶带,带强由2000牛顿/毫米提高到2500牛顿/毫米。

(3)改造原电控系统。通过改造,使该矿井在短短10天之内,实现了运输能力的大大提升。

基本训练

□知识题

1. 简述物流企业设施选址的影响因素有哪些?
2. 单一设施选址的方法有哪些?
3. 物流企业设施布置的主要目标是什么?
4. 配送中心平面布置的流程是什么?
5. 物流设备保养的类型和作用分别是什么?
6. 简述物流设备点检的含义和步骤。

7. 物流设备的磨损形式有哪些？分别采用什么样的补偿方式？
8. 与更换新设备相比，设备技术改造有哪些优点？

□判断题

1. 物流企业设施选址的影响因素中，经营环境因素包括优惠的物流政策、劳动力条件、商品特性、交通条件等。（　　）
2. 用因素评分法对单一物流设施的选址时，它适用于有若干候选方案时，对方案的比较和评价。（　　）
3. 设施网络选址时，新址选择往往不仅要对其选址的多种影响因素进行分析，还必须同时考虑它与现有设施的联系和添加新设施后整个网络的运营。（　　）
4. 进行仓库平面布置时，仓库的专业化程度越高，储存商品的种类越少，布置越难，反之越简单。（　　）
5. 物流企业要建立一套科学的设备管理制度，如持证上岗、安全操作规程、操作人员岗位责任制等。（　　）
6. 设备在使用期内，既要遭受有形磨损，又要遭受无形磨损，所以设备所受的磨损是双重的、综合的。（　　）
7. 当零件磨损超过一定限度，正常磨损关系被破坏，磨损率急剧上升，以致设备的工作性能明显下降。（　　）
8. 设备更新有两种类型：一种是原型更新，另一种是新型设备更新。（　　）

□选择题

1. 某企业计划建两个配送中心，各自服务对应的市场范围，独立运营，这两个配送中心的选址问题属于（　　）。
   A. 单一设施的选址　　　　B. 设施网络选址　　　　C. 两者都不是
2. 不属于基础设施状况的是（　　）。
   A. 是否靠近交通主干道　　　　　　　　　B. 该处地形平坦
   C. 水、电、通信等公共设施齐备
3. 以维修人员为主，对设备进行部分解体检查和修理，更换或修复磨损件的保养是（　　）保养。
   A. 日常　　　　　　　　B. 一级　　　　　　　　C. 二级
4. 物流企业的设备在使用过程中发生的实体磨损被称为（　　）。
   A. 无形磨损　　　　　　B. 有形磨损　　　　　　C. 综合磨损
5. 由操作工人按规定，以五官感觉为主，每日对设备的关键部位进行的检查是（　　）。
   A. 人工点检　　　　　　B. 日常点检　　　　　　C. 定期点检

□ **技能题**

查阅资料,结合所学的知识,总结物流企业常用货运车辆的类型、企业的车辆管理制度、车辆保养的方法与技巧,写一篇1000字左右关于物流企业货运车辆管理的体会。

实训目的:要求学生了解典型物流企业设备——货运车辆的类型、企业的车辆管理制度、车辆保养方法等。

实训要求:多查阅资料,如专业书籍、杂志以及知名网站(物流设备网、物流知识网等),认真思考和分析,结合所学知识写体会。

 案例分析

打造智慧物流中心,李宁新一轮的增肌之路

"从开工起,我们这个项目大概历经了14个月,整个园区都是从一块平地建起的。"2023年9月19日,李宁电商运营中心、华东智慧物流中心正式投入使用。随着科学技术的进步,自动化智能设备不断发展,并凭借着精准、高效、高度信息化等特点走进各类工厂,帮助企业提高物流管理水平,降本增效。华东智慧物流中心的投入使用,也代表着李宁集团线上线下物流业务的整合协同,同时也是李宁集团智慧物流中心布局的关键一步。

据介绍,李宁智慧物流园区位于上海嘉定,总占地面积约90亩,涵盖华东智慧物流中心及李宁电商运营中心,建筑面积超9.4万平方米。

作为李宁第一个投入使用的智慧物流仓,嘉定李宁智慧物流园涵盖了李宁集团直营、批发、电商、O2O四大业务需求的仓储物流场景,整体存储能力可达1000万件,单天作业能力可达60万件,其中重点满足江、浙、沪、皖、赣、鲁六地市场需求。

李宁物流业务总监华锋介绍,华东智慧物流中心投入使用后,综合存储效率提升了60%,这个维度是把所有存货数量除以整体占地面积,相比过去的仓库,增加了60%。此外,综合人工效率,也就是单小时的出货能力,可以增加100%。

走进李宁的华东智慧物流中心,李宁电商运营中心、华东智慧物流中心两栋建筑,通过匹配不同业务场景的自动化设备贯穿3层。

过去在华东区域,李宁的线下业务有7个仓库,目前整合为一,形成华东智慧物流中心,更贴近终端及消费者为导向,也能集中资源,提升仓储物流资源调配空间和能力。

"我们做智慧物流一定要有非常清晰的规划,知道企业具体在某个业务场景下,需要什么样的技术、当下碰到的问题是什么,在未来10年到20年的发展过程中,公司可能会有什么新的需求。"

在这个大框架下,华锋与他的业务团队反复讨论,再去跟集成商沟通,最终针对不同的业务场景实施了不同的自动化解决方案。

据介绍,李宁的物流体系在面对经销商、门店和TOC的订单,会提供不同的仓储物流匹配方案,比如管理区域、存储单位、自动化线路的设置,来最大程度保障不同订单场景下的效率。

李宁能够精准匹配业务需求的背后,是自动化设备的使用。

在物流中心现场,机械臂、机器人、数字化系统有序运行。"黑灯仓库"、托盘密集存储的与使用,也使智能化仓库相比传统仓库的存储增加了80%。

这些智能设备的投入,一改传统物流体系"人到货"的拣选方式,不仅大幅提升了拣货时的精准度,从卸货、仓储、拣货、打包到分拣出仓全部环节,提升了仓储物流质量和销量,还最大限度地节省了拖拉货架、搬运货品时的人力成本,真正实现了"货到人"的效果。

以"同款同箱率"这个零售行业的细节来举例。从实际的业务出发,"同款同箱"便于门店整理,也能提高门店收货、验货的效率。

而李宁的华东智慧物流中心,能最大限度地保障拣选顺序,机器人也会根据"同款同箱"的要求,把货品送达工作站。华锋也透露,华东智慧物流中心投入使用之后,相比过去的普通仓库,同款同箱率大幅提高。

可以看出,李宁的智慧物流中心,以精细化的方式,切实地提高了供应链与门店终端的运营效率。通过使用先进的自动化和智能设备,供应链的灵活性增强,商品流通速度的提高对于库存效率和成本效率的提高也起到了重要的助推作用。

(资料来源:打造智慧物流中心,李宁新一轮的增肌之路 [EB/OL].[2024-08-24].https://www.kanlingshou.com/longsqiang/vip_doc/27055161.html,部分节选。)

问题:李宁的华东智慧物流中心有哪些智能设备设施?这些设备有何特点?

 综合实训

实训项目:物流企业的设施设备管理

一、实训目的

通过实训,使学生运用所学知识,去思考和评价某些现有的物流设施的选址、内部布局是否合理,并熟悉物流设备的管理方法。

二、实训要求

(1)先了解该仓库或配送中心的基本背景资料,包括主要经营的商品类型、规模、选址地点、历史情况等,为实地参观做准备。

(2)熟悉其平面布局,尽可能画出平面布局图。然后画出收货、验收、入库储存、拣选配货、送货和单据处理等作业流程。思考在该作业流程下,其平面布局是否合理。

(3)了解其设施设备的类型,并尽可能地认识各类物流设备,了解其设备管理制度,多向现场工作人员请教。分组讨论其在设备管理制度上有哪些优点和缺点,有哪些可以改进的地方。

(4)整个实训过程,要求学生认真细致地思考,能提出自己的看法。

背景资料1:

捷迅物流配送中心专门为某网上商城提供仓储、配送服务。客户在网上订购商品后,由捷迅物流配送中心负责湖北及周边省市的配送。

该配送中心建立之初,有 3 处地址可供选择,各地址的主要费用、多种影响因素的评价,以及它们的权重如表 6-5 所示,试用因素评分法选择最佳地址(费用的单位均为万元)。

表 6-5 选址因素比较表

地址	地价	运输费用	能源费用	交通条件	劳动力条件	公共设施状况	周边状况
A	5000	150	180	一般	很好	很好	一般
B	3000	200	210	很好	较好	很好	较好
C	1000	180	250	较好	一般	一般	很好
权重	0.2	0.15	0.15	0.2	0.1	0.1	0.1

背景资料 2：

该配送中心作业时使用设备情况如下。

(1) 商品入库。进货验收后,用手持终端扫描该商品的条形码,并用 WMS(仓库管理系统)进行登记,同时发出是否能入库的指示。如果可以入库时,工作人员将货物堆放在空托盘上,并扫描该托盘的条形码进行登记。在入库登记处理后,工作人员用手动叉车或电动叉车将货物搬运至货架储存。货架有托盘货架和普通的层格式货架。

(2) 商品拣选。拣选人员用手动叉车、手推车以及周转箱,根据订单进行拣选和配货。

(3) 商品包装。拣选结束后,进行合适的包装,由两台半自动打包机负责打包。

(4) 商品配送。包装完成后,分类送到等待运输的车辆上进行配送。

该企业在设备的使用中,很注重设备安全性能的检测和维修,实施了"以点检制度为核心的设备管理模式",希望将故障消灭在萌芽阶段。但是由于实施点检的人员多是操作人员,对设备的技术不够熟悉,因此经常不能及时发现故障隐患。

该企业还实施了设备的日常管理制度,如在使用过程中建立设备的技术档案和操作人员的交接班制度。但通常在设备发生故障后,存在多个操作人员都不愿承担责任的情况,因不能及时找到责任人,导致修理拖延时间长,设备使用效率低。

为提高物流效率,2020 年该企业购买了一套自动分拣设备。但是购买后发现由于规模、技术等原因不能有效使用,出现了手工分拣成本低于自动分拣成本的情况。因此,该设备被闲置起来。

请说出该配送中心所使用到的物流设备的类型,并针对该企业物流设备管理的现状,根据所学知识进行分析,并提出措施。

项目七 智慧物流企业的人力资源开发与管理

▌思政目标▐
◎遵守规章制度。
◎服从人事安排。

▌知识目标▐
◎了解我国物流企业人力资源管理的状况，物流人员招聘的要求，物流企业的薪酬和福利。
◎明确物流人力资源培训的内容，工作分析的含义及内容，绩效考评的方法。
◎熟知物流企业人力资源规划的内容，工作分析的实施过程，人员招聘的方式。
◎掌握物流企业人力资源需求预测方法，工作说明书的编制。

▌技能目标▐
◎能够进行物流企业人力资源需求预测。
◎能够编制物流企业工作岗位说明书。

 引例

万国物流人力资源培训

　　万国物流是一家在国内开展以储、运一体化为主要内容的第三方物流服务企业，服务范围包括运输、仓储、货物配送、资讯、理货、包装、保税仓管理等综合服务。目前该企业有员工600余人，主管级以上员工的数量为130人，占企业总人数的21%；经理级以上中高层管理人员的比例为10%。该企业学历分布的状况：研究生学历员工占2%，本科学历员工占24%，大专学历员工占38%，中专学历员工占36%。

　　万国物流的培训分析一般由培训组牵头，以一年一次的频率进行。其主要进行工作分析和员工个人分析。其中，工作分析主要参照各部门总监的意见，以确定下一年的培训课程为目的；而员工个人分析则通过由培训主管向全体员工发放培训需求调查表，调查表涉及培训的课程名称，包括通用类、管理类、业务类等。员工可以根据个人需要选出自己选定的课程后交给培训主管。培训主管收集反馈后经由各部门讨论，确定出培训课程，同时根据财务部给定的预算编排年度培训计划。

　　培训的课程包括三类。第一类是管理类课程，主要与管理层的管理活动有关，包括沟通技巧、团队合作、时间管理等。第二类是专业类课程，包括与各职能部门的业务活动相关内容，如物流运作常识、客户服务、信息管理等。第三类是通用类课程,即全体员工都需要广泛掌握的知识、技能等,包括企业概况、人事制度、安全知识、计算机应用技能、外语等。

(资料来源:姚裕群,张琪,李宝元.人力资源开发与管理案例[M].长沙,湖南师范大学出版社,2007,有改动。)

这一案例表明:除了运输工具、仓储设施设备、资本、无形资产等企业资源以外,人力资源也是物流企业重要的资源。

物流企业需要的各类专业人员多,素质要求从低到高,多数物流企业的办事机构地域分布广,这些都导致物流企业的人力资源管理不同于一般的生产企业或商业企业。在传统物流向现代物流转变的过程中,物流企业尤其要注重人员的转变,包括思想观念、业务能力、知识和技能等方面的转变,而这些都依赖于物流企业先进的人力资源管理去实现,具体包括人力资源规划、工作分析、员工的招聘、培训与开发、员工绩效考评。

任务一　物流企业人力资源管理概述

一、物流企业人力资源规划

(一)物流企业人力资源规划的概念

物流企业人力资源规划是在预测未来的组织任务、环境对组织要求及完成这些任务和满足这些要求而提供人员的管理过程。物流企业处于竞争激烈的外部环境中,人力资源需求和供给的平衡难以自动实现,因此就要分析供求的差异,并采取适当的手段调整差异,只有通过人力资源规划的职能,才能确保组织在生存发展过程中对人力的需求。目前,物流人才需求主要包括三个层次,如图7-1所示,其中高级层次物流人才需求占10%,中级层次物流人才需求占20%,基础层操作人员需求达到70%。

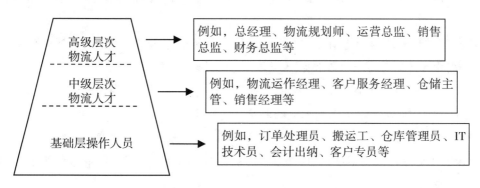

图7-1　物流人才需求层次图

从绝对需求数量上来看,对基础层操作人员需求量最大,但是这个层次的从业人员替代性也强，因此，物流行业真正匮乏的还是具有多方面知识背景、资深行业经验的复合型物流管理类和技术类人才。物流企业要确保实现人力资源的最佳配置和动态平衡，就需要重视人力资源规划，预测人力资源需求和供给，起草供需匹配计划，做好执行、实施、监控，以及评估规划。

物流企业做好人力资源规划要注意以下几点。

(1) 从组织的目标与任务出发，人力资源的质量、数量和结构符合其特定的生产资料和技术条件发展的要求。例如，UPS在上海设立转运中心，增加美国飞往中国的货运航班，由此带来市场扩大、客户不断增长的需求，在此之前，UPS需要扩大在华的员工队伍，在中国招聘覆盖市场营销、供应链解决方案、工程技术、系统维护诸方面的人才，具体人数视业务量而定。

(2) 得到和保持一定数量具备特定技能、知识结构和能力的人员，并充分利用现有人力资源。比如侧重于项目运作模式的物流企业，需要获得和保持相当数量的可以完成规划、设计物流方案的物流项目经理和物流规划专员；又如仓储型物流企业对仓管员、理货员和叉车工会有较大的需求。

(3) 预测企业组织中潜在的人员过剩或人力不足。如果一家物流企业考虑在某个城市设立办事机构，则货运主管是急需的人员，其他如单证员、客服人员等人力也要备足。

(4) 建设一支训练有素、运作灵活的人才队伍，使人力资源与未来组织发展各阶段和未知环境动态适应。物流企业一开始可能只是传统的运输企业或者仓储企业，随着企业的发展，涉足领域越来越多，从运输到仓储、配送、流通加工，客户对服务质量的要求越来越高，从只要求把货送到，到要求精确的交货时间，从国内物流到国际物流，这些都需要物流企业有一支能够符合企业发展各阶段对人力资源需求的人才队伍。

小思考 7-1

物流企业人力资源规划包括哪些内容？

答：物流企业人力资源规划大致包括以下内容。

(1) 总计划：陈述人力资源计划的总原则、总方针、总目标。

(2) 职务编制计划：陈述企业的组织结构、职务设置、职务描述和职务资格要求等内容。

(3) 人员配置计划：陈述企业每个职务的人员数量、人员的职务变动、职务人员空缺数量等。

(4) 人员需求计划：通过总计划、职务编制计划、人员配置计划可以得出人员需求计划，人员需求计划中应陈述需要的职务名称、人员数量、希望到岗时间等。

(5) 人员供给计划：为人员需求计划的对策性计划，主要陈述人员供给的方式、人员内部流动政策、人员外部流动政策、人员获取途径和获取实施计划等。

(6) 教育培训计划：包括教育培训需求、培训内容、培训形式、培训考核等内容。

(7) 人力资源管理政策调整计划：计划中明确计划期内的人力资源政策的调整原因、调整步骤和调整范围等。

(二)物流企业人力资源需求预测

物流企业人力资源需求预测是根据企业发展的要求,对将来某个时期内企业所需员工的数量进行预测。预测的基础是企业发展规划和年度预算,同时要考虑预测期内劳动生产率的提高,机械化、自动化水平的提高等变化因素。常用的预测方法有以下几种。

1. 经验估计法

经验估计法就是利用现有的资料,根据有关人员的经验,结合本企业的特点进行预测。可以采用"自下而上"的预测方式,如某物流企业下属分公司根据所在地域的客户数量和规模,向上级主管提出相应数量的市场开发人员和客户服务人员的需求。"自上而下"的预测方式就是先由物流企业经理制定出物流企业总体的用人目标和建议,然后由各级部门自行确定用人计划。当物流企业的业务范围和业务量比较稳定、人员需求变动不大时,可以采用这种方法。

2. 比例趋势分析法

比例趋势分析法通过研究历史统计资料中的各种比例关系,如某仓储企业发现,某仓库里一个管理者(如仓储主管等)管理8个仓库管理员的管理模式最佳,因此依据将来仓库管理员的增加数就可以预测管理者(如仓储主管等)的需求量。这种方法简单易行,关键就在于历史资料的准确性和对未来的变动情况估计的准确率。

3. 工作研究预测法

工作研究预测法就是通过工作研究(包括动作研究和时间研究),来计算完成某项工作或某件产品的工时定额和时间定额,并考虑到预测期内的变动因素,确定物流企业的员工需求。比如规模一定的仓库需要多少个叉车工就可以依据此方法,又如客服人员数量的确定等。

(三)物流企业人力资源供给计划

物流企业的人力资源保障问题是人力资源计划中应解决的核心问题,只有有效地保证了对物流企业的人力资源供给,才可能去进行更深层的人力资源管理与开发。

人力资源供给分析包括人员的流入预测、流出预测、人员的内部流动预测、社会人力资源供给状况分析、人员流动的损益分析等。一般包括以下几个方面的内容。

(1)分析物流企业目前的员工状况,如员工的部门分布、技术水平、工种年龄构成等。例如,综合型物流企业有运输、仓储、客服、市场等部门,每个部门的地理分布可能不同,仓储部门比较集中,而运输部门可能分散在全国各地,各个部门员工的技术水平状况、年龄分布等。

(2)分析物流企业目前员工流动的情况及其原因,预测将来员工流动的态势,以便采取相应的措施避免不必要的流动,或及时给予替补。物流业的人员流动应该说还是比较频繁的,比如掌握客户资源的揽货人员跳槽频繁。对物流企业人力资源管理而言,重要的是要把握住流动的态势,及早采取措施,以免陷入被动。

(3)分析物流企业员工的职业发展规划状况。例如,员工的提拔和内部调动的情况,保证工作和职务的连续性。又如，基层的仓管员和单证员有没有晋升的可能性和途径。

(4) 分析物流企业员工的工作满意状况。例如，分析工作条件(如作息制度、轮班制等)的改变和出勤率的变动对员工供给的影响。有些物流企业为客户提供 7×24 小时服务，这样的服务对客户而言当然满意，但物流企业内部员工是否对此有抵触心理，这都需要进行调查和分析。

(5) 分析物流企业员工的供给来源和渠道，员工可以来自物流企业内部(如富余员工的安排、员工潜力的发挥等)，也可来自物流企业外部。

(6) 了解物流行业人力资源的供求状况和发展趋势。尤其是复合型物流管理类和技术类人才的供求状况。

(四) 人力资源规划的综合平衡

掌握了物流企业人力资源的供给和需求状况后再进行人力资源的供需平衡，这是企业人力资源规划工作的核心和目的所在。企业人力资源供给与需求的不平衡有三种类型，即人力资源的供给不足、人力资源过剩和两者兼而有之的结构性失衡。

人力资源的供给不足主要出现于企业的经营规模扩张和新经营领域的开拓时期。现阶段，我国许多物流企业普遍存在这一现象，原因是物流企业发展迅猛造成物流人才的缺口很大。例如，物流企业新增服务网点，或者从运输扩大到仓储，服务领域从国内延伸到国际都可能会带来人力资源的供给不足。补充的途径有外部招聘、内部晋升、人员接任计划、技术培训计划等。另外物流企业的人力资源管理出了重大问题也可能导致人力资源不足，比如中高级人才的流失，这是一种不正常的现象。

人力资源过剩状况主要发生在行业整体萧条期或者企业经营萎缩期。例如，2008 年金融危机导致众多从事国际物流的企业业务量急剧下滑，企业难以维持以往的人力规模，由此出现人力资源过剩。此时，一般的平衡办法有退休、辞退和降低薪资等。

我国绝大多数由传统型的仓储、运输、货代企业转型而来的物流企业，普遍存在结构性失衡的问题。一方面，物流专业管理人才严重缺乏；另一方面，一般管理人员或基层作业人员冗余。对这一矛盾进行平衡的办法一般有技术培训、人员接任、晋升和外部补充等。

二、物流企业工作分析

(一) 工作分析的含义及内容

工作分析是指对某特定的工作作出明确的规定，并确定完成这一工作所需要的知识技能等资格条件的过程。通俗地讲，工作分析就是要通过一系列科学的方法，弄明白该职位的工作内容(该职位是做什么事情的)和职位对员工的素质要求(什么样的人来做这些事情最适合)。

下面以物流企业中"仓储主管"一职为例，说明工作分析的内容，如表 7-1 所示。

表 7-1 对"仓储主管"一职的工作分析内容

项目		实例	说明
工作描述	工作名称	仓储主管隶属于物流经理,同级别的还有采购主管、货运主管;仓储主管又是仓储管理的负责人,下属包括仓库管理员、商品保管员等	主要说明这项工作的专业名称或代号,便于对各种工作进行识别、分类以及确定组织内外的各种工作关系
	工作内容	组织指导材料、成品入库、仓储、出库等环节的工作,编制相应台账,并报送财务部和生产部。具体包括如下内容。 1. 根据企业的生产销售能力,确定原材料及产品的标准库存量。 2. 及时与生产部和市场部沟通,保证生产用原材料的库存供给和市场部发送产品所需的库存供给。 3. 定期编制采购物品的入货台账、退货台账及库存台账,报送财务部和生产部。 4. 定期编制产品入库、出库及库存台账,报送财务部和生产部。 5. 组织人员保证材料库及成品库的仓储环境,确保库存产品或材料的材质不变。 6. 制定并实施材料库及成品库的管理制度和管理方法。 7. 完成上级交办的其他工作	对所要完成的工作任务、工作责任、使用的原材料和机器设备、工作流程、与其他人的正式工作关系、接受监督以及进行监督的性质和内容等方面进行的描述
	工作条件	工作场所:办公室。 环境状况:基本舒适。 危险性:基本无危险,无职业病危险(如属于易燃易爆有毒物品仓库,有一定的危险性等)	对工作地点的温度、湿度、光线、噪声、安全条件、地理位置、室内或室外等工作条件和物理环境的说明
	聘用条件	基本工资+奖金,有全勤奖、绩效奖、工龄工资、养老保险、优秀员工奖	对工作时数、工资结构、支付工资的方法以及福利待遇等方面的描述
工作规范	一般要求	教育背景:储运专业大专以上学历。 培训经历:受过仓储管理、财会知识、产品知识等方面的培训。 经验:3年以上仓储工作经验	指从事该项工作所需的一般要求,包括学历、工作经验等
	技能技巧	1. 熟悉物资采购程序。 2. 了解运输方式及其特征。 3. 熟悉物流管理业务流程。 4. 熟练操作办公软件	从事该项工作所需的技能技巧
	心理要求	态度: 1. 积极进取,责任心强。 2. 有很强的自我约束力,以及独立工作和承受压力的能力。 3. 高度的工作热情,良好的团队合作精神	从事该项工作所需的心理要求,包括事业心、合作性、观察力、领导能力、组织能力、沟通能力等

> **小思考 7-2**
>
> 6W1H 工作分析公式是什么？
>
> 答：国外的人事心理学家从人力资源管理的角度出发，提出了一个非常容易记忆的 6W1H 工作分析公式，从七个方面对工作（职务）进行分析，具体内容如下。
>
> - WHO：谁来完成这项工作分析。
> - WHAT：这项工作具体做什么事情。
> - WHEN：工作时间的安排。
> - WHERE：工作地点在哪里。
> - WHY：他为什么工作（工作的意义是什么）。
> - WHO：他在为谁工作。
> - HOW：他是如何工作的。

（二）工作分析的实施过程

物流企业在进行工作分析时，需要统筹规划、分阶段、按步骤进行。以一个物流中心为例，介绍其工作分析实施的六个步骤。

1. 步骤一，确定目的

物流中心进行工作分析可能用于对工作进行描述，也可能是用来确定薪酬，因此在进行工作分析之前，一定要明确工作分析的目的，也就是明确工作分析的信息将用于人力资源管理的哪方面。

2. 步骤二，收集信息

物流中心的组织结构图、工作流程图等资料和信息会对工作分析有很大帮助。在职位分析之前，对这些背景信息应有充分的了解。

3. 步骤三，选择职位

物流中心的职位比较多，并且有很多类似的职位，因此应选择典型职位进行工作分析。典型职位应该是对企业比较重要、比较稳定、没有频繁的变化、能够尽可能代表更多类似的职位。物流中心的典型职位可以是采购经理、采购专员、物流经理、仓储主管、仓库管理员、货运主管、理货员等。

4. 步骤四，进行分析

确定物流中心的典型职位以后，就可进行职位分析。为提高信息的可靠性，应该对职位功能进行全方位评价，以仓储主管为例，除仓储主管本人外，还可从其上级（如物流经理等）、同事（如货运主管等）、下属（如仓库管理员等）等几个关联的职位了解该职位信息。

5. 步骤五，核对信息

通过工作分析收集到相应信息以后，由任职者和任职者的上级对所收集的信息进行核对和确认。例如，由仓储主管和其上级物流经理进行信息核对。

6. 步骤六，撰写工作说明书

所收集的信息经核对无误后，就可以由仓储主管撰写工作说明书了。采用同样的方法完成其他典型职位的工作说明书以后，在整个物流中心内可以推动大家去撰写非典型职位的工作说明书。最后，形成物流中心的岗位责任说明书体系。

【案例分析 7-1】

某物流企业某年度工作分析的实施程序

某物流企业某年度工作分析主要分为四个阶段进行，即准备阶段、实施阶段、结果形成阶段和应用反馈阶段。

分析：某年度工作分析的实施程序具体内容如表 7-2 所示。

表 7-2 某物流企业某年度工作分析的实施程序

阶段	主要工作
准备阶段 （4月10日—4月20日）	1. 对现有资料进行分析研究。 2. 选择待分析的工作职位。 3. 选择工作分析的方法。 4. 设计调查用的工具。 5. 制定总体的实施方案
实施阶段 （4月21日—5月21日）	1. 召开员工大会，进行宣传动员。 2. 向员工发放调查表、工作日志表。 3. 实地访谈和现场观察
结果形成阶段 （5月22日—6月1日）	1. 对收集所得信息进行归纳与整理。 2. 与有关人员确认信息。 3. 编写工作说明书
应用反馈阶段 （6月2日—6月10日）	1. 将工作分析所得结果反馈给员工和其直接主管。 2. 听取他们的反馈意见。 3. 对工作说明书的内容进行调整和修改

（三）工作分析的结果

工作分析的结果就是形成工作说明书，它是以标准的格式对岗位的工作特征及任职者的资格条件进行规范化的描述性文件。利用工作说明书，员工可以了解他们工作的任务，明确其工作职责范围。比如一个新进的仓库管理员在阅读了工作说明书后，就会清楚他的工作内容和职责范围。

知识链接 7-1

工作说明书编写要求

工作说明书在组织管理中的地位极为重要，是人力资源部门与相关用人部门招聘人员和考核等重要决策和参考依据。一份实用性强的工作说明书应符合下列要求。

1. 清晰明白

在编写工作说明书时，对于工作的描述必须清晰透彻，让任职人员读过以后，可以准确地明白其工作内容、工作程序与工作要求等，无须再询问他人或查看其他说明材料。应避免使用原则性的评价，同时对较专业且难懂的词语必须解释清楚，以免在理解上产生误差。这样做的目的是让使用工作说明书的人能够清楚地理解这些职责。

2. 具体细致

在说明工作的种类、复杂程度，任职者须具备的技能，任职者对工作各方面应负责任的程度这些问题时，用词上应尽量选用一些具体的动词，尽量使用能够准确地表达其意思的词语。

比如运用"安装""加工""设计"等词语，避免使用笼统含糊的语言，如在一个岗位的职责描述上，使用了"处理文件"这样的语句，显然有些含混不清，"处理"是什么意思呢？因此，在具体编写时，需要仔细区分到底是对文件进行分类，还是进行分发。通过使用具体的词语，指出工作的种类、复杂程度，需要任职者具备的具体技能和技巧，以及应承担的具体责任范围等。

3. 简明扼要

整个工作说明书必须简明扼要，以免过于复杂、庞大，不便于记忆。在描述一个岗位的职责时，应该选取主要的职责进行描述，一般不超过十项为宜，对于兼顾职责的可作出必要的补充或说明。

（四）工作说明书的范例

以下为某物流企业仓库管理员的工作说明书（表 7-3）。

表 7-3 某物流企业仓库管理员的工作说明书

职位名称	仓库管理员	职位代码		所属部门	物流中心
职 系		职等职级		直属上级	仓储主管
薪金标准		填写日期		核准人	

职位概要：
　　完成与货物的进出库、存储相关的日常事务等工作，以达到库存管理目标。

工作内容：
　　●管理进出库货物，如质量检验与核对、商品码放等。
　　●核对货物的入库凭证，清点入库货物，与送货员办理交接手续。
　　●安排货物的存放地点，登记保管账和货位编号。
　　●按照销售情况调整、控制库存数量，及时配货。
　　●填制、报送各种商品单据，定期盘点商品，上报盘点报告。
　　●实施仓库的安全管理。
　　●完成上级交办的其他工作。

任职资格：
　　教育背景：
　　◆储运专业大专以上学历。
　　培训经历：
　　◆受过仓储管理、财会知识、产品知识等方面的培训。
　　经验：
　　◆1年以上仓储工作经验。
　　技能技巧：
　　◆熟悉物流管理业务流程。
　　◆熟练操作办公机具。
　　态度：
　　◆积极进取，责任心强。
　　◆很强的自我约束力，独立工作和承受压力的能力。
　　◆高度的工作热情，良好的团队合作精神。

续表

工作条件：
工作场所：办公室。
环境状况：舒适。
危险性：基本无危险，无职业病危险（如属于易燃易爆有毒物品仓库，有一定的危险性等）。

直接下属	间接下属
晋升方向	轮转岗位

任务二　物流企业员工管理

一、物流企业员工的招聘

在进行招聘之前，首先要明确各个岗位对人员的要求。

（一）对物流岗位的要求

1. 知识技能水平

物流人员除了必须拥有基本职业道德、学习能力和有良好的文化素质及心理素质外，对不同层次的物流行业专业人才也有不同的知识和技能方面要求（表7-4）。

表7-4　不同层面的物流人才知识结构水平

层次	相关知识	专业技能要求
高级物流人才	现代经济贸易、国际通关知识和物流系统化管理理论	通晓外语、掌握现代网络信息技术，能从事物流软件开发并进行物流规划设计
中级物流人才	仓储和运输管理、营销与组织管理、进出口贸易业务流程、电子商务、商品配送和成本核算等相关知识	保障物流运作的顺利进行、改进物流运作流程、控制物流成本
基层物流员工	物流业务活动基础知识，如物流标准术语、物流基础英语、物流系统和安全管理基本知识	具有现代物流服务理念，能利用现代专业化物流设备、设施对货物装卸、运输、配送、代理等业务流程熟练进行操作

针对物流管理人员，还要有分析问题、解决问题和组织管理的才能。具备严谨周密的思维方式、团队合作和奉献精神、信息技术的学习和应用能力、异常事故和应急作业的处理能力、物流质量的持续改进能力。

2. 教育水平

在物流企业中，担任企业中高层重要岗位的管理者一般都具有多年的物流行业从业经验。由于我国物流教育起步较晚，因此，他们虽拥有较长时间的物流工作经验，却很少接受过系统正规的物流专业理论方面的学习，随着全球一体化和信息技术水平的提高，以及我国在物流人才教育培养方面的投入，对物流人员的教育水平将会有更高的要求，未来物流人才岗位层次与教育水平的匹配将有可能出现下面趋势，如图7-2所示。

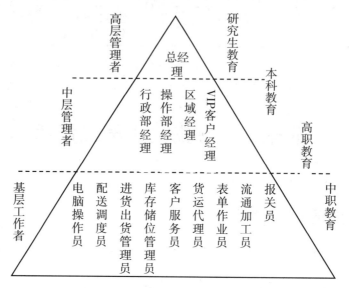

图7-2 岗位层次与教育水平匹配

（二）人员招聘的方式

由于物流人才需求具有层次性，加之优秀物流人才缺乏的现实状况，物流企业招聘人才形式不可单一，对不同层次的物流人才需求，要采用不同的招聘形式，一般来讲，主要包括以下两种形式。

1. 外部招聘

外部招聘就是物流企业根据先前制定的标准和程序，从企业外部选拔符合空缺职位要求的员工。具体招聘方式有广告媒介、院校预定、人才交流、猎头公司招聘、互联网招聘等。

物流企业中一般员工的招募录用多是通过人才招聘会进行的。物流企业某些关键性职位需要稀缺性人才时，现有员工可能不具备胜任空缺职位所需要的知识、经验，物流企业就有必要利用各种人才中介机构，甚至猎头公司推荐。有的物流企业与大学建立稳定、持续发展关系，培养关键性岗位人才，为企业储备各个层次的下一代领导者。例如，宝供物流就设立了"宝供奖学金"用以奖励那些在学校中对物流作出突出贡献的学生，让物流专业的学生定期到企业实习，为企业将来的人才资源引进打下基础。

2. 内部招聘

内部招聘是指物流企业内部员工的能力和素质得到充分确认之后，被委以比原来责任更大、职位更高的职务，以填补企业中由于发展或其他原因而空缺了的管理职务。具体招聘方式有提拔晋升、工作调换、工作轮换、人员重聘等。

外部招聘和内部招聘两种招聘方式的优劣比较如表 7-5 所示。

表 7-5　两种招聘方式的优劣比较

招聘方式	外部招聘	内部招聘
优势	1. 具备难得的外部竞争优势。 2. 有利于平息并缓和内部竞争者之间的紧张关系。 3. 能够为组织输送新鲜血液。	1. 有利于调动员工的工作积极性。 2. 有利于吸引外部人才。 3. 有利于保证选聘工作的正确性。 4. 有利于被聘者迅速开展工作
劣势	1. 外聘者对组织缺乏深入了解。 2. 组织对外聘者缺乏了解。 3. 对内部员工积极性造成打击等	1. 可能会导致组织内部"近亲繁殖"现象的发生。 2. 可能会引起同事之间的矛盾等

（三）知名物流企业的招聘实例

1. UPS 的人才招聘

企业文化，是 UPS 选择人才的基点。招聘时，UPS 尤其看重应聘者是否具有诚实正直的品格和团队合作精神。它认为，知识不够可以在实践中学习，而品格和个性是文凭无法取代的。UPS 喜欢工作态度积极的人，然后才是评析他的经历、团队精神、灵活性（愿意从事不同的工作）。UPS 核心管理层认为，如果候选人缺乏团队精神，即便是受过很好的教育，并且人很聪明，也不会被 UPS 录用。因为这些人尽管自身能力很强，但无法取得较好的业绩，最终将会被企业淘汰。为了找到真正能够与组织特征相匹配的人选，UPS 设计了严格的招聘程序，每个新人必须通过"目测""心测"关、试用关和行为科学测试关，这为稳定雇佣关系的形成以及组织对员工的长期投资打下了良好基础。同时，UPS 倡导内部晋升，鼓励员工与企业共同成长。UPS 的部分高级管理人员是从货运司机等一线岗位提拔上来的。在 UPS，员工被鼓励从事不同部门的工作，拓宽视野，以便将来承担重任。员工们感受到，UPS 提供给他们的不仅仅是一份工作，更是一份可以长期发展的事业。

当然，企业也会为员工提供适合的职位和适当的工作氛围。在录用员工时，企业会广泛了解员工对工作的期望，尽量满足员工的工作意愿，给他们提供适宜的工作。真正做到人尽其职，才尽其用。

2. FedEx 的人才招聘

FedEx 从最初的招聘环节就开始紧抓人力资源的质量了。企业招聘时，非常注重应聘者的服务意识，看看该应聘者是否真正适应 FedEx 的企业文化。因此，在招聘过程中，应聘者除了要通过一般的技能考核之外，还会接受心理和性格方面的测试。此外，员工的个性与工作态度也很可能直接影响到他在企业未来的发展。

3. 宝供物流的人才招聘

宝供物流作为国内知名的第三方物流企业，自企业成立以来便坚持广纳贤才，吸引从业时间长，以及在家电、快速消费品、零售行业等积累了丰富行业物流经验的管理人才。宝供物流非常重视从校园招聘应届毕业生,要求毕业生品学兼优、身体健康、热爱物流行业、对物流行业有一定的了解,并致力于在物流行业发展,积极乐观、吃苦耐劳、愿意从基层做起,能服从全国范围内的工作地点安排或工作调动(通常是录用后统一安排于广州参加培训与轮岗见习,三个月后被安排在广东、上海、合肥、苏州、南京、沈阳、北京、成都、西安等地定岗)。

宝供物流的需求方向与招聘专业如表7-6所示。

表7-6 宝供物流校园招聘的方向与专业

需求方向	招聘专业
运作管理类(仓储/运输)	物流管理、物流工程、工业工程、交通运输、工商管理等物流方向专业
销售类	物流管理、市场营销、工商管理等专业
信息管理类	计算机科学与技术、信息管理、计算机应用、电子商务等专业
物流投资管理类	经济学等相关专业
其他管理类	工商管理、财务管理、企业管理、人力资源管理等相关专业

备注:条件优秀者专业限制可放宽

校园招聘流程:

校园宣讲会→现场笔试→小组面试→一对一面试→通知录用→签署协议

宝供物流的宣讲会是播放约35分钟的视频,包含企业文化、企业发展、培训情况、招聘流程等的介绍。宣讲结束后应聘者填写申请表,然后马上进行一个小时的笔试。考题分为行政能力测试、智力测试、写作三个部分。

如果笔试通过,就进入小组面试。小组面试是以小组讨论的形式进行,人数多达15人。面试题目是关于客户服务的案例分析。大约40分钟的小组讨论结束后,HR基本就可以确定拟录取对象。小组面试通过后进行的是一对一面试,通过的话就会收到录用通知,最后签署协议。

4. 马士基的人才招聘

马士基的人才招聘流程共有4轮,具体内容如下。

第一轮是笔试,先是情商测试,不限时间,主要是别人对自己的评价和自己对别人的评价;然后是10分钟50道题的智商测试。

第二轮是中译英和英译中的两篇短文测试,限时30分钟,然后是部门主管用英文面试,大概15分钟。

第三轮是部门经理面试,主要是用英文问一些问题,大概15分钟。

第四轮是人力资源主管面试,先填一份入职审批表,然后用中文问一些问题,大概30分钟。

知识链接 7-2

物流管理人员的聘用要求

物流企业的管理人员可分为高层管理人员、中层管理人员和基层管理人员,对不同层次的人员有不同的聘用标准,表 7-7 是对物流管理人员的聘用基本要求。

表 7-7 物流管理人员的聘用基本要求

结构层次	知识能力要求
高层管理人员	一般通晓外语、现代经济贸易和物流系统化管理理论,掌握现代网络信息技术,能从事物流软件开发并进行物流规划设计
中层管理人员	应掌握传统的储存和运输管理、营销与组织管理等知识和技能,此外还应重点掌握进出口贸易业务流程、电子商务、商品配送和成本核算等相关知识和操作方法
基层管理人员	应具有现代物流服务理念,能利用现代专业化物流设备、设施对货物装卸、运输、配送、代理等业务流程进行熟练操作

二、物流企业员工培训与开发

物流企业应本着全员培训和重点培训相结合的原则,采用重点培训的策略,优先培训最关键、最急需的人才。从物流长远发展来看,我国物流企业在培训一线员工的业务技能以适应高增长的运量需求的同时,尤其要重视对管理人员进行培训。

(一)确定培训目标

企业进行培训的最终目标是增强核心竞争力。作为培训工作开展的第一步,培训目标的确立应从物流企业员工特点入手,针对企业文化与市场竞争态势,并配合企业发展战略决策和员工职业发展需求(表 7-8)。

表 7-8 物流企业培训目标

管理层次及岗位	培训的目标
操作人员	了解物流行业的基本知识,掌握本岗位职责和作业所需的技能和技巧;较强的责任心和团队协作意识
初级管理人员	了解物流行业的基本知识,掌握本岗位职责和作业所需的技能和技巧;具有相当的专业技术和专业知识;具有一定的创造能力和进取精神
中级管理人员	具有较丰富的物流专业知识和专业技能,能从自己负责的部门工作全局着想,顾及各部门之间的协调合作;具备营销能力和独当一面、处理应急事件的能力
高层管理人员	了解国内外物流行业的发展现状和先进理念、技术;能对物流企业的发展战略或货代企业的物流发展提出针对性的建议;具有全局观和领导能力;具备开发系统思考和开拓创新的能力

（二）物流企业的培训计划

1. 关键能力的培训

由于物流企业对管理岗位的能力结构有特殊要求，对员工的能力要求是多方面的，除了外语和经贸等专业能力外，团体和合作性的工作成为组织结构的突出特点。执行层工作人员特别需要具备承担责任、独立工作和自主决策的能力。现代物流人才的培养要注重这种能力结构的变化。

2. 加强对员工基础知识和广度知识的培训

增加员工的基础知识和广度知识可以提高员工的服务质量，如当客户、货主向员工询问有关货物、价格等问题时，员工就可以给客户提供全面、细致的答复，从而令客户满意；可以增强员工处理问题的能力，如当一线员工直接和客户、货主打交道时，便能及时发现问题进而提出创造性的解决办法，而对管理人员而言，更能依据形势及商业信息迅速捕捉货源并采取有效的营销手段。

3. 重视对管理人员的培训

物流企业应本着全员培训和重点培训相结合的原则，既要实施全员培训，提高全体员工的知识素养，保证企业以最大的速度发展；又要根据战略发展的需要，优先培训最关键、最急需的人才，在大力培训一线员工的业务技能以适应高增长的运量需求的同时，重点加强对管理人员的培训。

（三）物流人力资源的培训内容

物流人力资源的培训内容十分广泛，具体包括如下内容。

（1）运输、保管、装卸、配送系统、库存系统、集装系统等物流基本活动和物流基本管理方面的知识。课程有物流基础、物流管理等。

（2）相关法律、物流机械、运费制度等知识。课程有经济法、公路运输条例等。

（3）物流信息处理、物流组织结构、生产和销售结构、本企业商品特性等有助于提高物流效率的知识。课程有物流信息系统、企业物流管理、物流管理组织、市场营销等。

（4）为推进物流合理化和提高物流战略地位所需的物流成本分析、物流系统设计、物流战略规划等方面的知识。课程有物流系统工程、国际物流、物流成本管理、物流战略策划等。

（四）培训效果评估

培训效果评估是对培训进行评价，它依据培训目标，对培训对象和培训本身作出价值判断。最常用的培训效果评估模式是由威斯康星大学的柯克帕特里克教授提出来的，故这种评估模式被称为"柯氏模式"。物流企业培训效果评估有四个不同层次的内容，具体见表7-9。

（五）知名物流企业的员工培训

1. TNT的培训

世界四大快递公司之一的TNT与上海交通大学安泰经济与管理学院合作创立了TNT中

国大学,有针对性地对员工进行培训。课程不仅仅是物流知识,还包括一些管理、客服、销售、绩效管理等方面的专业技能。通过这些培训,让没有经验的员工更快地进入岗位角色。此外,根据企业业务和客户的需求,TNT大学每一年都会有新的课程产生。同时,随着员工数量的增长,每年也会增加参与培训的人次。

表7-9 物流企业培训效果评估

层次	标准	物流企业培训效果评估实例
1	反应	例如,利用访谈法、问卷调查法测定,受训者是否喜欢此次培训,培训师是否出色,此次培训是否有帮助等
2	学习	书面测试、操作测试、情景模拟等方法可以测定受训者是否掌握了更多物流知识和物流岗位操作技能等
3	行为	通过上级、同事、下级、客户等对受训者的业绩进行评估,如主动性是否增强,员工是否可以提供给客户全面、细致的物流服务等
4	结果	通过送货出错率、运输里程率、销售量、利润、成本、员工流动率等进行测定,衡量物流企业绩效是否发生变化

2. UPS 的培训

UPS 视人为最有价值的资产,关心员工的发展和进步,一直在为员工提供培训计划,不惜花费重金为员工培训。UPS 每年投入培训的费用达 3.5 亿美元,从运货司机安全驾驶到职业规划再到领袖培训一应俱全。既关心企业的效率提升,又强调员工的职业成长,员工不断获得新的知识,激发出旺盛的工作动力。在 UPS,员工工作时间越久得到的就越多,UPS 给每个员工进步和发展的机会。从 2001 年开始,UPS 和新加坡经济发展局合作,把在中国招募到的优秀人才派往新加坡留学,学习物流以及物流工程技术。毕业以后这些人才将被送回中国,参与 UPS 在中国的业务发展。

3. FedEx 的培训

FedEx 很注重对员工的培养,每个岗位都制订了一个培训计划。对于新的一线递送员和客服人员来说,FedEx 不仅会对他们进行专业技能培训,还会对他们进行管理素质培养,并告诉他们如何做人、如何与他人沟通,让员工理解企业文化,了解自己未来的发展,并提供了许多成功的范例给予仿效。在 FedEx,每个递送员在正式投入工作之前会进行 40 个小时的课堂培训,主要目的是让他们了解整个服务流程,以及怎样满足客户的需求。

除此之外,FedEx 每年还给予每个员工 2500 美金的学习津贴,员工们利用这一津贴去获得新知识、提高自己的能力。每年 FedEx 花费在员工培训方面的费用大约 2 亿美金,FedEx 因此成为全球在培训方面投入较大的企业。以中国分公司为例,其制订了详细的经理培训计划,每年大概有 15 名一线员工会获得为期 15 个月的培训。在这 15 个月内他们需要在不同的岗位上开展工作,以此来全面了解整个企业的业务流程。同时,中国分公司还为他们提供很多课堂培训,使他们不仅具备实际工作经验,还掌握一定的理论基础。此外,中国分公司还把员工送到不同的国家进行培训,比如美国、新加坡等,使他们具备一定的国际视野。

4. 宅急送的培训

宅急送有这样一句话:培训是最大的福利。该企业设立了专门的"人才讲习所",每年每个员工至少会接受1~2次培训;由于物流行业员工分散,宅急送用专用"大篷车"将培训教师送到一线;对管理层,宅急送设计了从实践到理论针对性极强的一系列培训课程,高级管理者还会被送到高校学习现代物流与管理课程,全力提升企业整体人力资源管理水平。

三、物流企业员工绩效考评

(一)绩效考评概述

企业通过绩效考评可以获得员工工作的真实信息,通过沟通反馈改善绩效水平,提高员工素质,同时考核信息也为企业人事管理决策提供了重要依据。企业具有层级性,不同层级员工因其岗位职责、知识技能的不同,为企业创造的价值也会不同,因此,宜采用不同的考核办法以达到激励员工的目的,如表7-10所示。

表7-10 不同层级员工绩效考评权重

员工层级	考核内容	权重(%)
高层管理人员	财务改进	50
	业绩改进	30
	能力素质	20
中层管理人员	业绩测评	70
	综合素质	20
	满意度	10
普通员工	上级考评	60
	部门内其他员工	40

高层管理人员所作出的决策正确与否直接影响到企业的发展。目前,对该层级的绩效考评更多的是从财务指标进行考核,涉及股东回报率、净资产收益率、利润等指标。也就是说,对高层管理人员的考核更多地注重与企业运营相关的指标。此外,影响这些可量化的目标达成的影响因素还包括高层管理者的能力和素质,如管理能力、领导能力、决策力等。

中层管理人员位于高层管理人员和普通员工之间,贯彻高层管理人员的命令、指示计划,对普通员工布置工作任务。业绩考核是考核中层管理人员的重要方面,如物流企业的销售部门,作为向客户直接销售物流服务产品的部门,销售经理需要对采用何种销售渠道、针对不同客户提供何种物流方案作出正确的选择。

对普通员工来说,主要考核的是任务完成情况,如货物安全送达率、正点运输率等行为层的考核,另外,还有态度(积极性、协作性、纪律性)、能力(学习能力、理解力、开拓能力)等方面的考核。通常都是由上级和部门内部其他成员来共同考核这一层级员工的绩效水平。

(二)绩效考评的方法

绩效考评的方法很多,常用的有平衡计分卡、360度绩效考核、关键绩效指标考核法、目标管理等,管理者可以根据组织的实际情况灵活运用。这里仅介绍平衡计分卡。

平衡计分卡(the balanced score card,BSC)是一种将传统的财务指标分析与非财务指标分析相结合来评价组织绩效的方法,它从财务、学习与发展、内部管理(或流程),以及客户四个方面来评价企业,它平衡了财务指标和非财务指标、平衡了短期指标和长期指标、平衡了多方利益团体的利益。

如图7-3所示,以物流企业调度人员为例,说明平衡计分卡的应用。调度人员绩效考评模型及指标详细说明如下。

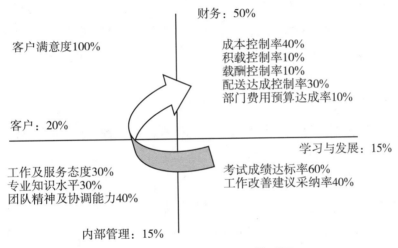

图7-3 调度人员绩效考评模型图

1. 财务指标

(1)成本控制率。该指标是指某考核期内标准成本率与当月成本率的比值。此处所指的当月成本率指某考核期内总运费与总物流收入的比值。一般以月为考核期。在年度预算中,各月的标准成本率都有规定。当此指标数值小于0.9时,该项指标不得分。

$$成本控制率 = 标准成本率 / 当月成本率$$

指标计算者:此指标由调度经理助理计算。

(2)积载控制率。该指标是指某考核日的当日积载率与标准积载率的比值。这里的当日积载率指某一天所配送货物的体积与配送该批货物所用车辆容积之和的比值。在预算中有标准积载率的规定。该指标小于0.8时,该指标不得分。以每月的日平均数作为考核依据。

$$积载控制率 = 当日积载率 / 标准积载率$$

指标计算者:此指标由调度经理助理计算。

(3)载酬控制率。该指标是指某考核日的当日载酬率与标准载酬率的比值。这里的当日载酬率指每一天所用车辆出车的总体积与所出车次的比值。在预算中有标准载酬率的规定。该指标小于 0.8 时,该指标不得分。以每月的日平均数作为考核依据。

$$载酬控制率 = 当日载酬率 / 标准载酬率$$

指标计算者:此指标由调度经理助理计算。

(4)配送达成控制率。该指标是某考核期内配送达成率与标准配送达成率的比值。这里的配送达成率指每天配送的出货单数与需要配送的出货单总数的比值。在年度预算中,各月的标准配送达成率都有规定。该指标小于 0.8 时,该指标不得分。以每月的日平均数作为考核依据。

$$配送达成控制率 = 配送达成率 / 标准配送达成率$$

指标计算者:此指标由调度经理助理计算。

(5)部门费用预算达成率。此指标是指某考核期内该部门所花实际费用与该部门费用预算的比值。该部门所花实际费用由财务处统计提供,该部门费用预算在年度预算中有所体现。

$$部门费用预算达成率 = 考核期部门费用 / 考核期部门费用预算$$

指标计算者:此指标由各部门主管助理从财务人员处获取年度预算及考核期内部门总费用及明细后计算。

2. 学习与发展的指标

(1)考试成绩达标率。每月企业要进行内部标准作业流程考试,由人力资源部组织出题、考试、评分。以考核期内的平均值作为考核依据。

$$考试成绩达标率 = 实际考试成绩 / 试卷总分$$

指标计算者:此指标由人力资源部相关人员计算。

(2)工作改善建议采纳率。由于物流企业是严格要求流程的企业,因而标准作业流程的合理性、可行性、全面性都对企业的工作起到至关重要的影响。因而员工可以提出标准作业流程的改善建议给部门主管,部门主管再找相关人员进行讨论是否可行。只要有一条被采纳将获得此项考核的全部分值。最高上限不超过此分值的两倍。

工作改善建议采纳率的得分原则:没有采纳不得分,只要有一项被采纳得满分,三项被采纳得满分的两倍分值。

指标计算者:此指标由各部门主管助理从主管处获取信息后计算。

3. 内部管理指标

内部管理指标由工作及服务态度、专业知识水平、团队精神及协调能力三个方面的评分构成,满分为 100 分。本部门同事(约占部门人员 20%)、主管及工作关联部门的员工(由人力资源部指定)根据相关表格共同进行评价。

$$内部管理指标得分 = 最后得分 / 调查表满分$$

指标计算者:此考核由人力资源部组织,各部门主管指定人员配合,考核指标的数值由人力资源部统计计算。

4. 客户指标

客户指标的主要考核内容是客户满意度。客户在配送过程中如果发现出货资料异常等情况,一方面通过客服进行处理,有时也直接找调度人员进行联系。因而调度人员的服务也直接影响着客户对企业的印象。人力资源部与相关部门共同制定《客户满意度调查表》,每月由人力资源部同该部门主管协商从企业客户名单中的抽取一定数量的客户将《客户满意度调查表》分发给这些客户进行调查并回收问卷进行统计,然后将统计结果送交相关部门以备存。最后将所有客户的平均分作为该项考核指标的得分。

$$客户满意度 = 平均分 / 一份问卷的满分$$

指标计算者:此考核由人力资源部组织并计算。

5. 考评体系分值的确定

此绩效考评体系的满分为 100 分。具体计算公式如下。

$$考核指标所负担的满分值 =100 \times 考核维度所占权重 \times 考核指标在该维度中所占权重$$

$$考核指标实际得分 = 考核指标所负担的满分值 \times 考核指标数值$$

6. 考评周期及执行者

考评周期:每月一次。

执行者:由各部门主管助理从相关数据的提供者处获取数据并计算考评得分后送交人力资源部。人力资源部就某个岗位的绩效考核维度进行抽查,并形成对该部门主管助理的考核得分。

小思考 7-3

物流业需要什么样的人才?

答:成为一名合格的物流人员,除了必备的专业知识和一定技能外,还需要具备以下能力。

(1)要具备勇于开拓、敢于创新的能力。物流业是一个新兴行业,一些制度和做法尚不成熟。这要求物流人员善于总结经验,理论联系实际,勇于创新。

(2)要具有系统思考问题的能力。物流系统是一种综合性管理体系,涉及方方面面的因素很多,它们之间互相牵制,存在效益背反的关系。这要求物流人员眼光不能囿于局部,而必须具有全局的眼光,学会系统思考问题。

(3)要具备理解和分析信息系统的能力。当今物流业高速发展,信息系统已成为物流系统中必不可少的重要组成部分。各种物流活动过程中都夹杂着或多或少的信息,它对物流作业的运作起着支持、保障和实时监控的作用。这要求物流人员必须具备一定的信息系统分析能力,要从整体上理解信息系统内部处理流程和数据之间的关系,只有这样,才能真正、全面、有效地理解整个物流系统的运作过程。

(资料来源:张毅. 现代物流管理 [M]. 上海:上海人民出版社,2003.)

基本训练

知识题

1. 物流企业人力资源管理的含义？
2. 简述物流企业人力资源需求的预测方法。
3. 什么叫工作分析？工作分析包括哪些内容？
4. 工作说明书包括哪些内容？
5. 物流企业人员招聘有哪些要求？
6. 物流企业人员培训的内容有哪些？
7. 何谓平衡计分卡？

判断题

1. 物流企业的人力资源规划必须同企业的战略目标联系起来。（   ）
2. 工作分析的结果就是形成工作说明书。（   ）
3. 不管什么岗位，物流企业都应该招聘高学历、高职称的人才。（   ）
4. 制订培训计划首先要确定培训目标。（   ）
5. 对物流企业高层管理人员来说，主要考核的是任务完成情况。（   ）

选择题

1. 根据有关人员的经验，结合本企业的特点进行人才需求预测，这是（   ）。
   A. 经验估计法　　　　　B. 比例趋势分析法　　　　C. 工作研究预测法
2. 工作规范中将从事某项工作所需的观察力、组织能力、沟通能力等作为（   ）。
   A. 一般要求　　　　　B. 生理要求　　　　C. 心理要求　　　　D. 特殊要求
3. 工作分析过程中有时要选择典型职位，典型职位应该（   ）。
   A. 该职位对企业比较重要　　　　　　B. 该职位经常发生变化
   C. 能代表更多类似的职位　　　　　　D. 该职位比较稳定
4. 物流企业内部招聘的方式有（   ）。
   A. 提拔晋升　　　　　B. 猎头公司招聘　　　　C. 工作调换　　　　D. 工作轮换
5. 工作改善建议采纳率属于平衡计分卡中的哪个指标？（   ）
   A. 财务指标　　　　　B. 学习与发展指标　　　　C. 内部管理指标　　　　D. 客户指标

技能题

1. 查阅资料，写一篇约 1000 字的关于物流企业人力资源管理的体会。
   实训目的：要求学生掌握物流企业人力资源管理的知识。培养学生发现问题并提出建设性意见的能力。

实训要求：认真思考，结合所学知识，能就其中某个方面的问题提出自己的看法。

2.实地考察一家物流企业，深入了解企业的某一个工作岗位，编写一份该岗位的工作说明书。

实训目的：通过实地调查熟知该工作岗位的工作内容和任职资格，通过编写工作说明书，掌握工作说明书的编写要求、步骤和内容。

实训要求：仔细观察，虚心求教，认真听讲解；结合所学知识。

案例分析

某物流集团有限公司的人力资源管理

某物流集团有限公司是一家集铁路、公路、水运、航空运输方式于一体的全国性综合物流国有大型企业。该公司实行现代企业制度规范经营、科学管理，以开辟物流产业为主导，以发展第三方物流为方向，依托铁路运输网络优势在各地建立一系列货物集散、储运、配送中心，通过向客户提供物流、信息流的一体化解决方案，提高客户供应链系统效率，全面满足客户需要。

该公司总部设在北京，拥有辐射全国的网络优势，在国内有26个专业子公司、省市子公司，108家独立法人单位，138家合营企业；在海外有5个代表处，37家独资、合资企业，员工2.7万人。

在实施人力资源管理系统前，该公司的人力资源管理主要分为员工信息、合同管理、薪酬保险管理几大职能。在员工信息及合同管理方面，该集团总公司需要管理总公司员工以及各个下级单位副总级以上人员；各个下级单位单独管理本单位其他人员信息。在薪酬保险管理方面，该集团总公司人力资源部制定标准（应发金额），由集团总公司财务部计算总公司员工的薪酬（实发金额）并发放；各个下级单位依据集团总公司制定并审批的薪酬总额，单独管理本单位的薪酬计算与发放。该集团总公司及各个下级单位曾经或正在分别使用一些不同的人事软件。目前，在该集团总公司与人力资源系统密切相关的其他系统主要有考勤管理系统、原人事管理软件系统、护照签证管理系统，以及其他外部的数据处理系统。

随着竞争的加剧、管理模式的发展，以及人事信息管理和追踪变得日趋复杂和烦琐，使该公司的人力资源管理陷入困境。有效地发展和保留人力资源需要人力资源部能了解员工的所有信息，包括工作积极性、事业规划、继任者、业绩评估和培训等。传统的人事管理流程使该公司人力资源部需要花费大量的时间处理人事信息数据，而仅剩少量的时间可专注于人力资源的发展和规划。管理层对人事薪资管理的报表要求较高，不时会对人力资源部提出各种各样的报表要求，但由于传统的系统并不能提供一个强大的报表设计工具，因此使得人力资源部非常被动，即使在IT部门的帮助下，也往往不能及时地拿出令管理层满意的报表。另外人力资源部往往会花费很多时间来回答员工各种各样的问题，如薪资、假期等与员工密切相关的问题，每次接到这样的电话，人力资源部工作人员不得不放下手中的工作，进入系统中为员工查询相关信息。该系统并不能提供给员工一个所谓的自助服务功能，即能够提供一个友好的操作界面，让员工能自己查询甚至修改某些相关信息。人力资源部工作人员感到压力越来越大，尽快提升工作效率和水平就成为人力资源管理最迫切的要求，因此该公司决定选择一套最适合的人力资源管理系统来全面提高人力资源管理水平。

问题：

1. 该公司的人力资源管理存在哪些问题？
2. 在传统的管理模式下和现代化的企业管理模式下,人力资源管理有哪些不同？

实训项目：物流企业人力资源管理

一、实训目的

(1) 能够制定物流企业的人力资源规划。

(2) 能够对物流岗位进行工作分析。

(3) 熟悉物流企业的人员招聘程序和要求。

(4) 能够编制物流企业的人员培训计划。

(5) 能够设计物流企业员工绩效考评的方法。

二、实训内容

(1) 实地考察某一家物流企业,深入了解该企业的人力资源管理。

(2) 分析企业的人力需求和供给状况,为该企业制定人力资源规划。

(3) 确定人员招聘的要求和程序,通过角色扮演,模拟企业的人员招聘过程。

(4) 针对企业某个岗位进行工作分析,并编写工作说明书。

(5) 根据企业的实际情况,用平衡计分卡进行绩效考评。

(6) 为该物流企业制订一份本年度的员工培训计划。

三、实训要求

(1) 5～6人为一组,进行合理分工,每人应有明确任务。

(2) 认真考察企业,熟悉其人力资源管理的制度、方法和手段。

(3) 认真完成角色扮演等实训内容并撰写实训报告。

(4) 实训报告完成后设置课堂讨论课,引导学生相互交流实训经验。

四、注意事项

(1) 人力资源管理涉及内容多,要注意组内的分工协作。

(2) 虚心向企业工作人员学习请教。

(3) 在企业期间遵守各项规章制度,注意劳动安全。

项目八　智慧物流企业的财务运作

- **思政目标**
◎节约成本。

- **知识目标**
◎了解财务运作的含义和内容。
◎掌握筹资概念、筹资渠道和方式。
◎掌握投资概念和种类。
◎掌握筹资决策和投资决策分析方法。
◎了解物流企业财务分析的依据。
◎熟悉财务分析的各种指标。
◎掌握财务分析的方法。

- **技能目标**
◎能分析筹资方案的可行性。
◎运用投资决策方法参与投资决策。
◎了解财务分析方法,看懂财务分析报告。

 引例

某物流企业开展货权质押业务合作

某物流企业与光大银行签订了"总对总合作协议",双方将在货(动产)质押授信、仓单质押、买方信贷、开证监管等方面开展全国性的业务合作。据悉,近年来,光大银行下大力气对贸易融资产品进行优化和整合,并于近期推出了"阳光供应链"品牌,为客户的结算及融资业务提供全方位的解决方案。未来光大的货权质押业务将主要与某物流企业合作展开。

"物流企业+银行"的供应链金融模式在中国尚不多见,但已吸引众多行业巨头。除 UPS 外,中国物资储运公司、DHL、宅急送,甚至花旗银行等金融企业均期望在物流金融领域有所作为。"物流+资金流"模式的商业前景,虽为众物流企业所见,但是从目前来看,国内物流企业还难以从中分得"一杯羹"。近些年来,虽然中国的中小物流企业取得了很大的发展,但与大型物流企业相比,产业进入时间晚,其本身仍有许多不利因素,具体表现在以下几个方面。

一是财务制度不健全,企业信息透明度差,导致其资信不高。据调查,中国中小企业50%以上的财务管理不健全,许多中小企业缺乏足够的经财务审计机构承认的财务报表和良好的连续经营记录。另据有关调查,中国中小企业60%以上信用等级是3B或3B以下,而为了规避风险,银行新增贷款的80%都集中在3A和2A类企业。

二是中小物流企业缺乏可用于担保抵押的财产。中小物流企业的资产负债率一般都较高,大部分财产都已抵押,导致申请新贷款抵押物不足。

三是一些中小物流企业管理水平和经营者素质较低,信用意识淡薄,当经营出现困难时,不是在改变产品结构、加强经营管理、开辟市场上下功夫,而是指望拖欠贷款利息,这不仅给金融机构信贷资金安全造成很大的威胁,而且极大地降低了企业的信誉度。

这一案例表明:筹资渠道和方式有很多,但适用于中小型民营物流企业的却很少。原因在于中小物流企业财务运作与管理方面存在诸多问题。但国内的大型企业可与银行合作解决资金困难,如新推出的"物流企业+银行"的供应链金融模式。

物流企业财务运作是指在特定财务环境制约下,物流企业选择一定财务体制,遵循一定原则,运用一定财务操作手段和方法以实现既定财务目标的一系列财务行为的总和。财务运作是一系列财务行为的总称,可分为投资运作、筹资运作、分配运作等。

任务一 物流企业筹资管理

在物流企业发展过程中,需要不断地从内部和外部筹措物流企业所需要的资金。筹资管理是物流企业根据经营需要,通过一定的渠道,运用筹资方式经济有效地筹集资金的财务行为。其目的是满足物流企业资金需求,降低资金成本,减少相关风险。

一、物流企业筹资渠道与方式

(一)物流企业筹资渠道

物流企业筹资渠道是指筹措资金来源的方向与途径,体现着资金的源泉和流量。物流企业主要有以下几种筹资渠道。

1.国家财政资金

通过直接向物流企业投入形成所有者权益和以银行贷款的方式向物流企业投入形成物流企业的负债,具有利率低、使用时间长的特点。

2.银行贷款

银行信贷资金是各类物流企业筹资的重要来源。银行贷款方式灵活多样,可以适应各类物流企业债务资金的需要。

3.非银行金融机构资金

非银行金融机构资金包括信托投资公司、保险公司、证券公司、租赁公司、企业集团的投资基金等。它们所提供的各种金融服务,包括信贷资金投入、物资融通及为物流企业承销证券等。

4. 其他企业资金

其他企业资金主要是物流企业与其他企业之间相互投资的资金及在购销业务中通过物流企业的商业信誉取得的资金占用,如赊销等。

5. 居民个人资金

通过向社会公众发行股票或债券的方式吸引居民的个人闲散资金。个人资金可对物流企业进行投资,从而形成物流企业的资金来源。

6. 物流企业内部形成的资金

物流企业内部形成的资金是指资本公积金、盈余公积金和企业未分配利润的方式在物流企业内部形成的资金。这是物流企业内部形成的筹资渠道,无须通过一定的方式筹集,在物流企业内部转移即可。

(二)物流企业筹资方式

筹资方式是指筹措资金时所采取的具体方法和形式,体现着资金的属性。物流企业筹资方式主要有以下几种方式。

1. 吸引直接投资

直接投资是指物流企业在物流活动过程中,投资者或发起人直接投入物流企业的资金。这部分资金一经投入,便构成物流企业的资本金。该筹资方式是非股份制物流企业筹集权益资本的重要方式。

2. 发行股票筹资

发行股票筹资是物流股份公司按照物流企业章程依法发售股票筹资形成物流企业股本的一种方式。这种方式以股票为媒介,仅适用于股份制物流企业,是物流股份公司取得权益资金的基本方式。股票具有无期限性、风险性、流通性、参与性的特点。

 知识链接 8-1

普通股筹资的优缺点如表 8-1 所示。

表 8-1 普通股筹资的优缺点

优点	(1)普通股筹资的风险较小,因为普通股没有固定的到期日,不用承担固定的股息。当企业没有盈利或盈余不足时,也可以不分配或少分配股利。 (2)普通股筹资比优先股或债券筹资的限制少,因而有利于增加企业经营的灵活性。 (3)普通股的发行,可以提高企业的知名度。 (4)普通股的发行,可降低企业的资产负债率,改善企业的资本结构,提高企业的信用水平
缺点	(1)普通股筹资的资金成本最高,因为普通股的发行费用较高,且股利要从税后盈余中支付。 (2)发行普通股,增加了新股东,通常会分散企业的控制权,增加企业被收购的风险。 (3)发行普通股使更多的股东分享企业盈余,降低了原股东的收益。 (4)发行股票,特别是上市后,由于得到社会的关注,企业的商业机密容易泄露,成为证券交易市场的炒作题材

3. 发行债券筹资

发行债券筹资是物流企业按照债券发行协议,通过发售债券直接筹资的方式。在我国,上市公司(其所发行的证券被允许在证券交易所公开交易的企业被称为上市公司)被允许以发行债券的方式筹集资金,其他类型的企业则不允许。企业债券具有期限性、偿还性、风险性、利息率固定等特征。

 知识链接 8-2

债券筹资的优缺点如表 8-2 所示。

表 8-2　债券筹资的优缺点

优点	(1)债券筹资的成本比股票筹资的成本低。这是因为债券发行成本较低,债券利息在税前支付。 (2)债券筹资不会影响企业的管理控制权。 (3)债券资金具有财务杠杆作用
缺点	(1)债券筹资的风险很高。因为债券有固定的到期日,并要支付固定的利息。一旦企业不能支付到期的本息,债权人有权要求企业破产。 (2)债券筹资的限制条件很多,降低了企业经营的灵活性

4. 银行贷款筹资

银行贷款筹资是物流企业按照借款合同从银行等金融机构借入款项的筹资方式,适用于各类物流企业。

 小思考 8-1

银行贷款筹资的优缺点有哪些?

答:优点是融资速度快;手续简单;筹资弹性大;筹资成本低;具有财务杠杆作用。缺点是筹资风险较高;限制条件较多;影响企业经营的灵活性;筹资数量有限。

5. 租赁筹资

租赁筹资是物流企业按照租赁合同租入资产从而筹集资金的特殊筹资方式。通过租赁方式租入资产形成物流企业的债务资金,主要有经营租赁和融资租赁。两种租赁方式的比较如表 8-3 所示。

表 8-3　两种租赁方式的比较

项目	经营租赁	融资租赁
租赁目的	取得租赁资产使用权	融通资金
租赁期	较短	较长,寿命期的 3/4
中途撤销合同	可以	不可以

续表

项目	经营租赁	融资租赁
设备维护保养责任	出租方	承租方
租金	较高	较低
计提折旧	出租方	承租方
租赁期满，设备处置	退回出租方	退回、续租、留购

6. 商业信用筹资

商业信用是物流企业在资金紧张的情况下，为保证经营活动的连续进行，采取延期支付购货款和预收销货款而获得短期资金的一种方式。例如，物流运输企业和货代企业长期形成良好合作关系，因此货代企业往往会给物流运输企业"放账"，保证它的正常运转。

7. 留存收益筹资

留存收益筹资是指物流企业将留存收益转化为投资的过程。将物流企业经营所实现的净收益留在物流企业，而不作为股利分配给股东，其实质为原股东对物流企业追加投资。

小思考 8-2

上述各种筹资方式中，哪些可为物流企业获得长期资金，哪些为物流企业筹集短期资金？

答：发行债券、租赁筹资可为物流企业获得长期资金；商业信用筹资通常是为物流企业筹集短期资金；而银行借贷筹资方式既可为物流企业筹得长期资金，又可为物流企业筹得短期资金。

知识链接 8-3

物流企业筹资的创新尝试

在诸多的金融创新尝试中，物流企业联手基金公司已是目前在规模物流企业中比较受欢迎的一种合作形式。基金公司与物流企业合作主要采取"股权融资"，相当于物流企业让出少量股权，以此获得资金支持。基金公司不需要物流企业提供任何抵押，也不会控股。基金公司是纯粹的财务投资者，配合物流企业开展渠道整合的工作，如组织管理建设、战略制定建议等，使物流企业逐渐成为行业的领先者。如果有可能的话，基金公司会协助物流企业上市，在双赢后，基金公司退出。

物流企业与基金公司合作后，物流企业将获得无形价值。一是银行一旦确认基金公司介入物流企业，就会调高对该物流企业的信用评级。同时，可贷额度还会增加两倍以上。二是在物流企业筹资后，如果有需要，基金公司还会为物流企业通过灵活的融资抵押形式在银行安排财务成本较低的长期贷款，主要采用应收账款、固定资产组合等抵押方式。

【案例分析 8-1】

> **宅急送的新型筹资手段**
>
> 模式一：以应付账款为抵押，与工商银行合作保理业务。因为宅急送跟其他大型生产企业的保理业务有区别，不仅宅急送的应收账款很分散，而且账期很短，操作起来有各方面的障碍。因此宅急送就想到了将这项保理业务的范围扩大到应收账款池的模式，就是把所有的应收账款的这部分资产做成一个池子。这种方式等于盘活了企业原来处于闲置状态的资产。
>
> 模式二：利用宅急送发票抵押担保这种模式来做融资，这种方式适用于物流企业。
>
> 分析：资金是影响民营物流企业发展的重要因素。既然从银行贷款非常难，那么民营物流企业必须寻找自己的融资渠道，走曲线融资之路。

小思考 8-3

上述几种主要的筹资方式中，哪几种属于权益资金筹集，哪几种属于负债资金筹集？

答：吸引直接投资、发行股票筹资、留存收益筹资属于权益资金筹集。发行债券筹资、银行贷款筹资、租赁筹资、商业信用筹资均属于负债资金筹集。

（三）筹资渠道与筹资方式之间的关系

筹资渠道反映物流企业资金的来源与方向，即资金从何而来；筹资方式反映物流企业筹资的具体手段，即如何取得资金。但在实际筹资的具体过程中，筹资渠道和筹资方式之间有密切的关系。一定的筹资方式可以适用于多种筹资渠道，也可能只适用于某一特定的筹资渠道。同一渠道的资金也可能采取不同的筹资方式取得，两者的对应关系如表 8-4 所示。物流企业筹资时，应注意两者的合理搭配，以提高资金的利用率。

表 8-4　筹资渠道与筹资方式的对应关系表

筹资渠道 \ 筹资方式	吸引直接投资	发行股票筹资	发行债券筹资	银行贷款筹资	租赁筹资	商业信用筹资	留存收益筹资
银行信贷资金				√			
其他金融机构资金	√	√	√	√	√		
其他企业资金	√		√		√	√	
居民个人资金	√	√					
国家财政资金	√						
企业自留资金	√						√

二、物流企业筹资决策分析

(一) 资本成本分析

资本成本也称资金成本,是指物流企业为筹措和使用一定的资金而付出的代价。这种代价包括两个部分:一是用资费用,即物流企业在使用资金的过程中付出的代价,如向投资者支付的报酬、向债权人支付的利息等;二是筹资费用,即物流企业在整个筹资过程中为获得一定量的资金而付出的代价,如付给债券代销单位的佣金、印刷费、广告费、注册费、手续费等。

资金成本率是指物流企业为筹措和使用一定量的资金而付出的用资费用与筹得的资金之间的比率,其计算公式如下:

$$资金成本率 = \frac{用资费用}{筹资总额 - 筹资费用} \times 100\%$$

$$资金成本率 = \frac{用资费用}{筹资总额 \times (1 - 筹资费用)} \times 100\%$$

一般情况下将物流企业的资金来源划分为四大要素:债务(包括债券及其他长期负债)、优先股本、普通股本和留存收益。

(二) 筹资风险衡量

筹资活动管理不当会使筹集资金的使用效益具有很大的不确定性,由此产生筹资风险。并且还存在由于利率波动而导致物流企业筹资成本加大的风险。除此之外,物流企业还面临着筹资时效、筹资数量、各种工具选择的风险以及丧失偿债能力的风险,因此,物流企业必须借助相关的财务分析方法对不同的风险进行衡量。

(三) 资本结构优化

资本结构优化就是指物流企业通过筹资手段,使物流企业的资本结构达到最优资本结构状态的决策过程。物流企业要么是股权筹资,要么是债务筹资,物流企业赖以正常运作的资本来源构成中股权资本和债权资本的比例关系形成物流企业的资本结构。最优的资本结构即一个最优的债务 - 股权比例,会使物流企业的筹资成本最小、价值最大。

任务二 物流企业财务分析与评价

物流企业财务分析与评价是指通过对物流企业的财务报表和管理会计报告所提供的数据信息进行加工、处理和比较,以分析物流企业过去的财务状况和经营成果以及未来前景,从而为物流企业及各有关方面进行经济决策、提高资产管理水平提供重要依据。

一、物流企业财务分析与评价的依据

(一)资产负债表

资产负债表反映物流企业经过一段时间的经营后,期末所有资产、负债和所有者权益数额及其变化情况,反映的是时间点的概念。资产负债表呈左右结构,其中资产在左,负债在右,并且左右两边最后一行的总计所显示出的数字金额必须相等的(表8-5)。这种平衡关系一般可用如下会计方程式:

$$资产 = 负债 + 所有者权益$$

表8-5 资产负债表

单位:元

行次	资产	期末余额	期初余额	行次	负债和所有者权益	期末余额	期初余额
1	流动资产			1	流动负债		
2	货币资产	66000	60720	2	短期借款	22000	11000
3	交易性金融资产	55000	11000	3	交易性金融负债		
4	应收票据	11000	55000	4	应付票据	5500	4400
5	应收账款	62700	41800	5	应付账款	12650	9900
6	预付款项	7150	4400	6	预收款项	7400	7700
7	应收利息			7	应付职工薪酬	2200	1100
8	应收股利			8	应交税费	15950	14850
9	其他应收款	1650	550	9	应付利息		
10	存货	8800	11000	10	应付股利		1100
11				11	其他应付款	3300	1100
12	一年内到期的非流动资产			12	一年内到期的非流动性负债	5500	3850
13	其他流动资产	4400	2200	13	其他流动负债		
14	流动资产合计	216700	186670	14	流动负债合计	74500	55000
15	非流动资产			15	非流动负债		
16	可供出售金融资产			16	长期借款	44000	60500
17	持有至到期投资	23000	300	17	应付债券	33000	22000
18	长期应收款			18	长期应付款	5500	5500

续表

行次	资产	期末余额	期初余额	行次	负债和所有者权益	期末余额	期初余额
19	长期股权投资	32000	8000	19	专项应付款		
20	投资性房地产			20	预计负债	2500	
21	固定资产	111870	82500	21	递延所得税负债	1000	2000
22	在建工程	4400		22	其他非流动负债		
23	工程物资			23	非流动负债合计	86000	90000
24	固定资产清理	3300	9900	24	负债合计	160500	145000
25	生产性生物资产			25	所有者权益（或股东权益）		
26	油气资产			26	实收资本（或股本）	110000	110000
27	无形资产	7700	7700	27	资本公积	10000	9000
28	开发支出			28	减：库存股		
29	商誉			29	盈余公积	95370	22000
30	长期待摊费用	2200	3300	30	未分配利润	25300	8470
31	递延所得税资产			31	所有者权益	240670	149470
32	其他非流动资产		107800				
33	非流动资产合计	184470	294470				
34	资产总计	401170		32	负债和所有者权益总计	401170	

（二）利润表

利润表又称损益表，是反映物流企业一定会计期间经营成果的报表，是会计报表三大主表之一。该表是按照各项收入、费用以及构成利润的各个项目分类分项编制而成的。常见的利润表结构主要有单步式和多步式两种。在我国，企业利润表采用的是多步式结构（其格式如表 8-6、8-7 所示），分为正表和补充资料两大部分。

表 8-6 利润表

单位：万元

项目	本期金额	上期余额
一、营业收入	2886	3020
减：营业成本	2503	2644
营业税金及附加	28	28

续表

项目	本期金额	上期余额
销售费用	20	22
管理费用	40	46
财务费用	96	110
资产减值损失		
加：公允价值变动权益		
投资收益	24	40
二、营业利润	223	210
加：营业外收入	17	10
减：营业外支出	5	20
三、利润总额	235	200
减：所得税费用	75	64
四、净利润	160	136

表 8-7　利润分配表

单位：万元

项目	上年实际金额	本年累计金额
一、净利润	160	136
加：年初未分配利润	700	730
其他转入	-40	-54
二、可供分配的利润	820	812
减：提取盈余公积	40	34
应付利润	50	28
三、未分配利润	730	750

（三）现金流量表

现金流量表是会计报表的第三大主表，是以收付实现制为编制原则，汇总说明物流企业在报告期内经营活动、投资活动及筹资活动所带来的现金流量变动情况的会计报表，它是根据物流企业的资产负债表、利润表和利润分配表换算而成。

现金流量表能够说明在一定期间内现金流入和流出的原因，反映物流企业偿债能力；同时有助于分析物流企业投资和理财活动对经营成果和财务状况影响(表8-8)。

表8-8 现金流量表

单位：元

项目名称	第一季度金额	第二季度金额
一、经营活动产生的现金流量		
销售商品、提供劳务收到的现金	4000	5000
收到的税费返还	8000	9000
收到的其他与经营活动有关的现金	50000	60000
现金流入小计	62000	74000
购买商品、接受劳务支付的现金	20000	10000
支付给职工及为职工支付的现金	5000	4000
支付的各项税费	6000	2000
支付的其他与经营活动有关的现金	1000	2000
现金流出小计	32000	18000
经营活动产生的现金流量净额	30000	56000
二、投资活动产生的现金流量		
收回投资收益所收到的现金	200000	150000
取得投资收益所收到的现金	18000	50000
处置固定资产、无形资产、其他资产收到的现金净额	10000	40000
收到的其他与投资活动有关的现金	8000	7000
现金流入小计	236000	247000
构建固定资产、无形资产、其他资产支付的现金	100000	50000
投资所支付的现金	50000	3000
支付的其他与投资活动有关的现金	2000	100000
现金流出小计	152000	153000
投资活动产生的现金流量净额	84000	94000
三、筹资活动产生的现金流量		

续表

项目名称	第一季度金额	第二季度金额
吸收投资收到的现金	200000	300000
借款所收到的现金	50000	1000000
收到的其他与筹资活动有关的现金	30000	130000
现金流入小计	280000	530000
偿还债务所支付的现金	2000	50000
分配股利润或偿付利息支付的现金	100000	50000
支付的其他与筹资活动有关的现金	50000	52000
现金流出小计	152000	152000
筹资活动产生的现金流量净额	128000	378000

二、物流企业财务分析与评价的指标体系

(一)偿债能力分析与评价

1. 流动比率

流动比率指物流企业流动资产与流动负债的比率。

其计算公式为：

$$流动比率 = \frac{流动资产}{流动负债} \times 100\%$$

它反映了流动资产对流动负债的保障程度，即单位负债相对应地有多少流动资产做后盾。其比率越高，表明物流企业的偿债能力越强，从债权人的角度来讲，对收回债权越有利和越有保障。一般流动比率为 200% 比较合理。

2. 速动比率

速动比率是指物流企业速动资产与流动负债的比率。物流企业的速动资产是指物流企业在短期内可以迅速转化为现金的资产，包括现金、股票、有价证券和应收账款等。其计算公式为：

$$速动比率 = \frac{速动资产}{流动负债} \times 100\%$$

由于存货一般要花费几个月的时间去处理，才有可能换回现金，所以存货不是速动资产。一般认为，速动比率应达到 100% 左右比较合理，过高，则会造成资金闲置和浪费。

【案例分析 8-2】

流动比率和速动比率的计算

某物流企业 2013 年末流动资产总额为 2100 万元,其中存货 900 万元,待摊费用 50 万元,流动负债总额 1000 万元,计算物流企业流动比率和速动比率并作简要分析。

分析:

$$流动比率 = \frac{流动资产}{流动负债} \times 100\% = \frac{2100}{1000} \times 100\% = 210\%$$

$$速动比率 = \frac{速动资产}{流动负债} \times 100\% = \frac{2100-900-50}{1000} \times 100\% = 115\%$$

以上计算结果表明,该物流企业流动比率和速动比率均超过一般公认标准,反映该物流企业有较强的短期偿债能力。

3. 资产负债率

资产负债率是物流企业负债总额与资产总额的比率。其计算公式为:

$$资产负债率 = \frac{负债总额}{资产总额} \times 100\%$$

资产负债率是衡量物流企业总负债的资产保障程度的。从物流企业债权人的角度看,此指标越小越好,但从物流企业的角度看,此指标高,表明物流企业越有活力,但负债高,物流企业的再筹资能力会下降。

4. 产权比率

产权比率亦称负债与所有者权益比率,是负债总额与所有者权益总额的比率。其计算公式为:

$$产权比率 = \frac{负债总额}{所有者权益} \times 100\%$$

它反映的是物流企业所有者每单位权益承担着多少负债,其比率越高,表明所有者权益越不稳定。

5. 利息保障倍数

利息保障倍数也称利益所得倍数,是物流企业经营业务的收益与物流企业的总利息费用之间的比率,是反映物流企业在一定盈利条件下支付债务利息的能力。其计算公式为:

$$利息保障倍数 = \frac{息税前盈余}{利息费用} \times 100\%$$

此指标越高,则物流企业支付利息的能力越强,企业越好贷款。

（二）营运能力分析与评价

1. 存货周转率

存货周转率是指物流企业一定时期内的销售成本与平均存货的比率。其计算公式为：

$$存货周转率（次）= 销售成本 / 平均存货$$

$$平均存货 =（存货年初数 + 存货年末数）/2$$

$$存货周转天数（天）= 360 / 存货周转率$$

$$存货平均占用额 =（期初存货余额 + 期末存货余额）/2$$

在正常情况下，存货周转率越高，说明存货周转得越快，存货利用效果好，营运资金用于存货的余额就越小。

2. 应收账款周转率

应收账款周转率是指物流企业赊销收入净额与应收账款平均余额的比率，是反映物流企业应收账款回收速度和管理效率的指标，该指标越高越好。其计算公式为：

$$应收账款周转率（次）= 销售收入净额 / 平均应收账款余额$$

其中：

$$销售收入净额 = 销售收入 - 销售折扣与折让$$

【案例分析 8-3】

> **应收账款周转率和分析**
>
> 某物流企业 2012 年末、2013 年末、2014 年末应收账款余额分别为 200 万元、220 万元和 250 万元，2013 年、2014 年赊销收入净额分别为 1008 万元和 1175 万元。计算 2013 年和 2014 年应收账款周转率并进行简要分析。
>
> 分析：
>
> $$2013 年应收账款周转率 = \frac{1008}{（200+220）/2} = 4.8（次）$$
>
> $$2013 年应收账款周转天数 = \frac{360}{4.8} = 75（天）$$
>
> $$2014 年应收账款周转率 = \frac{1175}{（220+250）/2} = 5（次）$$
>
> $$2014 年应收账款周转天数 = \frac{360}{5} = 72（天）$$
>
> 以上计算结果表明，该物流企业 2014 年应收账款周转率比 2013 年有所改善，周转率由 4.8 次提高到 5 次，周转天数由 75 天缩短为 72 天。这不仅说明了物流企业的资金营运能力有所增强，而且对流动资产的变现能力和周转速度也会起到一定的促进作用。

3. 流动资产周转率

流动资产周转率是指销售收入和流动资产平均余额的比率,反映的是全部流动资产的利用效率,该指标越高越好。其计算公式为:

$$流动资产周转率(次)= 销售收入净额 / 平均流动资产总额$$

$$流动资产周转期(天)= 平均流动资产总额 \times 360 / 平均资产总额$$

4. 总资产周转率

总资产周转率也称总资产利用率,是销售收入与资产总额的比率。其计算公式为:

$$总资产周转率(次)= 销售收入净额 / 平均资产总额$$

它反映物流企业全部资产的使用效率。

(三)获利能力分析与评价

1. 资本金利润率

资本金利润率是指物流企业税后利润净额与资本金总额(在工商管理部门注册的资金总额)的比率。其计算公式为:

$$资本金利润率 = \frac{利润成本}{资本金总额} \times 100\%$$

它反映的是物流企业资本金的获利能力。

2. 资产报酬率

资产报酬率是指物流企业利润总额同利息之和与资产平均总额的比率。其计算公式为:

$$资产报酬率 = \frac{利润总额 + 利息}{资产平均总额} \times 100\%$$

把利息作为物流企业资产报酬的一部分,是因为它也是物流企业负债资本增值的一部分,只是它被支付给了债权人。该指标反映了物流企业资产的数量、结构及对资产的经营管理水平和投资能力。

3. 销售毛利率

销售毛利率是指物流企业在一定时期内毛利与销售收入的比率。计算公式为:

$$销售毛利率 = \frac{销售收入 - 销售成本}{销售收入} \times 100\% = \frac{毛利}{销售收入} \times 100\%$$

销售毛利率表示销售收入扣除销售成本后,有多少资金可以用于各项期间费用和形成盈利。销售毛利率是物流企业销售净利率的最初基础,没有足够大的毛利率便不能盈利。

4. 成本费用利润率

成本费用利润率是指税后利润净额与成本费用总额的比率。其计算公式为:

$$成本费用利润率 = \frac{利润额}{成本费用额} \times 100\%$$

它反映了物流企业付出与所得的关系。该指标比率越高,说明物流企业为获得收益而付出的代价越小,物流企业的获利能力越强。

【案例分析 8-4】

财务指标的计算

某物流企业 2014 年度资产负债简表如 8-9 所示。

表 8-9 某物流企业资产负债简表

资产	金额（万元）	负债与所有者权益	金额（万元）
现金	300	应付票据	250
应收账款	600	应付账款	550
存货	800	应付工资	100
待摊费用	300	长期借款	1000
固定资产净额	3000	实收资本	2500
		未分配利润	600
总计	5000	总计	5000

该企业 2014 年销售收入净额为 15000 万元,净利润为 1800 万元,要求计算流动比率、速动比率、资产负债率、产权比率。

分析：

$$流动比率 = \frac{流动资产}{流动负债} \times 100\% = \frac{5000-3000}{250+550+100} \times 100\% = \frac{2000}{900} \times 100\% = 222\%$$

$$速动比率 = \frac{速动资产}{流动负债} \times 100\% = \frac{300+600+300}{250+550+100} \times 100\% = \frac{1200}{900} \times 100\% = 133\%$$

$$资产负债率 = \frac{负债总额}{资产总额} \times 100\% = \frac{250+550+100+1000}{5000} \times 100\% = \frac{1900}{5000} \times 100\% = 38\%$$

$$产权比率 = \frac{负债总额}{所有者权益} \times 100\% = \frac{250+550+100+1000}{2500+600} \times 100\% = \frac{1900}{3100} \times 100\% = 61.3\%$$

三、物流企业财务分析的基本方法

任何财务分析方法的选择都要根据分析的目的而定,物流企业财务分析的基本方法有三种。

（一）比率分析法

比率分析法是利用会计报表及有关财会资料中两项相关数值的比率，揭示物流企业财务状况和经营成果的一种分析方法。比率指标主要有三类：第一类为构成比率，用以计算某些经济指标的各个组成部分占总体的比重；第二类为效率比率，用以计算某项经济活动中所需与所得的比例；第三类为相关比率，用以计算具有相关关系指标的比率。

（二）比较分析法

比较分析法是通过某项财务指标与性质相同的指标评价标准进行对比，揭示物流企业财务状况和经营成果的一种分析方法。比较分析法有三种形式：一是实际指标与计划（定额）指标比较；二是本期指标与上期指标或历史最高水平比较，了解物流企业经营活动的发展趋势和管理工作的改进情况；三是本物流企业指标同国内外先进物流企业指标比较，可以找出与先进物流企业之间的差距，推动本物流企业改善经营管理。

> **小思考 8-4**
>
> 运用比较分析法进行分析时，有哪两种指标数值？
> 答：一是绝对数指标比较，说明数额差异，借以了解金额变动情况；二是相对数指标比较，说明百分率差异，借以了解变动程度。

（三）趋势分析法

趋势分析法是利用会计报表提供的数据资料，将各期实际指标与历史指标进行定基对比和环比，揭示物流企业财务状况和经营成果变化趋势的一种分析方法。趋势分析法的具体运用主要有三种形式：一是重要财务指标的比较；二是会计报表的比较；三是会计报表项目构成的比较。

【案例分析 8-5】

> **某物流企业的财务精益化管理**
>
> 某物流企业财务管理工作，建立精益化财务管理的长效机制，充分发挥财务管理在企业经营和管理链条中的运营作用，初步建成了满足第三方物流业务和其他业务发展需要，适应境内境外双重监管体系要求的会计核算体系和财务管理体系。
>
> （1）加强成本管理，强化预算控制。加强成本构成要素的分析控制，进一步强化预算的刚性控制机制，在条件成熟的重点物流项目中推进全面预算管理。
>
> （2）统一制度规范，优化流程再造。规范全系统财务制度体系，以 SAP 上线为契机，对再造的流程进行实质检验，规范会计核算流程体系。
>
> （3）结合 TMT 计划实施，持续推进精益管理。通过 TMT 计划的实施，该企业对财务、商务以及具体业务人员进行了相关财务知识培训，针对物流业务专门制定 11 项财务制度，推进动态预算

体系的建立,推行项目预算批复制。

分析:由于传统松散的财务运作,导致物流企业财务管理效率低下。该物流企业通过采用预算控制、制度规范等推进财务精益管理,充分发挥了财务管理在物流企业经营中的重要作用。

基本训练

知识题

1. 物流企业筹资渠道及筹资方式有哪几种?
2. 试比较普通股、债券筹资有哪些优缺点?
3. 什么是租赁筹资?租赁筹资有哪些类型?
4. 什么是物流企业的财务运作?它包括哪些内容?
5. 物流企业筹资决策应考虑哪些因素?
6. 物流企业财务分析与评价的依据是什么?
7. 物流企业财务分析与评价的指标有哪些?分别代表什么意义?

判断题

1. 其他企业资金主要是资金所有者通过资本公积金、盈余公积金和未分配利润等形式留在企业内部的资金,是所有者对企业追加投资的一种形式。(   )
2. 综合资本成本是以各种资本占全部资本的比重为权数,对各种来源的资本的成本进行加权平均计算,又被称为加权平均资本成本。(   )
3. 物流企业应将筹集到的资金尽快用于投资,以取得盈利,但任何投资都有不同程度的风险性,企业在投资时,不必认真分析影响投资决策的各种因素。(   )
4. 债券收益率是指债券的购买者在债券上的收益与他投入的本金之比。它主要受到债券利率、面值与实际价格的差额、还本期限等因素影响。(   )
5. 物流企业财务分析与评价按照分析的目的不同可以分为偿债能力分析与评价、获利能力分析与评价、营运能力分析与评价、发展趋势分析与评价和综合分析评价等。(   )
6. 速动资产流动性强、变现速度快,所以速动比率比流动资产更能精确地反映企业短期债务的偿还能力。(   )

单选题

1. 负债资本又称(   ),是企业依法筹集并依约使用,按期偿还的资金。
   A. 借入资金   B. 自有资本   C. 借出资金   D. 借入资金
2. (   )主要是指银行及非银行金融机构之外的居民个人闲散资金。
   A. 国家财政资金   B. 银行贷款

C. 其他企业资金   D. 居民个人资金

3. 外国投资者及港澳台地区投资者投入的资金是(　　)。

A. 外商投资   B. 银行贷款

C. 国家财政资金   D. 居民个人资金

4. 按一定的利率,在一定的期限内,把货币资金提供给需要者的一种经营活动是(　　)。

A. 租赁筹资   B. 银行贷款

C. 发行股票   D. 吸引直接投资

5. 贴现的投资决策分析方法不包括(　　)。

A. 净现值法   B. 现值指数法

C. 内含报酬率法   D. 终值指数法

6. (　　)是指企业速动资产与流动负债的比率。

A. 流动比率   B. 速动比率   C. 资产负债率   D. 产权比率

多选题

1. 物流企业筹集资金总的要求是要分析评价影响筹资的各种因素,讲究筹资的综合效果。主要包括(　　)。

A. 确定资金需要量   B. 控制资金投放时间表

C. 选择资金来源渠道   D. 确定合理资金结构

2. 权益资本又称自有资本,主要包括(　　)。

A. 资本公积金   B. 盈余公积金

C. 实收资本   D. 未分配利润

3. 物流企业筹资渠道主要包括(　　)。

A. 国家财政资金   B. 银行贷款

C. 其他企业资金   D. 居民个人资金

4. 筹资的方式(　　)。

A. 吸引直接投资   B. 发行股票   C. 发行债券   D. 租赁筹资

5. 企业投资分为(　　)。

A. 长期投资   B. 短期投资   C. 对内投资   D. 对外投资

技能题

1. 某物流企业为筹集资金,计划发行债券200万元,票面利率8%;优先股200万元,股利率15%;普通股100万元,预计下一年的股利率为20%,股利以每年2%的速度递增,筹资费用率为5%。试计算此次筹资计划的加权平均资金成本(企业适用所得税税率为33%)。

2. 某物流企业拟建设一个分公司,有三个投资方案可选择,设贴现率为10%,有关数据如表

8-10所示(表中数值单位为万元)。

表8-10 某物流企业投资方案

期间	A方案		B方案		C方案	
	净收益	现金净流量	净收益	现金净流量	净收益	现金净流量
0		(20000)		(9000)		(12000)
1	1800	11800	(1800)	1200	600	4600
2	3240	13240	3000	6000	600	4600
3			3000	6000	600	4600
合计	5040	5040	4200	4200	1800	1800

试计算净现值、净现值率、现值指数、内含报酬率,并分析方案的最优性。

3. 某物流企业需要1000万元的投资额对固定资产投资,请提出筹集资金方案。

实训目的:对筹资方案进行论证并撰写物流企业筹资计划书。

实训要求:利用筹资管理知识进行论证;计划书要目标明确、内容完整、理由充分、步骤严密、文字精练有条理。

4. 分析某物流企业的财务报表,计算存货周转率、应收账款周转率、流动资产周转率等指标,并计算三年的变化趋势,撰写财务预测报告。

实训目的:通过了解物流企业的财务报表,加深对物流企业财务运作的认识。

实训要求:能够熟练运用财务评价指标、财务分析方法;报告阐述问题清楚、突出重点、结构合理、层次分明、条理清晰、逻辑性强。

案例分析

业财融合,物流源助推企业物流财务管理数智化

账目凌乱、对账周期长、回溯难、数据不完整分析不准确等物流财务管理问题一直是困扰企业的难题。特别是市场不景气,物流精细化管理和降本增效的需求让企业迫切需要改变财务管理方式。

企业物流财务管理的转型方向在哪?近年来随着物流数字化转型的逐步深化,财务管理数字化的理念也走进企业的视野。多地全面试行数字化的电子发票,进一步倒逼企业财务向数字化、无纸化迈进。物流源创造性推出的"五流合一"转型方案,使企业的物流、信息流、证据流、资金流、票据流融会贯通,就是考虑到了企业面临的物流财务管理困境。该方案依托自研的智能运输管理系统,为企业真正实现了基于运输业务的财务管理数智化,让企业财务流转全过程线上化、智能化,提高了财务核算效率,优化了费用管控,做到财务的精细化管理。

物流源的数智化财务管理,基于运输业务的进度,覆盖从报价、核算、对账、成本利润分析等财务作业的每一个环节。

一、财务管理线上化，精细化财务管理

传统的手工记账、对账，一般合约双方通过电话、邮件沟通后，Excel表格记录财务数据，邮寄纸质单据，很容易造成错漏，全渠道财务数据也难以汇总。而物流源智能运输管理系统则打破了信息的孤岛，实现了财务管理的线上化。企业可通过系统与各个物流合作方互联互通，实现财务数据的实时共享、高效交互，保证数据的及时性和一致性。同时，企业各渠道的财务数据也将实时记录、自动计算汇总、线上储存，降低人力整理成本，便于数据的回溯和分析。

二、智能运价管控，监督合约落地执行

(1) 智能自动计价：物流源系统建立运价计算标准，拥有多种计价规则和模式，如合约报价、阶梯价格、一口价等，满足企业复杂的计费要求，销售无须反复计算，运价自动生成。

(2) 二次费用实时添加：运输过程中的二次费用实时确认添加到系统，避免遗忘，造成后续核对产生的不对等纠纷。

(3) 监督合约落地执行：在此基础之上，财务人员可清晰地了解物流合约费用与二次费用的明细及各项占比，有效监督合约的落地执行。

三、自动核算运费，账目清晰明确

(1) 自动核算对账单：订单费用根据合约计算，二次费用自动汇总，每一笔应收、应付对账单自动生成，账目清晰，无须人力一笔笔计算和核对。

(2) 应收应付自动生成：依托系统强大的计费引擎和多种多样的计费模式，实时汇总，自动生成物流全渠道的应收款、应付款及明细，把财务人员从复杂的计算中解放出来。

四、一键对账结算，提高工作效率

(1) 物流回单实时回收，在线核对：在物流源的数智化方案体系下，签收完成立即生成具有法律效力的数字化回单，代替纸质回单，线上安全快速回收，财务人员在线核对，方便快捷。

(2) 一键对账结算：企业账目一目了然，可与其他企业直接线上对账，双方无须反复核对，缩短对账流程和时间，缩短企业的回款周期。

(3) 发票数字化管理，全程无纸化：同时通过物流源系统智能管理电子发票，实现财务管理全流程的无纸化。

五、优化费用管理，智能管控成本

(1) 优化费用管理：通过物流源系统，企业可及时获取物流费用详情，明确物流费用构成和各项异常占比，有利于企业及时优化费用管理。

(2) 成本自动分析：在物流源系统，企业各个渠道的收入和支出数据实时记录，统一汇总，自动生成物流成本、利润报表，有利于财务及时了解企业的实际收支情况，洞察成本降低和利润提高的关键点。

六、财务数据智能分析，赋能企业经营管理

物流源系统具备同比、环比、占比、阈值、画像等多种分析方法，通过对企业整体财务数据的深度挖掘，自动生成多维度运营分析报表，帮助企业洞察优质客户、甄别优质物流服务供应商，为企业的运营决策提供支撑。物流源智能运输管理系统注册即用，便于企业快速获得数智化财务管理能力。除此之外，物流源系统具备强大的功能，覆盖运输全生命周期运作，包括订单管理、运输跟踪、数据分析等模块,企业可按需搭配财务管理使用,逐步实现物流的全面数字化转型升级。

(资料来源:业财融合,物流源助推企业物流财务管理数智化[EB/OL].[2024-09-11].https://cj.sina.com.cn/articles/view/6367994172/17b8fe13c00101huhp,有改动。)

问题:请分析企业物流财务管理的转型方向在哪?

综合实训

实训项目:物流企业的筹资和投资决策

一、实训目的

(1)了解物流企业筹资管理。

(2)了解物流企业投资管理。

(3)了解物流企业财务分析与评价方法和指标。

(4)掌握筹资和投资的决策方法。

(5)熟练应用财务三大报表,对物流企业财务状况进行分析。

二、实训内容

(1)实地参观物流企业。

(2)熟悉物流企业的财务运作。

(3)对物流企业的财务管理进行分析,发现问题,并提出优化和改进方案。

(4)某物流企业拟投资1000万元至1500万元的项目,请设计筹资方案,请尽可能涉及多种筹资方式,并利用筹资管理知识对筹资方案进行论证,以支持或不断修正方案。同时完成物流企业筹资计划书,计划书字数控制在1000字左右,要求目标明确、内容完整、理由充分、步骤严密。

另外,因项目计划更改,该物流企业将所筹集的部分资金用于该项目,还剩余300万元的资金闲置,请为这300万元的闲置资金设计投资方案,并论证方案的可行性。

三、实训要求

(1)5~6人为一组,进行合理分工,每人应有明确任务。

(2)认真考察物流企业,熟悉其财务管理的制度、方法和手段。

(3)根据所学知识,对物流企业的财务运作现状进行分析。

(4)撰写实训报告。

(5)实训报告完成后设课堂讨论课,相互交流实训经验。

四、注意事项

(1)要注意组内的分工协作。

(2)虚心向企业工作人员学习求教。

(3)在企业期间遵守各项规章制度,注意劳动安全。

项目九 智慧物流企业的质量保障

- 思政目标 -

◎提供优质服务。

- 知识目标 -

◎了解质量的概念和质量管理的含义特点。
◎掌握物流质量及物流质量管理的内容。
◎了解 PDCA 的工作方法。
◎熟练掌握物流质量指标体系的建立使用。
◎能运用常用的物流质量管理统计工具解决现实问题。
◎了解物流企业质量管理体系的建立和运行。

- 技能目标 -

◎应用质量管理统计工具，PDCA 工作方法设计改进物流企业质量管理方案。
◎应用所学理论在物流企业推行质量认证。

 引例

某物流企业的质量创新活动

某物流企业在全国有多个配送中心，企业管理层认为真正的竞争优势在于提供优质服务，因此，要在企业实施质量创新活动，能够连续 24 小时为全国大部分地区提供服务。

为此企业采取了三项创新活动。

一是质量循环，提出一系列小改革，解决工作中存在的主要问题。

二是精确至上，提供精确的客户信息，确保产品在质量和数量上的正确，对每次装运的货物进行质量控制和实际点数检查，不断消除物流过程的浪费。

三是采用激光技术，优化硬件和软件，扫描站操作人员减少，用科技技术改进了质量管理。

这一案例表明：提高管理水平是一个渐进的过程，是从小变到大变、从量变到质变的过程；追求精确至上的质量管理流程，要把物流服务与物流运作的精确性结合起来；只有运用现代化高新技术，才能够有效地促进企业质量管理发展。

任务一　物流企业质量管理概述

物流企业服务质量的好坏，决定着物流企业能否在激烈的市场竞争中生存和发展。而质量管理是为适应时代的要求而不断变化的产物。随着物流企业所处环境条件的变化，质量管理的内容也发生了很大变化。质量管理活动的范围从处理索赔扩大到检查业务、改进工序、保证设计质量等，在物流、服务（保全、修理）、废品的回收和再利用等各阶段，也必定要实施质量管理活动。

一、物流企业质量及质量管理

（一）质量及物流质量

1. 质量

质量是一组固有特性满足要求的程度，质量的含义有以下四点。

第一，质量不仅是指产品质量，也可以指某项活动或过程的工作质量，还可以是质量管理体系运行的质量。

第二，固有特性是产品、过程和体系的一部分，与产品本身不可分割，如运输速度、仓库的库容量等，而产品的价格不是产品的固有特性，是人赋予的特性。

第三，质量最主要反映的是满足客户要求的程度，而不是反映为特性总和，因为客户要求的满足程度才是反映质量好坏的重要标准。

第四，质量存在相对性，质量标准和质量要求因环境、地区、国家、消费者、时间等的不同而有差异和变化，产品应不断适应这种变化的要求。

2. 物流质量

物流质量是物流活动本身固有的特性满足物流客户和其他相关要求的能力。物流质量是物流企业服务管理的核心内容，物流质量的好坏直接关系到物流整体的绩效水平。物流质量通常包括以下方面。

1）物流对象质量

物流对象是具有一定质量的实体，具有合乎要求的等级、尺寸、规格、性质、外观等质量特性。这些质量是在生产过程中形成的，物流过程在于转移和保护这些质量，最终实现对用户的质量保证。因此，对用户的质量保证既依赖于生产，又依赖于流通。现代物流过程不单是消极地保护和转移物流对象，还可以采用流通加工等手段改善和提高商品的质量。由此，物流过程在一定程度上说就是商品质量的"形成过程"。

2）物流工作质量

物流工作质量是物流各环节、各工种、各岗位的具体工作质量。为实现总的服务质量，要确定具体的工作要求,以质量指标形式确定下来则为工作质量目标,这是将物流服务总质量目标分解成各个工作岗位可以具体实现的质量,是提高服务质量所做的技术、管理、操作等方面的努力。因此,须强化现代物流管理,建立科学合理的管理制度,充分调动员工积极性,不断提高物流工作质量。

3)物流工程质量

物流工程质量是指物流系统运作中支撑物流活动要素的系统性质量,由人员、设备、材料、方法、测量器具和环境等共同决定,包括人员素质、体制因素、设备性能、工艺方法、计量与测试和环境等因素的稳定性。

优良的物流质量是在整个物流过程中形成的。要想能事前控制物流质量,必须对影响物流质量的诸因素进行有效控制。提高工程质量是进行物流质量管理的基础工作,工程质量提高了,"预防为主"的质量管理就有了保障。

很明显,工程设施的水平和质量,可以在很大程度上影响物流的水平和质量。例如,采用大型集装箱联运系统,能够极大地减少物流过程中单件货物丢失的情形。

4)物流服务质量

物流具有很强的服务性质,整个物流的质量目标就是其服务质量。而物流服务质量因不同客户而要求各异,因而必须了解和掌握客户对物流服务的要求。其主要包括:商品质量的保持程度;流通加工对商品质量的提高程度;批量及数量的满足程度;配送额度、间隔期及交货期的保证程度;配送、运输方式的满足程度;成本水平及物流费用的满足程度;相关服务的满足程度。

物流服务质量与商品质量保证和改善一起,作为客户直接感受到的服务质量,会对客户评价物流质量产生决定性影响。

小思考 9-1

物流工作质量与物流服务质量的关系是怎样的?

答:物流工作质量和物流服务质量是两个关联但又不太相同的概念。物流服务质量水平取决于各个物流工作质量的总和,物流工作质量是物流服务质量的保证和基础。不断提高物流工作质量,物流服务质量也会有一定程度的保证。

 知识链接 9-1

物流服务质量特征

物流服务质量是客户感知的对象,例如:客户在接受货物位移时,所感知的是物流服务;物流服务质量发生在物流服务生产和交易过程中,其特征具体表现在以下几个方面。

(1)从属性。由于客户企业的物流需求是以商流为基础,伴随商流而发生,因此,物流服务必须从属于客户企业物流系统,表现为流通货物的种类、流通时间、流通方式、提货配送方式都是由客户选择决定,物流企业只是按照货主的需求,提供相应的物流服务。

(2) 即时性。物流服务是属于非物质形态的劳动,它生产的不是有形的产品,而是一种伴随销售和消费同时发生的即时服务。

(3) 移动性和分散性。物流服务是以分布广泛、大多数是不固定的客户为对象,所以,具有移动性以及面广、分散的特性,它的移动性和分散性会使产业局部的供需不平衡,也会给经营管理带来一定的难度。

(4) 需求波动性。由于物流服务是以数量多而又不固定的客户为对象,他们的需求在方式上和数量上是多变的,有较强的波动性,为此容易造成供需失衡,成为在经营上劳动效率低、费用高的重要原因。

(5) 可替代性。物流服务的可替代性主要表现在两个方面:一是站在物流活动承担主体的角度看,产生于工商企业生产经营的物流需求,既可以由工商企业自身采用自营运输、自营保管等自营物流的形式来完成,又可以委托给专业的物流服务供应商,即采用社会化物流的方式来完成;二是站在物流企业提供的服务品种看,由于存在着公路、铁路、船舶、航空等多种运输方式,客户可以在对服务的成本和质量等各种相关因素权衡之后,自主选择运输形式。因此,不同运输手段便会产生竞争,物流企业的竞争不仅来自同行业内的不同企业,还来自不同行业的其他企业。

3. 物流质量衡量

如何衡量物流质量是物流企业管理的重点。物流质量的保证首先建立在准确有效的质量衡量上。大致说来,物流质量主要从以下三个方面来衡量。

1) 物流时间

时间价值在现代社会竞争中越来越凸显出来,谁能保证时间的准确性,谁就能获得客户。由于物流的重要目标是保证商品送交及时,因此时间成为衡量物流质量的重要因素。

2) 物流成本

物流成本的降低是物流企业获得利润的源泉。物流成本的降低也是节约社会资源的有效途径。

3) 物流效率

物流质量直接影响了物流效率,物流是一项系统工程,物流对象、物流工作、物流工程和物流服务等质量都会作用于物流效率。例如,物流对象质量,关系到物流包装、装卸及配送等物流功能活动,也就影响到物流效率的提高。

对物流企业而言,物流效率是指物流系统能否在一定的服务水平上满足客户的要求,也是指物流系统的整体构建。对于社会来说,衡量物流效率是一件复杂的事情。因为社会经济活动中的物流过程非常复杂,物流活动内容和形式不同,必须采用不同的方法去分析物流效率。我们一般用物流相关行业的成本费用总和与 GDP 的比值来评价物流总体效率。

4. 物流企业物流质量评价指标体系

物流质量管理的重要内容就是对物流运作系统的考核,物流质量管理的不同环节,有不同的标准与考核指标,比如对于运输环节,可以从运输满载率、货物差损率等指标来考核。建立健全物流质量的指标体系对于控制和管理物流系统来说十分重要。

物流企业质量指标体系构成情况如图 9-1 所示。具体质量指标计算如表 9-1 所示。

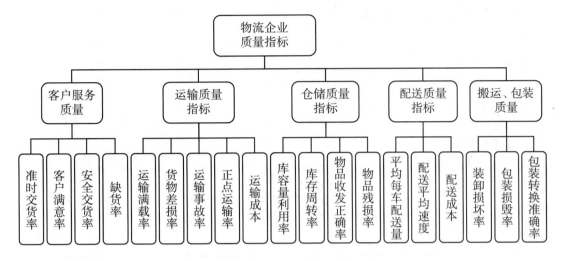

图 9-1 物流企业质量指标体系

表 9-1 物流质量评价指标计算

指标体系	主要指标
服务水平指标	服务比率 = $\dfrac{满足要求次数}{用户要求次数} \times 100\%$ 缺货率 = $\dfrac{缺货次数}{用户要求次数} \times 100\%$
满足程度指标	满足程度比率 = $\dfrac{满足客户数量}{用户要求数量} \times 100\%$
交货水平指标	交货比率 = $\dfrac{按期交货次数}{总交货次数} \times 100\%$
交货期质量指标即交货及时性	交货及时指标 = 规定交货期 - 实际交货期
商品完好率指标	商品完好率 = $\dfrac{交货时完好的商品}{物流商品总量} \times 100\%$
物流费用指标	物流费用率 = $\dfrac{物流费用}{物流总量} \times 100\%$

(二)物流企业的质量管理

1. 质量管理

质量管理是指在保证和提升质量方面的计划、组织、指挥和控制活动,如制定质量方针和质量目标,进行质量策划、质量控制、质量改进工作等。

知识链接 9-2

质量管理过程具体内容如表 9-2 所示。

表 9-2　质量管理过程

质量策划	质量控制	质量改进
1.设定质量目标。 2.辨识客户是谁。 3.确定客户需要。 4.开发应对客户需要的产品特征。 5.开发能够提供这种产品特征的过程。 6.建立过程控制措施,将计划转入实施阶段	1.评价组织和过程的实际绩效。 2.将实际绩效与质量目标对比,发现偏差。 3.采取纠正措施,消除产品偏差的原因	1.提出改进的必要性。 2.做好改进的基础工作。 3.确定改进项目。 4.建立项目改进小组。 5.为小组提供资源、培训和激励,以便分析原因、设计纠正措施。 6.实施控制措施以巩固成果

【案例分析 9-1】

> **宝供物流的质量管理**
>
> 宝供物流将美国食品及药物管理局颁布的"良好的制造管理实践"质量保证思想运用到物流运作中,确立了物流质量管理的 10 个关键要素,将每项要素的具体标准及要求汇编成《质量管理手册》,使每一项业务运作从作业开始就实施质量控制和跟踪,保证了业务运作质量稳定可靠。实施质量管理后,该企业的铁路运输货物缺损率控制在万分之一左右,公路运输和仓储缺损率为零,铁路运输时间达标率在 95% 以上,公路运输达标率在 98% 以上,获得了客户的一致赞许。
>
> 分析:该案例说明了质量管理的前两个过程,即质量策划和质量控制,即使只使用了这两个过程,也能够使得物流企业的服务质量得到了极大的提高。

2. 物流企业质量管理的含义、内容及特征

物流企业质量管理就是依据物流系统运动的客观规律,为了满足物流客户的服务需要,通过制定科学合理的基本标准,运用经济办法开展的策划、组织、计划、实施、检查和监督、审核等所有管理活动的总和。

物流企业质量管理内容主要包括质量保证和质量控制两个方面的内容。

质量保证是从物流企业对用户的层面来说的,就是要对用户实行质量保证。其包括物流活动本身的质量管理、物流服务质量保证、物流工作质量保证和物流工程质量保证。其中,物流活动本身的质量管理,就是运输、保管、装卸、搬运、包装、流通加工、配送以及信息等各物流环节的质量管理。

> **小思考 9-2**
>
> 质量保证是否等同于"保证质量"?
>
> 答:质量保证的内涵已不是单纯地为了保证质量,它不同于"保证质量"。保证质量是质量控制的任务,而质量保证则是以保证质量为基础,进一步引申到提供"信任"这一基本目的。

【案例分析 9-2】

中邮物流质量服务保障体系的建立

为了保障物流项目的正常运作,从几个方面制定质量保障措施。

(1)服务质量承诺。配送准时率95%;物品完好率99.7%;配送签收信息反馈率95%;客户满意率98%。

(2)常规安全保障。一是发货安全保障。中邮物流提供代包装服务,除此之外,丰富的内部作业组织管理经验和能力,以及对作业全过程的有效监控,使汽车配件的发货安全得到充分保障。二是运输安全保障。中邮物流车型种类齐全,备有3~20吨的各种汽车,火车邮箱内有专人负责看护,使货物在防雨、防水、防盗等安全方面得以保证。三是人员保障。中邮物流拥有经验丰富的司机队伍。固定的运输线路、严格的运输载货标准,总结整理出一套切实可行的规章管理制度,多年的长途运输经验是中邮物流无重大交通事故的极大保障。四是中邮物流可以为企业备件运输提供代办运输全程险服务。

(3)应急保障服务。应急保障体系为:全天候服务(24 小时,包括节假日);待命服务;某项目应急措施——邮政全网协作。

分析:该案例说明了建立物流服务质量保障体系不仅可充分运用物流质量指标体系,而且也可以从物流对象、物流工程、物流工作、物流服务四个方面着手启用具体的保障体系。

质量控制对物流企业内部来说的,是为保证某一工作、过程和服务的质量所采取的作业技术标准和有关活动。质量控制是实际的质量结果与标准进行对比,对某些差异采取措施的调节管理过程,它是质量保证的基础,质量控制的对象是物流诸功能的实施与管理活动。

物流企业质量管理具有系统性、全员参与性、目的性、科学性、综合性等特征。质量管理是一项系统工程,一个科学的质量目标应该由物流企业各个部门及人员共同努力去达成。物流企业的业务涉及面广、环节众多、资源和人力的投入大,要加强质量管理就要求整个企业的各个环节、各种资源以及业务流程相互配合与协调。员工是物流管理活动的主体,也是物流管理活动的客体。物流企业、物流项目甚至是物流任务都必须通过组织内各职能、各层次人员参与实现和实施。客户是物流企业服务的对象,也是物流企业得以生存的基础。质量管理以满足顾客需求为目标。质量目标的制定是一个科学的过程,应以基础数据为依据,以先进的管理理念为指导,以科学的技术为手段。影响物流质量的因素是复杂的、多变的。物流企业质量管理内容不仅包括物流对象本身的管理,还包括相关的工作质量、工程质量和服务质量。

二、物流企业全面质量管理

(一)全面质量管理的概念

全面质量管理简称TQM(total quality management),是指以质量为中心,建立在全员参与基础上的一种管理方法,其目的在于通过让客户满意和本组织所有成员及社会受益而达到长期成功的管理途径。物流企业全面质量管理是新时期对物流服务质量管理的要求,也是全面质量管理的理论和方法在物流活动中的运用,即将组织管理、专业技术和统计方法结合起来,建立一整套质量管理工作体系,对物流业务的质量进行全方位、全员及全过程的管理。

全面质量管理的特点是"三全"和"一多样",即全面的质量管理、全过程的管理、全员参与的管理和质量管理方法多样化。

(二)全面质量管理的基本方法——PDCA循环

1. PDCA循环的内容

全面质量管理的基本工作方法是按计划(plan)、实施(do)、检查(check)、处理(act)四个阶段不断循环运转,称PDCA循环,如图9-2所示。PDCA循环是由美国质量管理专家戴明首先提出来的,故又称戴明循环。它是物流企业质量保证体系运转的基本方式。

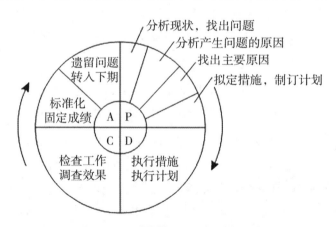

图9-2 质量管理PDCA循环图

质量管理工作循环的内容有四个阶段和八个步骤,具体内容如下。

1)计划阶段

经过分析研究,确定质量管理目标、项目和制定相应的措施。其工作内容可分为四个步骤:

第一步骤:分析现状,找出存在的问题,确定目标。

第二步骤:分析影响质量问题的各种原因。

第三步骤:从影响质量的原因中找出主要原因。

第四步骤:针对影响质量的主要原因,制订措施计划。

2)执行阶段

根据预定目标和实施计划,落实执行部门和负责人,组织计划的实现。

第五步骤:执行措施,实施计划。

3)检查阶段

检查计划实施结果,衡量和调查取得的效果,找出问题。

第六步骤:检查效果,发现问题。

4)处理阶段

总结成功的经验,并纳入有关标准、制度和规定,巩固成绩,防止问题重新出现,同时,将本循环中遗留的问题提出来,以便转入下一个循环。

其工作步骤:

第七步骤:总结经验,把成功的经验固定下来,纳入标准。

第八步骤:把没有解决的遗留问题,转入下一个阶段。

PDCA管理工作循环就是按照以上四个阶段和八个步骤,不停顿地周而复始地运转。

2. PDCA循环的特点

质量保证体系按照PDCA循环运转时,一般有下列特点。

(1)整个物流企业质量目标计划和实施的过程是一个大的PDCA循环,各个车间、科室、班组及个人也要根据物流企业总的方针和目标,制定自己的工作目标和实施计划,并进行相应的PDCA循环。这样就形成了大环套小环的综合管理体系。上一级PDCA循环是下一级PDCA循环的依据,下一级PDCA循环是上一级PDCA循环的贯彻落实和具体化。因此,物流企业的大循环靠内部各个环节的小循环来保证,小循环又由大循环来带动。通过各级PDCA循环的不停转动,把物流企业各个环节、各项工作有机地组织在一个统一的体系中,保证总的质量方针目标的实现。如图9-3所示。

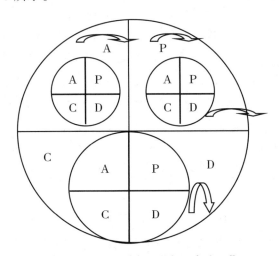

图9-3 PDCA循环"大环套小环"

(2)PDCA循环每转一周就提高一步。PDCA循环如同爬扶梯一样,逐级升高,不停地转动,质量问题不断得到解决,管理水平、工作质量和产品质量就能达到新的水平(图9-4)。

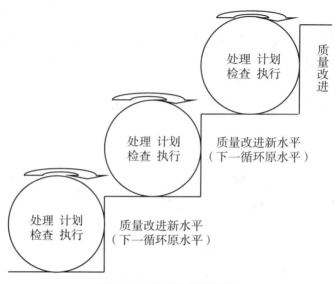

图 9-4　PDCA 阶梯循环

（3）关键在于"处理"这个阶段。"处理"就是总结经验，肯定成绩，纠正错误，以便完善。为了做到这一点，必须加以"制度化""标准化""程序化"，以便在下一循环进一步巩固成绩，避免重犯错误，同时也为快速地解决问题奠定基础。

3. PDCA 方法在物流企业中的应用

某物流企业为了改变运输行车事故多的被动局面，围绕运输行车安全问题，开展了多次 PDCA 循环，一次循环上一个台阶，五年内将事故发生率降低到 5%。

该物流企业以"加强管理，提高运输行车安全的可靠性"为内容，开展第一次 PDCA 循环。总结了一年四季，风、雪、雨天各种情况下，运输途中各类人员特点，有针对性地制定不同的行车安全措施。同时，认真抓好对驾驶员的安全教育，加强作业现场管理，增设车辆检查站，制定"安全运输系统控制流程图"，以运输标准化控制驾驶员安全运输，保证循环期间该物流企业无较大事故。

此后，实行新交通规定违章记分，该物流企业又招聘了新驾驶员，车队违章记分状况时有发生。针对新的问题，该物流企业以"减少违章记分，加强对新驾驶员的管理，保证安全运输行车"为题，又开展了 PDCA 循环，及时制止了违章行为，控制了隐患，避免事故发生。

随着社会经济的发展，该物流企业又实行综合评分计件奖，部分驾驶员摆不正安全与奖金的关系，违章和事故隐患"苗头"又现。该物流企业又以"掌握驾驶员心理，使安全行车达到预控"为题开展又一次 PDCA 循环，查出造成隐患的四个阶段大小原因十多条，其中盲目追求奖金和带思想负担上车是造成事故隐患的主要原因，并针对这些原因采取对策，解决了驾驶员上车的后顾之忧，保证了安全运输行车。

随着该物流企业改革进一步深化，驾驶员考核办法由综合记分奖改为单车承包责任制，新的变化使运输行车工作又受到新的考验，因此，该物流企业从全面提高驾驶员队伍素质入手，以"研究运输安全行车规律"为题开展 PDCA 循环。

几年时间里，该物流企业针对各个时期不同运输行车特点和存在的问题，在几次 PDCA 循环中，工作越做越细，效果越来越好，近年来未发生重大人身、设备事故，整个物流企业运输行车安全基本上达到了预控水平。

任务二　物流企业质量管理基本工具及技术介绍

一、排列图法

排列图又叫帕累托图,帕累托是意大利经济学家,有关收入分布的帕累托法则的首创者。这一法则揭示了"关键的少数和次要的多数"的规律。这一法则后被广泛应用于各个领域,并被称为 ABC 分析法。美国质量管理专家把这一法则引入质量管理领域,成为寻找影响产品质量主要因素的一种有效工具。

排列图由两条纵坐标、一条横坐标、几个矩形和一条曲线组成。左纵坐标表示频数(件数、金额),右纵坐标表示频率(累计百分数),横坐标表示影响质量的各因素或项目,并按影响程度的大小从左到右排列。用直方形的高度表示各因素频数的大小,曲线表示各影响因素大小的频率(累计百分数)。通常将影响因素分为三类:A 类,累计频率为 0%～80%,是主要影响因素;B 类,累计频率为 80%～90%,是次要因素;C 类,累计频率为 90%～100%,是一般因素。

【案例分析 9-3】

某物流企业关于客户投诉原因的排列图分析

某物流企业在进行质量管理时,依据一定时间内的客户投诉原因进行统计。服务态度恶劣被投诉 38 次,送货延迟被投诉 25 次,有货损货差被投诉 13 次,服务种类过少被投诉 6 次,其他原因被投诉 3 次,试分析其可能采取的改进措施。

分析:

第一,排列各种影响因素,计算其比率和累计比率,如表 9-3 所示。

表 9-3　某物流企业客户投诉原因统计表

序号	投诉原因	投诉次数	投诉比率	累计比率
1	服务态度恶劣	38	44.7%	44.7%
2	送货延迟	25	29.4%	74.1%
3	有货损货差	13	15.3%	89.4%
4	服务种类过少	6	7.1%	96.5%
5	其他原因	3	3.5%	100%

第二,根据表 9-3 画出排列图,如图 9-5 所示。

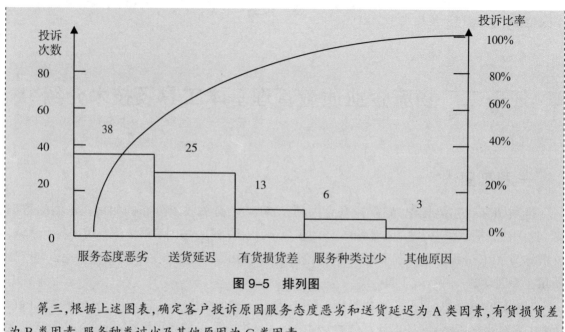

图9-5 排列图

第三，根据上述图表，确定客户投诉原因服务态度恶劣和送货延迟为 A 类因素，有货损货差为 B 类因素，服务种类过少及其他原因为 C 类因素。

二、直方图法

直方图法又称质量分布图法，是通过对测定或收集来的数据加以整理，来判断和预测运营过程中质量不合格品率的一种常用工具。直方图法作为一种过程分析工具，在制造业中的运用已取得极大的成功，在物流业中的运用尽管不够普遍，但随着物流的发展，将会被越来越多的人采用。

直方图是由直角坐标系中若干顺序排列的长方形组成。各长方形的底边相等，为测定值组距，各长方形的高为测定值落入各组的频数。正常生产条件下计量的质量特性值的分布大多为正态分布，从中获得数据的直方图为中间高、两边低、左右基本对称的正态直方图。但在实际问题中还会出现另一些形状的直方图，如图9-6所示。

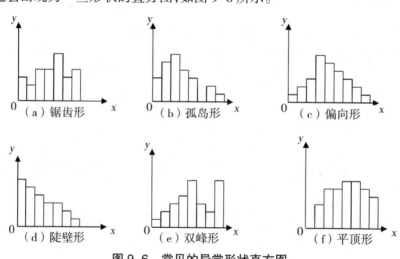

图9-6 常见的异常形状直方图

当观察到的直方图不是正态分布的形状时,需要及时加以研究,譬如出现平顶形时可以检查一下有无缓慢变化的因素,又譬如出现孤岛形时可以检查一下物流设备是否发生故障等,这样便于及时发现问题,采取措施,改进质量。

> **小思考 9-3**
>
> 直方图法在物流企业质量管理中如何应用呢?
>
> 答:某物流企业对仓储中心装卸搬运的货损率进行统计,经过20天的统计,得到了仓储中心的货损率的原始数据。物流企业对这些数据作出如下处理。
>
> (1)将所得的货损率进行分组,将最小货损率和最大货损率之差这个区间均分成7个小区间。
>
> (2)统计数据落在每个区间中的频数,在坐标图上用直方图表示出来。
>
> (3)将直方图顶端的曲线平滑连接,直观看出该数据是否符合正态分布。
>
> 若不符合正态分布,则说明目前的人员、设备、环境或操作的方法不能满足物流企业对物流质量的要求,需要经过具体分析,在以上某个或多个方面进行加强质量管理。

三、散布图法

散布图法又称相关图,是判断两个变量之间是否存在相关关系的分布状态图形。变量之间存在的关系有以下几种。

(1)安全相关关系。可由一个确定的公式来表述。

(2)相关关系。变量之间存在密切关系,但不能用一个变量的数值精确地求出另一个变量的值。

(3)不相关。散布图就是用来发现和确认两组数据之间的关系并确定两组相关数据之间预期的关系,还可以通过确定两组数据、两个因素之间的相关性,寻找问题的可能原因。

【案例分析 9-4】

> **时间和社会总物流量之间存在的关系**
>
> 在物流量预测中,关于时间和社会总物流量之间存在某种关系,可以用散布图来表示。通过散布图,我们可以确定这种关系是水平的还是线性的或是有季节性波动的,这样就可以选择合适的模型来预测今后一段时期某个年份的社会物流量。
>
> 分析:如图9-7所示,图中的点表示不同时期的社会物流量的大小值。A图表示一段时期内不同年度社会总物流量有随机性变化,在该段时期社会总物流量呈上升趋势,无季节性;B图表示一段时期内不同年度社会总物流量不仅有随机性变化,还同时在该段时期内社会总物流量具有上升趋势和季节性。

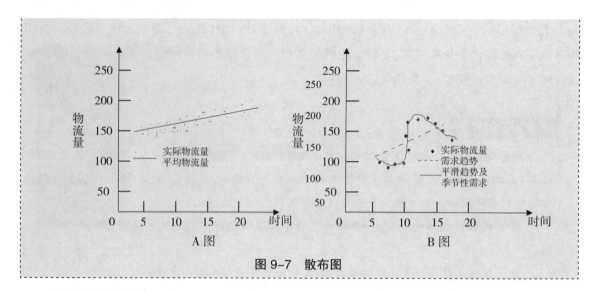

图9-7 散布图

四、因果图法

因果图,又称石川图、特性要因图、树枝图、鱼刺图,表示质量特性波动与其潜在原因的关系,亦即以图来表达结果(特性)与原因(要因)之间的关系。因果图如能做得完整的话,容易找出问题之症结,采取相应的对策措施解决质量问题。

因果图的应用程序如下。

(1) 简明扼要地规定结果,即规定需要解决的质量问题。

(2) 规定可能发生的原因的主要类别。这时要考虑的类别因素主要有人员、机器设备、材料、测量、方法和环境等。

(3) 开始画图,把"结果"画在右边的矩形框中,然后把各类主要原因放在它的左边。

(4) 寻找所有下一个层次的原因,画在相应的主(因)枝上,并继续一层层地展开下去。一张完整的因果图展开的层次至少应有2层。许多情况下还可以有3层、4层,或更多层。

(5) 从最高层次(即最末一层)的原因(末端因素)中选取和识别少量(一般为3~5个)看起来对结果有最大影响的原因(一般称重要因素),并对它们做进一步的研究,如收集资料、论证、试验、控制等。

【案例分析9-5】

因果图在物流配送中的应用

某物流企业负责为某连锁经营企业每天配送日常生活用品。一段时间内,经统计,配送不能按时到达各连锁经营店,请绘制配送不能按时到达的因果图。

分析:配送不能到达可有三个方面的原因,即客户方面的原因、物流方面的原因、销售方面的原因。例如销售方面的原因可归结为信息原因和商品原因。而商品原因又可由商品库区不正确、商品无货或包装破损构成,信息方面的原因有可能是信息不完整或者信息错误。因果图见图9-8。

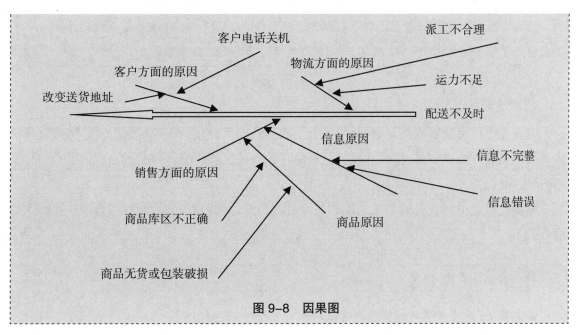

图9-8 因果图

五、分层法

分层法是质量管理中常用的整理数据的方法之一。所谓分层法,就是把收集到的原始质量数据,按照一定的目的和要求加以分类整理,将原先杂乱无章的数据和因素系统化和条理化,以便进行比较分析的一种方法。

分层时不能随意分,而是根据分层的目的,按照一定的标识加以区分,把性质相同、在同一条件下收集的数据归在一起,使同一层次内的数据波动幅度尽可能小,而层与层之间差别尽可能大,否则就起不到归类汇总的作用。

【案例分析9-6】

分层法在物流企业货运责任事故中的应用

某物流企业某年度发生零担货运责任事故较多,损坏是零担货运责任事故中的一项主要因素,我们可以按责任部门进行分层(表9-4)。

表9-4 零担货运责任损坏事故按责任部门统计表

责任部门	件数(件)	百分率(%)	累计百分率(%)
装卸	208	53.1	53.1
配送	118	30.1	83.2
仓储	38	9.7	92.9
包装	26	6.6	99.5
运输	2	0.5	100
合计	392	100	

> 分析：从上面的分层可以看出，在损坏事故中装卸部门的责任占一半以上，是最主要的，如果物流企业抓住了这个责任部门，对症下药，就可能解决一半左右的损坏事故。

六、调查表法

调查表也称检查表或核对表，是为了分层收集数据而设计的一类统计图表。调查表法就是利用这类统计数据收集、整理和精确分析的一种方法。操作中，可根据调查目的的不同，采用不同的调查表。

在物流行业中调查表最常见的形式是针对客户设计的调查问卷，调查问卷是一种特殊的检查表。

 知识链接 9-3

某物流企业服务质量的调查问卷情况如表9-5所示。

表9-5 第三方物流服务质量满意度问卷调查表

第三方物流企业服务质量指标		金鹏物流有限公司	青松物流有限公司	百安物流有限公司
客户营销性	企业外在形象			
	人员沟通质量			
可靠性	准时发货率			
	准确率			
	完好率			
	准时送货率			
响应性	订单释放数量			
	订购过程			
	误差处理			
创新性	流程			
	内容			

七、控制图法

控制图法是一个简单的过程控制系统，其作用是利用控制图所提供的信息，把一个过程维持在受控状态，一旦发现异常波动，分析对质量不利的原因，采取措施加以消除，使质量不断提高，并把一个过程从失控状态变为受控状态，以保持质量稳定。

【案例分析9-7】

控制图在物流企业准时送货率中的应用

控制图的横坐标是样本序号,纵坐标是产品的质量特性。图上通常画有3条平行于横坐标的平行线,自上而下分别是上控制界限UCL、中心线CL和下控制界限线LCL,上控制界限和下控制界限统称控制界限。

控制图应用中,一般把表示质量特性值的点描在图上。当点在上下控制界限线内部时,认为运营正常;当点越出上下控制界限线时,认为运营异常。

对于预备数据全部落入控制界限内的,则延长控制界限,进入过程的日常控制阶段;对于预备数据落入控制界限外的,则要针对这个数据的产品执行"查出异因、采取措施、保证消除、纳入标准、不再出现",然后重新收集数据进行分析。

图中横坐标表示某一时点,纵坐标表示准时送货率,中心线表示准时送货率90%,上控制界限高为95%,下控制界限为85%。图9-9显示某物流企业在一段时间内准时送货率情况。

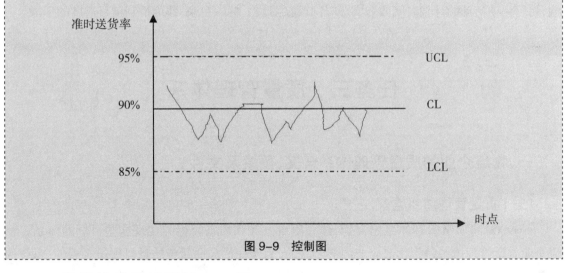

图9-9 控制图

八、常用的其他质量管理工具

(一)流程图

流程图将一个项目各个过程和工序(如检验过程、质量改进过程、服务提供过程等)的步骤用图的形式表示出来的一种图示技术。通过对项目的每一个过程中各个步骤之间关系的研究,找出可能存在故障的潜在原因,在进行项目质量策划时着重对这些环节进行研究和分析,事先制定方案,以避免质量缺陷或质量事故的发生。

(二)头脑风暴法

头脑风暴法采用会议的方式,引导每个参加会议的人围绕某个中心议题发表个人独特见解的一种集体创造性的思维方法。

（三）水平对比法

水平对比法又称标杆管理，就是将自己企业的产品、服务和过程质量与处于领先地位的竞争者进行比较，来找出与对手的差距，提高质量改进的水平。

（四）对策表

对策表也叫措施计划表。它既是实施的计划，又是检查的依据，是PDCA循环中P计划阶段第四步骤的产物。

（五）系统图

系统图又称树图，是将某个质量问题与其影响要素之间的关系，或寻求达到目的与所采取的措施手段之间的关系通过一种树状图系统地展开，从而解决问题或达到目的。

（六）甘特图

甘特图又叫进度图、横道图，用于项目进度计划的管理。通过细分工作步骤，对应活动总时期，将每一项活动的计划时间段和实际时间段在图表上标示出来，作为控制项目进度的手段。

任务三　质量管理体系

一、物流企业的质量管理体系含义、要素及文件

（一）质量管理体系含义

ISO9000将质量管理体系定义为，建立质量方针和质量目标并实现这些目标的体系。物流企业质量管理体系是指物流企业内部建立的、为保证产品质量或质量目标所必需的、系统的质量活动。

（二）质量管理体系要素

整体上，质量职能活动分为管理职能、资源管理、产品实现，以及测量、分析和改进四大类，它们构成了质量管理体系的四大要素。这四大要素又各自涉及若干具体要求，形成质量管理体系的子要素，如图9-10所示。

一家企业在建立其质量管理体系时，应结合自身的实际情况和客户需要，选择和确定具体、适用的体系要素，并确定其采用程度，以便能对这些要素进行有效的控制。

（三）质量管理体系文件

质量管理体系文件是对质量管理体系各个方面的文字描述，是组织进行质量管理、衡量和检验组织质量保证能力的重要依据。质量管理体系文件主要包括质量手册、质量管理体系

程序、具体作业的质量文件。质量手册、质量管理体系程序是通用文件,具体作业的质量文件是专用文件。

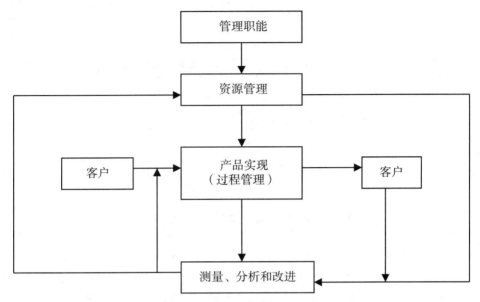

图 9-10　质量管理体系要素及相互间的关系示意图

二、物流企业质量管理体系的建立和运行

按照 ISO9000 标准建立或更新完善物流质量体系,通常包括以下阶段。

(一)建立物流企业质量管理体系框架

物流企业质量管理体系框架如图 9-11 所示。

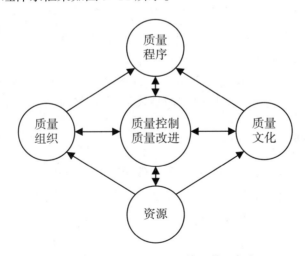

图 9-11　物流企业质量管理体系框架

(二)建立物流企业质量管理组织体系

物流企业质量管理组织体系如图 9-12 所示。

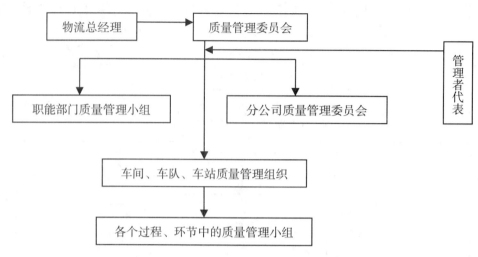

图9-12　物流企业质量管理组织体系

（三）明确物流服务质量环

物流服务质量环是指从识别客户的服务需要直到评定这些需要是否得到满足的服务过程各阶段中，影响服务质量相互作用活动的概念模式，是对物流服务质量的产生、形成和实现过程的抽象描述。其包括市场过程、编撰服务简报过程、设计服务过程、服务提供过程、评价过程、服务绩效分析改进过程六个阶段。

（四）编制质量管理体系文件

对于物流服务质量体系来说，所有的程序都必须形成程序文件，保证有章可循、有法可依。

（五）积极组织管理评审

在质量管理体系运行的过程中，按各类体系文件的要求，监视、测量和分析过程的有效性和效率，做好文件规定的质量记录，持续收集、记录并分析过程的数据和信息，全面体现服务产品的质量和过程符合要求及可追溯的效果。

按文件规定的办法进行管理评审和考核，分析服务质量差距，应针对发现的主要问题，采取必要的改进措施，使这些过程达到所策划的结果和实现对过程的持续改进。

小思考 9-4

在质量管理体系实施期间，物流企业要处理哪些方面的问题？

答：物流企业应处理好短期效益与长远发展的矛盾，做好质量体系认证前后的观念转变工作，把质量管理工作和绩效考核挂钩。

【案例分析 9-8】

强化科学管理，建立质量管理体系

某物流科技股份有限公司建立了一系列严密的管理体系，确保服务质量。

一是，建立科学的法人治理结构。企业治理结构对企业的发展起着决定性的作用，规范的企业治理结构代表着合理的权属界限、明确的职责分工、流畅的沟通渠道等许多方面。该企业的管理运作模式采用总分管理体制，即总部集权化、业务垂直化、网络区域化、效益一体化。将总部的整体协调、指挥、管理、控制的功能有机地划分为业务指挥协调、行政管理协调、财务结算协调三大系统，形成科学、高效的管理体系。通过实现"一个利润中心"、多级成本控制的管理运作方式，有效协调了各分公司、配送中心、配送协作部门的运作关系和调控方式，以充分发挥网络优势。

二是，健全质量保证系统。为了规划业务部门的运作标准，该企业建立了规范化的业务运作管理流程，明确规定了业务管理机构的设置和职能、操作岗位及职责、作业分类及运作流程、各项作业的标准程序及各项作业的考核办法。作为物流业务运作的工作准则，通过对其正确实施，规范了业务运作，确保了物流服务的可靠性、稳定性。

该企业将各项要素的具体标准及要求，汇编成《质量管理手册》，在企业内全面实施，该手册要求每位员工都要树立明确的质量意识，都有质量职责。通过三个月的试运行，企业的质量管理体系一次性通过了中国船级社质量认证有限公司的质量管理体系认证。该企业总部新增设立业务管理部，专门负责具体落实制定并贯彻《质量管理手册》。质量管理体系的推行，使每项业务运作自始至终处于体系严密的质量跟踪和控制之下，从而确保了运作质量，为该企业实现物流服务和管理的产业化、规模化提供了关键保证。

分析：该案例充分说明了物流企业质量管理体系的建立和运行过程。通过建立物流企业质量管理组织体系，确保质量管理在物流活动中的实施。并且通过作业标准化，确保物流服务水平。编制质量管理体系文件，使得每一项操作有章可依。

  基本训练

□ **知识题**

1. 什么是物流质量？其主要包括哪些？
2. 什么是物流企业质量管理？其主要内容包括哪些？
3. 物流质量通过哪几个方面进行衡量？
4. 什么是物流企业全面质量管理？
5. 物流企业质量管理常用统计工具有哪些？

□ **判断题**

1. 物流的本质是服务，物流服务是物流企业生命的保证，它直接关系到物流企业在激烈竞争中的成败。（　　）
2. 美国一些物流企业重视为客户提供技术服务工作，把为提供及时的技术服务工作，作为竞争的一种重要手段。这属于物流服务质量的内容。（　　）
3. 衡量物流质量的主要指标是根据物流管理最终目标确定的。（　　）

4.PDCA 循环具有大环套小环的特点。(　　)

5.我国目前尚未建立起适应物流发展和物流业务运作的技术标准和工作标准体系，物流非标准化设备、设施和行为仍然相当普遍。(　　)

☐ 单选题

1.物流企业质量管理主要包括质量的(　　)两个方面。

A．保证和控制　　　　　　　　　　B．保证和手段

C．手段和控制　　　　　　　　　　D．手段和控制

2.(　　)是质量保证的基础。

A．管理控制　　B．环境控制　　C．质量控制　　D．财务控制

3.下列不属于物流企业质量管理的主要内容的是(　　)。

A．物流服务质量　　　　　　　　　B．物流工作质量

C．物流工程质量　　　　　　　　　D．物流管理质量

4.因果图又称(　　)。

A．鱼刺图　　　B．花图　　　　C．树叶图　　　D．鸟图

5.PDCA 循环中 P 的含义是(　　)。

A．计划　　　　B．实施　　　　C．检查　　　　D．处置

6.下列属于检查阶段工作步骤的是(　　)。

A．找出主要原因　　B．制定措施和计划　　C．按计划实施　　D．调查效果

☐ 多选题

1.物流质量包含(　　)质量，因而是一种全面的质量观。

A．手段　　　　B．方法　　　　C．对象　　　　D．工作

2.物流工程质量包括(　　)的稳定性。

A．人的因素　　　　　　　　　　　B．体制的因素

C．设备的因素　　　　　　　　　　D．环境的因素

3.质量管理体系标准包括(　　)。

A．GB/T19000—ISO9000　　　　　　B．GB/T19001—ISO9001

C．GB/T19002—ISO9002　　　　　　D．GB/T19004—ISO9004

4.质量统计方法有(　　)。

A．排列图标　　B．分层法　　　C．调查表法　　D．直方图

☐ 技能题

1.收集某一物流企业的质量数据，利用质量统计工具进行分析，得出相应的结论，并提出相应的质量管理措施。

实训目的：通过和企业近距离接触和亲自动手测试数据，利用质量统计工具进行分析，进一步掌握质量统计分析工具的运用，并提高质量管理的能力。

实训要求：认真观察了解质量数据的收集过程，将课本所学知识用到实践中去。若有可能，自己亲自动手检测数据。收集完数据，利用所学知识进行统计分析，然后针对分析结果，以小组为单位进行讨论，得出解决问题的措施。

2. 某客运车站某月晚点班次数为98班，经分析晚点原因主要有：驾驶员责任；车况不良；发车员责任；道路阻塞；气候不好；其他原因。资料统计表如表9-6所示。试作排列图并分析。

表9-6 客运车站某月晚点班次表

序号	原因	频数（班次）	频率（%）	累计频率（%）
1	驾驶员责任	46	47	47
2	车况不良	30	31	78
3	发车员责任	11	11	89
4	道路阻塞	4	4	93
5	气候不好	3	3	96
6	其他原因	4	4	100
合计		98	100	

实训目的：掌握排列图的制作与分析，以小组为单位进行讨论，得出解决问题的措施。

实训要求：学生认真分析提供的数据，认真作图。

案例分析

某物流企业实施质量营销策略经验谈

某物流企业于1995年通过质量管理体系认证，获得质量管理认证证书，是国内物流业界较早采用标准来规范质量管理的企业。该企业已经建立了一套完整的质量管理体系。

一、完善客户满意监测系统

要建立以客户为中心的质量管理体系，首先要完善客户满意状况的监测系统。于是该企业提出了客户满意度管理目标，明确了分公司质量管理重心向客户满意和客户忠诚管理转移。该企业建立了客户满意度测评体系，并形成以内部第三方掌控客户满意度的管理方式。该企业提出了服务人性化、管理数字化的要求，建立了全面客户满意管理系统。在总部的牵头下，每年由专业第三方进行一次全面的客户满意度调查，科学地获得客户满意和不满意状况，进一步完善了客户满意监测系统。

二、客户满意调查理论模型的应用

该企业有三大类客户，即船代、货代和物流客户。目前，每年客户满意度调查委托第三方机构采用客户满意测评模型对客户满意度进行调查、计算和分析。结合该企业具体的服务类别和性质，调查共分为六大块：客户预期(如总体期望等)、感知质量(如总体满意度等)、感知价值(如价格水平、服务水平等)、客户抱怨(如抱怨处理、抱怨途径等)、客户忠诚(如继续合作、推荐其他公司等)。通过各项调查后，再利用矩阵分析，总结出下一阶段改进重点。除了采用第三方调查的方法，该企业还采取客户拜访、内部第三方调查等方法来获得客户满意与否的情况，从而找出导致客户流失的原因，为服务的持续改进和发展决策提供科学依据。

三、多渠道服务检测体系的建立

通过客户满意调查活动的开展，该企业逐步掌握了客户满意的基本情况，同时也让客户了解该企业坚持以客户为中心进行质量管理的决心。该企业认真地从客户的重要性、满意度的离散情况进行了分析，对客户意见较为集中的环节首先进行改进。

该企业推出了服务"七不"规范，即要求：员工热情接待客户，主动不推诿；问询答复，清晰不含糊；电话接听，热情不冷淡；进口换单，及时不拖拉；出口签单，延期不延误；预配放箱，迅速不耽误；商务结算，正确不错误。"七不"规范形成后，在企业内外部加强宣传，以达到内部监控、外部监督的效果。在改进的过程中，该企业逐步形成了多渠道的服务检测体系，对每种服务方式都进行有效的测量，如对电话服务、柜台服务、单证服务、效率情况等分别采用不同的测量方式，并尽可能做到及时用量化的数据来反映服务变动情况。

四、活动质量管理体系文件

客户需求的多样式、复杂性和不稳定性的发展趋势，使该企业的文件体系变得越来越庞大，文件的有效性也越来越赶不上客户需求变化的脚步。在多渠道服务检测系统逐步完善后，为了能够建立快速的反应机制，使文件体系灵活起来，改革势在必行。文件的改革主要集中在第三层文件，即所谓工作指导书或操作细则等方面。修改工作指导书要关注的问题是流程，且应从四个角度来重新审视流程和记录：工作流程是否存在过剩管理现象？是否存在约束员工操作效率的现象？是否存在职责不明确的现象？流程目标是否没有向员工明确？目前企业全面开展文件改革与流程再识别的活动，并确立了全新的改革原则。

五、质量管理体系下的质量营销策略

该企业为一家以海运为依托，以配送为核心的物流服务企业，其服务质量更是对参与市场竞争有较大的支持力、亲和度、热情度、差错率、及时率、安全性、响应速度以及个性化服务的影响，每一项质量内涵都直接影响着市场营销的结果。剥开形象、广告、宣传这些"外壳"，该客户看到的是隐藏在深处的质量内涵。确立以客户为中心的质量管理体系，建立多渠道的服务检测系统，完善灵活的文件体系和快速反应机制，就是该企业所看到的质量内涵。

该企业不断创新，勇于实践。借助质量管理体系，在业务风险控制、客户服务改善等方面，为大型物流企业综合管理水平的提升作出了表率，使质量管理体系真正成为企业经营发展的基石和保证。在众多的国内外物流企业中，该企业在质量管理体系的应用和客户服务系统改进方面堪称中国物流行业的标杆。

一家企业要以质量求生存，以品种求发展，积极参与国际竞争，就必须制定正确的质量方针和适宜的质量目标。作为企业生产与消费者之间的桥梁——物流，已成为全面质量管理的重要一环。

问题:

1. 该物流企业质量体系运行如何?

2. 为满足客户需求,该物流企业采取了哪些措施?

3. 该物流企业采取了哪些物流质量统计方法?

 综合实训

实训项目:物流企业的质量管理措施

一、实训目的

(1) 了解物流企业质量评价常用指标有哪些,并学会指标的计算和运用。

(2) 了解和熟悉物流企业应用PDCA循环方法的八个步骤。

(3) 应用质量管理统计工具对物流质量进行分析。

(4) 分析物流企业质量管理措施。

二、实训内容

(1) 实地参观物流企业,熟悉物流企业的质量管理保障。

(2) 运用物流服务质量指标,衡量物流企业物流质量水平。

(3) 应用质量管理统计工具对物流企业的质量管理进行分析,发现问题,并提出优化和改进方案。

(4) 调研与分析物流企业如何推行质量认证,及如何建立其质量管理体系。

三、背景资料

某物流企业是一家货代企业,业务相对单一,作业流程也相对简单,其业务流程主要分两大部分:一是发运作业,二是到达作业。该企业高管多多少少存在"重市场、轻管理"的思想观念,将精力大多投入市场开发等具体业务环节,对于企业的管理,包括质量管理重视不够,该物流企业在运营过程中遇到不少问题,服务质量水平不能得到客户的完全认同。

请设计调查问卷调查该物流企业服务质量现状,并运用统计工具进行具体分析,提出改进措施,从而帮助该物流企业建立质量管理体系。

四、实训要求

(1) 5~6人为一组,进行合理分工,每人应有明确任务。

(2) 认真考察物流企业,针对各项物流活动,熟悉其质量管理的制度、方法和手段。

(3) 根据所学知识,对物流企业的质量管理现状进行分析。

(4) 撰写实训报告。

(5) 实训报告完成后设课堂讨论课,相互交流实训经验。

项目十 智慧物流企业的信息技术

▶ 思政目标 ◀
◎具有技术前沿思维。

▶ 知识目标 ◀
◎了解物流信息的分类，电子物流的含义，条形码技术的原理，物流信息系统的功能，EOS、POS 的原理。

◎明确物流信息系统的概念及功能，物流信息技术的含义，EDI 的工作流程。

◎熟知物流信息资源的含义及类型，电子物流的实施步骤，GPS、GIS 在物流领域的应用。

◎掌握物流信息的概念，物流信息资源管理的内容，条形码的类别以及 RFID 技术的原理和运用。

◎了解物流智能技术。

▶ 技能目标 ◀
◎能够协助物流企业开展信息资源管理工作。

◎能够参与物流管理信息系统的开发。

◎会使用部分智能技术。

 引例

某物流企业的管理信息系统

某物流企业在管理信息系统使用之前的状况是，储运管理处每天管理 10 万平方米仓库和少量短驳运输业务量；每天手工处理 100~200 张订单；订单处理准确率 90% 左右；每张订单处理平均耗时 40 分钟；修改一张错误订单信息耗时 45 分钟左右。

使用物流管理信息系统以后的状况是，在管理人员没有增加的情况下，物流业务管理量提高了 3 倍，不但管理 10 万平方米的仓库和所有的短驳业务，而且增加了铁路运输、长途公路运输、内河航运业务的管理；系统最高峰可以处理超过 1000 张订单，平均下来每天处理订单 600 张；业务操作准确率超过 99%；每张订单调度处理平均耗时 2 分钟；修改错误信息在 2 分钟以内。

使用管理信息系统前后的对比如表 10-1 所示。

表 10-1　系统使用前后的对比

项目	订单处理（张/日）	准确率（%）	平均耗时（分钟）	修改错误（分钟）
上系统前	100～200	90	40	45
上系统后	600	99	2	2

这一案例表明：现代物流企业与传统物流企业的一个明显区别就是信息技术的运用。由于物流本身的活动环节多、变化快，所以产生的信息量非常大。靠传统的人工方式来收集、处理、储存、传递信息将越发困难，企业管理势必产生混乱，工作效率大大降低。物流企业必须要运用先进的信息技术来提升自身的管理水平和运作效率，这是任何现代物流企业都必须达到的基本要求，也是企业获取核心竞争力的途径之一。

任务一　物流信息概述

一、物流信息的概念及种类

（一）物流信息的概念

物流信息是由物流活动引起，能反映物流活动实际状况、特征及发展变化，并经处理过的对物流有用的数据、情报、指令、消息等的统称。物流活动环节多且始终处在变化过程中，所以伴随物流活动会产生大量的信息。物流信息的处理方法和手段便是物流信息工作的主要内容。

小思考 10-1

物流数据、物流情报、物流消息等于物流信息吗？

答：物流数据、物流情报、物流消息不能简单地等同于物流信息。

物流数据是记录下来的可以鉴别的符号，是以数字、符号、图表、文字等对物流运动中的数量关系的客观描述。信息是对数据的解释，数据被处理后仍是数据。物流数据只有经过处理和解释，能够被人们接受和理解，才能成为物流信息。所以可以说，数据是构成信息的"原材料"，物流信息是经过处理后得到的"产品"。

物流情报是物流信息的一部分。物流情报是那些有一定目的性，具有很强的时效性，经过特殊方式和渠道加以传送的最新情况的消息和报告。

物流消息是物流信息的外壳和形式，物流信息是物流消息的核心内容，物流消息中所包含的信息量大小是各不相同的。

（二）物流信息的种类

1. **按物流信息产生领域分类**

按物流信息产生的领域，物流信息可分为物流系统内信息和物流系统外信息。

（1）物流系统内信息。物流系统内信息是伴随物流活动而发生的信息，包括物料流转信息、物流作业信息、物流控制层信息和物流管理层信息。

（2）物流系统外信息。物流系统外信息是指在物流活动以外的其他领域产生的，对物流活动起指导作用的信息，包括供货信息、客户信息、订货信息、交通运输信息、市场信息、政策信息，还有来自企业内生产、财务等部门的与物流有关的信息。

2. **按物流信息作用不同分类**

按物流信息作用不同，物流信息可分为以下几类。

（1）计划信息。计划信息包括货运量计划、仓库吞吐量计划、与物流活动有关的国民经济计划、工农业产品产量计划等。这种信息的特点是带有相对稳定性，信息更新速度慢。计划信息是制定战略决策的依据。

（2）控制及作业信息。控制及作业信息是指物流活动过程中发生的信息，如库存种类、库存量、在运量、运输工具状况、物价、运费等。这类信息的特点是具有较强的动态性，更新速度快，并且富有时效性，即只有及时得到信息才有用，否则将变得毫无价值。控制及作业信息的作用是控制和调整正在发生的物流活动和指导下一次即将发生的物流活动，以实现对过程的控制和对业务活动的调整。

（3）统计信息。统计信息是指在物流活动结束后，对整个物流活动进行总结、归纳的信息。通过统计信息可以掌握过去的物流活动及规律，以指导物流战略发展和制订计划。

（4）支持信息。支持信息是指能对物流计划、业务、操作有影响或有关的文化、科技、产品、法律、教育、民俗等方面的信息，如物流技术的革新、物流人才需求等。这些信息不仅对物流战略发展有价值，而且也能对控制、操作起到指导、启发的作用，是可以从整体上提高物流水平的一类信息。

3. **按物流信息的加工程度不同分类**

按加工程度不同，可将物流信息分为原始信息和加工信息。

（1）原始信息。原始信息是指未被加工过的信息，是最有权威性的凭证性信息。原始信息是加工信息可靠性的保证。

（2）加工信息。加工信息是对原始信息进行分类、汇总、整理、检索等处理后的信息。这种信息是原始信息的提炼、简化和综合。加工信息对使用者有更大的使用价值。

4. **按物流活动领域分类**

物流系统的各个子系统、各个功能系统都产生物流系统，按这些领域可将物流信息分为运输信息、仓储信息、装卸信息等。

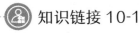知识链接 10-1

物流信息的特点

与其他领域信息相比,物流信息的特殊性主要表现在以下几个方面。

(1)物流信息来源广、信息量大。这是由于物流系统涉及范围广、内容复杂而形成的。

(2)物流信息动态性强,信息的价值衰减速度快。这就要求物流信息管理工作具有较强的及时性。

(3)物流信息种类多,不仅本系统内部各环节有不同种类的信息,而且由于物流系统与其他系统,如生产系统、销售系统、消费系统等密切相关,因而还必须收集这些类别的信息,这就使对物流信息进行分类、研究、筛选等的难度增加。

二、物流信息系统

(一)物流信息系统的概念

物流信息系统是指由人员、设备和程序组成的,为物流管理者执行计划、实施、控制等职能提供信息的交互系统,它与物流作业系统一样都是物流系统的子系统。

物流系统包括运输系统、储存保管系统、装卸搬运、流通加工系统、物流信息系统等方面。其中物流信息系统是高层次的活动,是物流系统中最重要的方面,涉及运作体制、标准化、电子化及自动化等方面的问题。由于现代计算机及计算机网络的广泛应用,物流信息系统的发展有了一个坚实的基础。计算机技术、网络技术及相关的数据库、条形码技术、EDI 等技术的应用使得物流活动中的人工、重复劳动及错误发生率减少,效率增加,信息流转加速,物流管理发生了巨大变化。

(二)物流信息系统的分类

按物流信息系统的功能分类,可分为事务处理信息系统、办公自动化系统、管理信息系统、决策支持系统、高层支持系统、企业间信息系统。

按管理决策的层次分类,可分为物流作业管理系统、物流协调控制系统、物流决策支持系统。

按系统的应用对象分类,可分为面向制造企业的物流管理信息系统、面向物流企业的物流管理信息系统、面向第三方物流企业的物流信息系统,以及面向零售商、中间商、供应商的物流管理信息系统。

按系统采用的技术分类,可分为单机系统、内部网络系统,以及与合作伙伴、客户互联的系统。

(三)物流信息系统的内容

物流信息系统根据不同企业的需要可以有不同层次、不同程度的应用和不同子系统的划分。例如,有的企业由于规模小、业务少,可能使用的仅仅是单功能系统,而另一些企业可能就使用功能强大的多功能系统。一般来说,一个完整、典型的物流信息系统可由作业信息处理系统、控制信息处理系统、物流决策支持系统三个子系统组成。

1. 作业信息处理系统

作业信息处理系统一般有电子自动订货系统(EOS)、销售时点信息系统(POS)、智能运输系统(ITS)等类型。

电子自动订货系统是指企业利用通信网络和终端设备以在线连接方式进行订货作业和订单信息交换的系统。及时准确地处理订单是 EOS 的重要职能。

销售时点信息系统是指通过自动读取设备在销售商品时直接读取商品销售信息，并通过通信网络和计算机系统传送至有关部门进行商品库存的数量分析、指定货位和调整库存以提高经营效率的系统。

智能运输系统是典型的发货和配送系统，它将信息技术贯穿于发货和配送的全过程，能够快捷、准确地将货物运达目的地。

> **小思考 10-2**
>
> 什么是智能运输系统？
>
> 答：智能交通系统是指将先进的信息技术、数据通信传输技术、电子传感技术、电子控制技术以及计算机处理技术等有效地集成运用于整个交通运输管理体系，而建立起的一种在大范围内、全方位发挥作用的，实时、准确、高效的综合运输和管理系统。
>
> 智能交通系统的范围包括机场、车站客流疏导系统，城市交通智能调度系统，高速公路智能调度系统，运营车辆调度管理系统，机动车自动控制系统等。
>
> 智能交通系统的作用是通过人、车、路的和谐及密切配合提高交通运输效率，缓解交通阻塞，提高路网通过能力，减少交通事故，降低能源消耗，减轻环境污染。

2. 控制信息处理系统

控制信息处理系统主要包括库存管理系统和配送管理系统。

库存管理系统负责利用收集到的物流信息，制定出最优库存方式、库存量、库存品种以及安全防范措施等。

配送管理系统则将商品按配送方向、配送要求分类，制订科学、合理、经济的运输工具调配计划和配送路线计划等。

3. 物流决策支持系统

物流决策支持系统是为管理层提供的信息系统资源，是给决策过程提供所需的信息、数据支持、方案选择支持。一般应用于非常规、非结构化问题的决策。但是决策支持系统只是一套计算机化的工具，可以帮助管理者更好地作出决策，不能代替管理者决策。

三、电子物流

面对不断增强的国内外竞争和不断变化的产业环境，物流管理出现了一些新的挑战和难点：可视性不高、交货周期变短、客户订单机会损失增大、信息缺乏集中、不能快速响应市场、成本难以降低、库存过大、资金流转时间长等。这些问题的解决,需要依赖新的物流管理手段——电子物流。

(一)电子物流的概念与特点

1. 电子物流的概念

电子物流就是利用电子化的手段,尤其是利用互联网技术来完成物流全过程的协调、控制和管理,实现从网络前端到最终客户端的所有中间过程服务,最显著的特点是各种软件技术与物流服务的融合应用。

电子物流的主要功能包括发货仓库和在途的库存量的及时监控,运输货物在途状况的追踪查询,物流运送各个环节的自动预警机制等。

总之,电子物流就是将企业现有的 EDI(电子数据交换)、ERP(企业资源计划)、SCM(供应链管理)、CRM(客户关系管理)等有关系统中所产生的物流信息,在互联网上与综合物流服务的企业,以实时的、双向的数据交换方式进行物流信息整合,借此提高物流效率和服务水平,创造新的附加值,如图 10-1 所示。

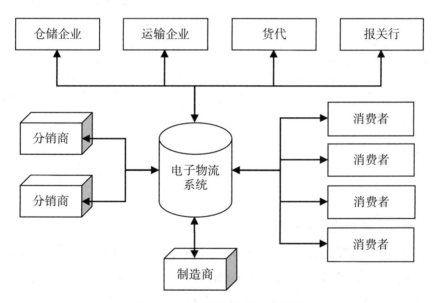

图 10-1 电子物流概念示意图

2. 电子物流的特点

电子物流具有如下特点。

第一,电子物流的服务提供商所提供的一般都是综合性的物流服务,而且服务的范围比一般意义上的物流服务更为广泛,如物流咨询、方案制定等个性化服务。

第二,大量应用互联网、EDI 等现代技术手段,以实时、全方位、透明化的信息传递与共享,实现供应链物流的有效集成。

第三,能够随时根据用户的服务需求定制服务,提供柔性的、个性化的服务。

第四,跨平台地将各种软件进行集成,从战略规划、计划制订、运营管理、业务调度、客户服务一直到各作业环节,全部集成到统一的平台上操作,提高了物流系统的效率。

传统物流与电子物流的性能比较如表 10-2 所示。

表 10-2 传统物流与电子物流的性能比较表

传统物流	电子物流
仓库库存量信息不明	仓库库存量可追踪查询
高安全库存量与高库存保管费用	清楚掌握库存量,无须保持较高的安全库存量,同时节省无谓的库存保管支出
紧急出货次数及运输成本高	确实掌握安全库存量,能用一般托运方式出货
库存不足导致机会损失增大	确实掌握补货情况,避免库存不足的情况发生
货物在途状况不明	货物在途状况追踪查询
因信息不足所产生运输周期管理上的困难	提供支援决策所需的重要信息,能够评估不同路线、不同运输者的表现等
客户服务品质不佳	掌握运交货物所在位置,能够及时回复客户的询问
物流过程中有限的信息整合	自动化的整合共用平台
高度依赖人工式的手工作业与相对高的人工成本	整合客户、供应商、物流业者和运输商的物流系统,降低人工作业查询的需求
过长的查询回复时间	共用平台的信息整合可协助及时状况追踪查询
信息不准确,错误率高	将记录与查询流程自动化,提高信息的正确度

(二)实施电子物流系统的关键因素和步骤

1. 实施电子物流系统的关键因素

实施电子物流系统实际上是一项基于供应链管理的信息化工程,不但要涉及企业内部,还要延伸至上下游相关的企业,甚至是最终的消费者。因此,要建设一个成功的电子物流系统,企业需要全方位地考察自己的物流管理,并且认真分析如下关键问题。

(1)组织结构:什么样的组织结构才能够最大限度地支持整个物流过程?

(2)生产制造:如何使制造与客户需求保持最大的同步?

(3)信息技术:建设什么样的信息系统来满足物流的管理和控制要求?

(4)供应商管理:如何协调与供应商的关系,改善管理并避免不必要的成本?

(5)渠道设计:如何与外部的贸易合作伙伴建立顺畅的物流体系?

(6)用户服务:如何建立销售渠道的关键性物流服务标准?

2. 实施电子物流系统的实现步骤

电子物流实施过程通常都包括了如下的步骤或环节。

商务沟通（服务商选择）→业务咨询→应用服务→组织改造→IT基础设施整合

(1) 商务沟通阶段。该阶段主要是计划的管理与沟通，要与服务提供商、企业内各部门以及物流链上相关的企业或消费者加强沟通、考察和关系的管理。

(2) 业务咨询阶段。该阶段主要任务是处理和评估企业内的当前业务流程，确定改进方向和计划，评估风险和收益。

(3) 应用服务阶段。该阶段主要任务是确定、设计、整合满足物流链上各单位或部门需要的软件系统。

(4) 组织改造阶段。该阶段主要任务是评估现有的组织能力，制订沟通与训练计划，设计人力管理计划，改造管理方案和确定评估标准。

(5) IT基础设施整合。该阶段主要任务是评估物流企业各个单位的IT基础设施，进行差异分析，提供IT基础设施整合的计划、流程和实施计划。

任务二　物流信息技术

物流信息技术，简单地说，就是运用于物流各环节中的信息技术。根据物流的功能以及特点，物流信息技术包括计算机技术、网络技术、信息分类编码技术、条形码技术、射频识别技术、电子数据交换技术、全球定位系统(GPS)、地理信息系统(GIS)等。

物流信息技术是物流现代化的重要标志，也是物流技术中发展最快的领域，从数据采集的条形码系统，到办公自动化系统中的微机、互联网，各种终端设备等硬件以及计算机软件都在日新月异地发展。同时，随着物流信息技术的不断发展，产生了一系列新的物流理念和新的物流经营方式，推进了物流的变革。在供应链管理方面，物流信息技术的发展也改变了企业应用供应链管理获得竞争优势的方式，成功的企业通过应用信息技术来支持它的经营战略并选择经营业务，通过利用信息技术来提高供应链活动的效率，增强整个供应链的经营决策能力。

一、条形码技术

条形码技术是一种自动识别技术，具有输入速度快、准确率高、成本低、可靠性强等优点。在物流企业管理中，利用条形码技术可以对物品进行自动识别和描述物品的信息，从而解决了数据录入和数据采集的瓶颈问题，极大地满足了现代物流流量大和高速化的要求，从而大幅度提高了物流效率、降低了物流的成本，同时提高了物流的管理水平。条形码是实现POS系统、EDI、电子商务、供应链管理的技术基础，是物流管理现代化的重要技术手段。

(一) 条形码技术的概述

条形码是由一组规则排列的条、空以及对应的字符组成的标记，黑色的"条"指对光线反射率较低的部分，白色的"空"指对光线反射率较高的部分。"条"与"空"的宽度不同，能使扫描光线产生不同的反射接收效果，并经光电转换形成不同的电脉冲，这些电脉冲就是信息。

知识链接 10-2

条形码的种类

目前使用的有两种条形码,具体如下。

一维条形码(1D Barcode),只是在一个方向(一般是水平方向)表达信息,而在垂直方向则不表达任何信息,其具有一定的高度通常是为了便于阅读器的对准。

二维条形码(2D Barcode),在水平和垂直方向的二维空间都存储有信息的条形码,即是将一维条形码存储信息的方式在二维空间上的扩展。

通常对于每一种物品,它的编码是唯一的。对于普通的一维条形码来说,还要通过数据库建立条形码与商品信息的对应关系,当条形码的数据传到计算机上时,由计算机上的应用程序对数据进行操作和处理。因此,普通的一维条形码在使用过程中仅作为识别信息,它的意义是通过在计算机系统的数据库中提取相应的信息而实现的。

(二)条形码的码制

条形码的码制是指条形码的条和空的排列规则,常用的一维码的码制包括 EAN 码、39 码、128 码、93 码、交叉 25 码、Codabar 码(库德巴码)等。不同的码制有它们各自的应用领域。

1. EAN 码

EAN 码是国际通用的符号体系,是一种长度固定、无含义的条形码,所表达的信息全部为数字,主要应用于商品标识。

2. 39 码和 128 码

39 码和 128 码为目前国内企业内部自定义码制,可以根据需要确定条形码的长度和信息,它编码的信息可以是数字,也可以包含字母,主要应用于工业生产线领域、图书管理等。

3. 93 码

93 码是一种类似于 39 码的条形码,它的密度较高,能够替代 39 码。

4. 交叉 25 码

交叉 25 码只应用于包装、运输以及国际航空系统的机票顺序编号等。

5. Codabar 码

Codabar 码应用于血库、图书馆、包裹等的跟踪管理。

(三)条形码符号的组成

一个完整的条形码的组成次序为:静区(前)、起始符、数据符、终止符、静区(后),如图 10-2 所示。

1. 静区

静区是指条形码符号的组成左右两端外侧与空的反射率相同的限定区域,它能使阅读器进入准备阅读的状态。当两个条形码符号的组成相距较近时,静区则有助于对它们加以区分。

静区的宽度通常应不小于6毫米(或10倍模块宽度)。

图10-2 条形码符号的组成

2. 起始/终止符

起始/终止符是指位于条形码开始和结束处的若干条与空,标志条形码的开始和结束,同时提供了码制识别信息和阅读方向的信息。

3. 数据符

数据符位于条形码中间的条、空结构,它包含条形码所表达的特定信息。

构成条形码的基本单位是模块,模块是指条形码中最窄的条或空,模块的宽度通常以毫米(mm)或千分之一英寸(mil)为单位。构成条形码的一个条或空称为一个单元。一个单元包含的模块数是由编码方式决定的,有些码制中,如 EAN 码,所有单元由一个或多个模块组成;而另一些码制,如 39 码,所有单元只有两种宽度,即宽单元和窄单元,其中的窄单元即为一个模块。

(四)条形码阅读器

条形码阅读器是用于读取条形码所包含的信息的设备,它通常包含以下几部分:光源、接收装置、光电转换部件、译码电路、计算机接口。普通的条形码阅读器通常采用光笔、CCD、激光等技术,它们都有各自的优缺点,没有一种阅读器能够在所有方面都具有优势。

小思考10-3

条形码阅读器是怎样工作的?

答:条形码阅读器的基本工作原理如下。由光源发出的光线经过光学系统照射到条形码符号上面,被反射回来的光经过光学系统成像在光电转换器上,使之产生电信号,电信号经过电路放大后产生模拟电压,它与照射到条形码符号上被反射回来的光量成正比,再经过滤波、整形,形成与模拟信号对应的方波信号,经译码器解释为计算机可以直接接收的数字信号。

(五)条形码技术在物流领域的应用

条形码技术在物流领域有较为广泛的应用,主要在以下几个方面。

1. 销售信息系统

在商品上贴上条形码就能快速、准确地利用计算机进行销售和配送管理。其过程如下:对销售商品进行结算时,通过光电扫描读取并将信息输入计算机,然后输进收款机,收款后开出收据,同时,通过计算机处理,掌握进、销、存的数据。

2. 库存系统

在库存物资上应用条形码技术,尤其是规格包装、集装、托盘货物上,入库时自动扫描并输入计算机,由计算机处理后形成库存的信息,并输出入库区位、货架、货位的指令。出库程序则和 POS 系统条形码应用一样。

3. 分货拣选系统

在配送和仓库出货时,采用分货、拣选方式,需要快速处理大量的货物,利用条形码技术便可自动进行分货拣选,并实现有关的管理。其过程如下:一个配送中心接到若干个配送订货要求,将若干订货汇总,每一品种汇总成批后,按批发出所在条形码的拣货标签,拣货人员到库中将标签贴于每件商品上并取出,用自动分拣机分货,分货机始端的扫描器对分货机上处于运动状态的货物扫描,一方面确认所拣出货物是否正确,另一方面识读货物条形码上的用户标记,指令商品在确定的分支分流,到达各用户的配送货位,完成分货拣选作业。

知识链接 10-3

条形码技术的优越性

与其他自动化识别技术相比,条形码技术具有如下的优越性。

(1)可靠准确。有资料表明键盘输入平均每 300 个字符有一个错误,而条形码输入平均每 15000 个字符才有一个错误。

(2)数据输入速度快。键盘输入,一个每分钟打 90 个字的打字员,1.6 秒可输入 12 个字符或字符串,而使用条形码,做同样的工作只需 0.3 秒,速度提高了 4 倍多。

(3)经济便宜。与其他自动化识别技术相比较,推广应用条形码技术所需费用较低。另外,条形码标签易于制作,对印刷技术设备和材料无特殊要求。

(4)灵活、实用。条形码符号作为一种识别手段可以单独使用,也可以和有关设备组成识别系统实现自动化识别,还可和其他控制设备联系起来实现整个系统的自动化管理。同时,在没有自动识别设备时,也可实现手工键盘输入。

(5)自由度大。识别装置与条形码标签相对位置的自由度要比光学字符识别(OCR)大得多。条形码通常只在一维方向上表达信息,而同一条形码上所表示的信息完全相同并且连续,这样即使是标签有部分残缺,仍可以通过正常部分输入正确的信息。

(6)设备简单。条形码符号识别设备的结构简单,操作容易,无须进行专门训练。

二、EDI 技术

(一)EDI 的概述

EDI 即电子数据交换,是指通过电子方式,采用标准化的格式,利用计算机网络进行结构化数据的传输和交换。它通过计算机通信网络将贸易、运输、保险、银行和海关等行业信息,用一种国际公认的标准格式,实现各有关部门与企业之间的数据交换和处理。

构成 EDI 系统的三个要素是 EDI 软硬件、通信网络以及数据标准。一个部门或企业若要实现 EDI,首先必须有一套计算机数据处理系统,其次为使本企业内部数据比较容易地转换为 EDI 标准格式,必须采用 EDI 标准,最后通信环境的优劣也是关系到 EDI 成败的重要因素之一。

(二)EDI 工作流程

一个典型的 EDI 工作过程及文件流程图如图 10-3 所示。

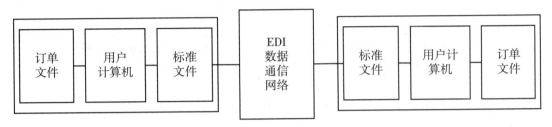

图 10-3　EDI 工作流程

(1)文件的结构化和标准化处理。用户将原始的纸面商业或行政文件,经计算机处理,形成具有标准格式的 EDI 数据文件。

(2)传输和交换。将标准的报文数据,经过 EDI 数据通信和交换网传送到对方用户的计算机系统。

(3)文件接收和自动处理。用户计算机接收到报文数据后,立即按特定的程序自动处理,还原出订单文件。

完整的 EDI 系统功能模型如图 10-4 所示。

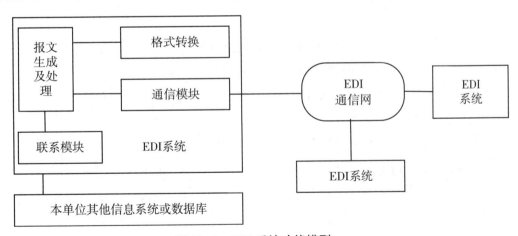

图 10-4　EDI 系统功能模型

(三)物流 EDI

物流 EDI 是指货主、承运业主以及其他相关的单位之间,通过 EDI 系统进行物流数据交换,并以此为基础实施物流活动的方法。

EDI 最初由美国企业应用在企业间的订货业务活动中,其后应用范围由订货业务向其他业务扩展,在物流中也得到广泛应用。物流 EDI 的框架结构如图 10-5 所示。

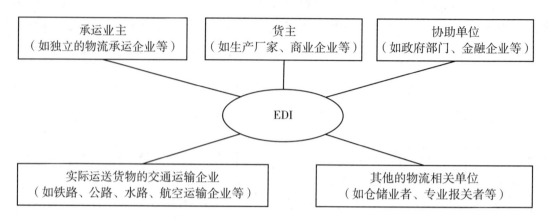

图 10-5 物流 EDI

物流 EDI 的参与单位由货主(如生产厂家、商业企业等)、承运业主(如独立的物流承运企业等)、实际运送货物的交通运输企业(如铁路、公路、水路、航空运输企业等)、协助单位(如政府部门、金融企业等)和其他的物流相关单位(如仓储业者、专业报关者等)。

物流 EDI 的优点在于供应链组成各方基于标准化的信息格式和处理方法通过 EDI 共同分享信息,提高物流效率,降低物流成本。例如,对零售商来说,应用 EDI 系统可以大大降低进货作业的出错率,节省进货商品检验的时间和成本,能迅速核对进货和到货的数据,易于发现差错。

 知识链接 10-4

EDI 在供应链管理过程中的应用

EDI 是一种信息管理或处理的有效手段,它是对供应链上的信息流进行运作的有效方法。EDI 的目的是充分利用现有计算机及通信网络资源,提高贸易伙伴间通信的效率,降低成本。EDI 主要应用于以下企业。

制造业:JIT 即时响应,以减少库存量及生产线待料时间,降低成本。

贸易运输业:快速通关报检、合理使用运输资源,降低贸易运输空间、成本与时间的浪费。

流通业:QR 快速响应,减少商场库存量与空架率,以加速商品资金周转,降低成本。建立物资配送体系,以完成产存运销一体化的供应链管理。

金融业:EFT 电子转账支付,减少金融单位与其用户间交通往返的时间与现金流动风险,并缩短资金流动所需的处理时间,提高用户资金调度的弹性。在跨行服务方面,更可使用户享受到不同金融单位所提供的服务,以提高金融业的服务品质与项目数量。

EDI 应用获益最大的是零售业、制造业和配送业。在这些行业的供应链上应用 EDI 技术使传输发票、订单过程达到了很高的效率,而这些业务代表了它们的核心业务活动——采购和销售。

三、RFID 技术

(一)RFID 技术的概述

RFID 技术即射频识别技术,其原理为阅读器与标签之间进行非接触式的数据通信,达到识别目标的目的。其常被称为感应式电子晶片或近接卡、感应卡、非接触卡、电子标签、电子条形码等。射频识别技术是一种非接触式的自动识别技术,它通过射频信号自动识别目标对象来获取相关数据。识别工作无须人工干预,可工作于各种恶劣环境。短距离射频产品不怕油渍、灰尘污染等恶劣的环境,可以替代条形码,如用在工厂的流水线上跟踪物体。长距离射频产品多用于交通上,识别距离可达几十米,如自动收费或识别车辆身份等。

(二)RFID 技术在物流企业中的应用

鉴于射频识别技术的优势,RFID 技术已被广泛用于物流、交通运输、工业自动化、安全认证、身份识别等众多领域。最广泛的应用是在交通运输管理(汽车和货箱身份鉴别)、路桥收费、门禁保安、自动化生产和货物标签等方面。其他运用包括工具识别、人员监控、包裹和行李分类、车辆监控、物料跟踪和货架识别等。

1. 高速公路自动收费及交通管理

目前,我国的高速公路发展迅速,但是人工收费系统常造成交通堵塞。在高速公路中运用 RFID 技术,可有效地解决这个问题,它能在携带标签的车辆高速通过收费站的同时自动完成收费。装有电子标签的车辆通过装有射频扫描器的专用隧道、停车场或高速公路路口时,无须停车缴费,大大提高了行车速度。

2. 生产线自动化

在生产流水线上应用 RFID 技术可实现自动控制,能够提高生产效率,改进生产方式,节约成本。例如,德国宝马汽车公司在装配流水线上应用射频识别技术,实现了由用户定制产品的生产方式。他们在装配流水线上安装 RFID 系统,采用可重复使用、带有详细的汽车定制要求的标签,在每个工作点都设有读写器,以保证汽车在每个流水线工作站上都能按定制要求完成装配任务,从而装配出上百种不同款式和风格的宝马汽车。

3. 仓储管理

在仓储管理中应用 RFID 系统,实现了实时货位查询和货位动态分配功能,大幅度减少了查找货位信息的时间,提高了查询和盘点精度,大大加快了出/入库单的流转速度,从而大幅度提高了仓储运作与管理的工作效率,增强了信息处理能力,满足了现代物流管理模式下仓储管理系统的要求。使用远距离射频识别系统时,可在货物仓库的库区内设置一定数量的信号发射和接收装置,从而使得整个库区被覆盖在一个完整的控制网络之下。当携带有射频标签的货物(一般为大型和重要货物)进入射频天线工作区后,射频标签被激活,标签内的数据如生产厂家、货品名称、数量、批号、发货地址和目的地址等,都通过标签上的发射天线被发射出去,系统的接收天线接收到此数据信号后通过传输线传送给阅读器,经阅读器解码和校验后输入计算机。通过这种方式,此商品的全部信息被计算机的数据库完整而准确地记录下来。只要货物不离开库区,不论其在库区内哪一个区域移动,该货物的所有信息均可在计算机的监控之下,如货物在库区中的位置、进入库区的时间、调出库区的时间等,计算机都有准确的记录。这种系统比传统的条形码管理方式更加方便、准确、快捷、灵活,同时也保证了货物的安全性。

四、GPS 技术

(一)GPS 的概述

全球定位系统(global positioning system,GPS)是利用分布在约 2 万千米高空的多颗卫星对地面目标的状况进行精确测定以进行定位、导航的系统,主要用于车辆、船舶和飞机的导航,对地面目标的精确定时和精密定位,地面及空中交通管制,空间与地面灾害监测等。GPS 在物流领域可被应用于汽车自定位、跟踪调度,用于铁路运输管理等。

GPS 与其他定位系统相比主要有如下特点。

1. 全球连续定位

GPS 能为全球任何地点或近地用户提供连续的全球导航服务。

2. 定位精度高

GPS 能为各种用户提供多维导航信息,即三维定位装置信息、三维速度信息和精确的时间信息。试验表明,定位误差低于 10 米,计时误差低于 1 微秒。

3. 接近实时定位

GPS 所需的定位时间极短,从开机冷启动到捕获到卫星,直至精密定位,最长时间为 30 秒,而每次定位刷新时间只需 1 秒或 0.5 秒。

4. 抗干扰能力强

GPS 采用扩频调制技术和相关接收技术,从而使用户的接收机系统具有抗干扰能力强、保密性好等特点。

5. 被动性全天候导航

用户只要装备接收装置就可以接收系统的信号进行导航定位,不要求用户发射任何信号,因而装置体积小且安装灵活。这种被动式导航不仅隐蔽性好,而且可以容纳无限的用户。

(二)GPS 在物流信息管理中的应用

GPS 以其全球性、实时性、全天候、连续、快速和高精度的特点,在物流领域得到日益广泛的应用,具体表现在以下几个方面。

1. 汽车定位

无线数据通信技术配合 GPS 定位技术,可以用于智能交通管理,对移动中的车辆进行实时的监控和调度。安装在车辆上的定位仪器可以实时获取车辆的位置信息,包括纬度、速度、方向等。通过车辆无线数据通信系统,将车辆的位置信息以短消息方式传送到指挥监控中心,并显示在电子地图上。同样,无线车辆终端也可以将指挥中心的命令传送到移动的车辆上,实现汽车的定位。

2. 跟踪调度

在运输中,利用移动计算机与 GPS/GIS 车辆信息系统互联,可使得整个运输车队在运行中都受到中央调度系统的控制。中央调度系统可以对车辆的位置、状况等进行实时的监控,利用这些信息对车辆进行优化配置和调遣,可极大地提高运输工作效率,同时也能够加强成本控制。另外,通过将车辆载货情况以及到达目的地的时间预先通知下游单位配送中心或仓库等,有利于下游单位合理地配置资源、安排作业,从而提高运营效率,节约物流成本。

3. 航运管理

在我国,GPS 最先应用于海洋运输的船舶导航。GPS 技术的应用使得航运管理变得更加智能化和高效化,提升了航运生产管理的科技含量,对加强水上安全管理、提升船舶安全意识、提高航运企业效益起到了积极的推动作用,从而促进航运行业生产力的发展。

4. 航空管理

GPS 在航空管理中的应用主要体现在航路导航、进场着陆及空中交通管制三大方面,包括洋区空域航路、内陆空域航路、终端区导引、进场/着陆、机场场面监视和管理、特殊区域导航等具体内容。

5. 铁路运输管理

在铁路运输管理方面,我国开发的基于 GPS 的计算机管理信息系统,可以通过 GPS 和计算机网络实时收集全路列车、机车、集装箱及所运货物的动态信息,可实现列车、货物追踪管理。只要知道货车的车种、车型、车号,就可以立即从近 10 万千米的铁路网上流动着的几十万辆货车中找到该货车,还能得知这辆货车现在何处运行或停在何处,以及所有的车载货物发货信息。铁路部门运用这项技术可大大提高其路网经营的透明度,为货主提供更高质量的服务。

五、GIS 技术

(一)GIS 的概述

地理信息系统(geographic information system,GIS)是多种学科交叉的产物,它以地理空间数据为基础,采用地理模型分析方法,适时地提供多种空间的和动态的地理信息,是一种为地理研究和地理决策服务的计算机技术系统。其基本功能是将表格型数据（无论它来自数据库、电子表格文件还是直接通过程序输入）转换为地理图形显示,然后对显示结果进行浏览、操作和分析。其显示范围可以从洲际地图到非常详细的街区地图,显示对象包括人口、销售情况、运输线路和其他内容。

GIS 是由计算机硬件系统、计算机软件系统、空间数据、人员（管理人员和用户）组成的,其核心部分是计算机硬件和软件系统,空间数据反映了 GIS 的地理内容,而人员（管理人员和用户）则决定了系统的工作方式和信息表示方式。

1. 计算机硬件系统

硬件的性能影响到处理速度、使用是否方便及可能的输出方式。其包括计算机系统、数据输入设备、数据存储设备、数据输出设备、数据传输设备。

2. 计算机软件系统

为了实现复杂的空间数据管理功能,GIS 需要有与硬件环境相配套的多种软件功能模块。在软件层次上需要有系统软件、基础软件、基本功能软件、应用软件等多层次体系。根据 GIS 的功能可划分为计算机系统软件和基础软件、数据输入子系统、数据编辑子系统、空间数据库管理系统、空间查询与空间分析系统、数据输出子系统。

3. 空间数据

空间数据是指以地球表面空间位置为参照的自然、社会和人文经济景观数据,可以是图形、图像、表格和数字等。GIS 的空间数据主要包括实体在某个已知坐标系中的位置、实体间的空间位置、与几何位置无关的属性。

4. 人员

人是 GIS 中最重要的组成部分。GIS 的人员包括管理人员和用户。负责开发的管理人员必须定义 GIS 中被执行的各种任务,开发处理程序。

（二）GIS 在物流企业信息管理中的应用

GIS 在物流领域得到日益广泛的应用,具体表现在以下几个方面。

1. 提供跟踪服务

通过运用 GPS 和 GIS,实时跟踪车辆、货物的运动,及时确定其所在的准确位置,这项技术正在道路运输,特别是物流配送中得到越来越广泛的应用。车辆跟踪是通过全球移动通信网络的短消息服务,进行数据连接,车辆上安装的设备有 GPS 信号接收仪、调制解调器和呼叫控制器,而地面站由地面调制解调器和 GPS 工作站组成。通过空间的卫星通信能在 GPS 工作站的电子地图上显示出车辆当前的位置和当时的速度。监控中心在了解车辆目前的运行状况和所处的地理位置后,利用短消息或语音的方式对车辆进行合理调度。此外,还能把车辆运行的轨迹在电子地图上进行回放。

2. 紧急情况下的路线安排

在时间紧迫的情况下,找出可替代的行车线路。在许多城市地区,由于交通情况复杂多变(如某路段上临时发生交通阻塞等),适时地为司机提供更多的信息可以减轻交通拥挤,提高驾驶安全性并尽快到达目的地。例如,对时间敏感的物料获取、加工和配送活动,一个基于GIS、为时间紧迫型物流而设计、在交通拥挤时能发出最短路径的决策支持软件系统,可凭借精确细致的临时解决方案,预测道路网的交通量,并根据货物的最迟到达时间和目的地,找出车辆的最佳出发时间和行驶路线。

3. 仓库(超市)的合理选择

运用适当的软件,结合相应的空间和属性数据,如一个地区的人口、人均收入、年龄分布、驾车时间等,综合这几个图层,可以得出仓库或超市的最佳地址。

4. 综合物流分析

GIS应用于物流分析,主要就是指利用GIS特有的强大的地理数据处理功能来完善物流分析工作。利用GIS在处理空间数据、多层分析、强大的地理图形和图形处理功能等领域的优势对物流过程相关数据进行深度分析,为物流过程参与各方提供决策依据。

六、电子自动订货系统(EOS)

电子自动订货系统(electric ordering system,EOS)是零售业与批发业之间通过增值网或互联网和终端设备,以在线联结方式(on-line),用计算机处理从订货到接单的各种信息的系统。

EOS系统并非单个的零售店与单个的批发商组成的系统,而是许多零售店与许多批发商组成的大系统的整体运作方式。EOS系统基本上是在零售的终端利用条形码阅读器获取准备采购的商品条形码,并在终端机上输入订货资料,利用网络传到批发商的计算机中;批发商开出提货传票,并根据传票同时开出拣货单,实施拣货,然后依据送货传票进行商品发货;送货传票上的资料便成为零售商的应付账款资料及批发商的应收账款资料,并接到应收账款的系统中去;零售商对送到的货物进行检验后,便可以陈列与销售了。

EOS按应用范围可分为企业内的EOS系统(如连锁店经营中各个连锁分店与总部之间建立的EOS系统等),零售商与批发商之间的EOS系统以及零售商、批发商和生产商之间的EOS系统。EOS的基本框架如图10-6所示。

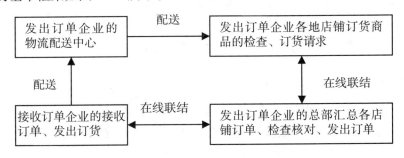

图10-6　EOS的基本框架

EOS 系统能及时准确地交换订货信息，它在企业物流管理中的作用如下。

（1）对于传统的订货方式，如上门订货、邮寄订货、电话/传真订货等，EOS 系统可以缩短从接到订单到发出订货的时间，缩短订货商品的交货期，减少商品订单的出错率，节省人工费。

（2）有利于降低企业的库存水平，提高企业的库存管理效益，同时也能防止商品特别是畅销商品缺货现象的出现。

（3）对于生产厂家和批发商来说，通过分析零售商的商品订货信息，能准确判断畅销商品和滞销商品，有利于企业调整商品生产和销售计划。

（4）有利于提高企业物流信息系统的效率，使各个业务信息子系统之间的数据交换更加便利和迅速，丰富企业的经营信息。

> **小思考 10-4**
>
> 企业在应用 EOS 系统时应注意哪些问题？
>
> 答：企业在应用 EOS 系统时应注意如下问题。
>
> （1）订货业务作业的标准化，这是有效利用 EOS 系统的前提条件。
>
> （2）商品代码的设计。在零售行业的产品管理方式中，每一个商品品种对应一个独立的商品代码，商品代码一般采用国家统一规定的标准。对于统一标准中没有规定的商品，则采用本企业自己规定的商品代码。商品代码的设计是应用 EOS 系统的基础条件。
>
> （3）订货商品目录账册(order book)的制作和更新。订货商品目录账册的设计和运用是 EOS 系统成功的重要保证。
>
> （4）计算机以及订货信息输入和输出终端设备的添置与 EOS 系统设计是应用 EOS 系统的基本条件。需要制定 EOS 系统应用手册并协调部门间、企业间的经营活动。

七、销售时点信息系统(POS)

销售时点信息系统(point of sale，POS)是指通过自动读取设备(如收银机等)在销售商品时直接读取商品销售信息(如商品名、单价、销售数量、销售时间、销售店铺、购买客户等)，并通过通信网络和计算机系统传送至有关部门进行分析加工以提高经营效率的系统。POS 系统最早应用于零售业，之后逐渐扩展至其他服务行业(如金融、旅馆等)，利用 POS 系统的范围也从企业内部扩展到整个供应链。

商业 POS 系统分为硬件系统和软件系统两个部分。

（一）硬件系统

硬件系统是一个计算机网络系统，既可以是集中式的大系统，又可以用微型机连成局域网，这要视商场的规模、信息量、处理量和资金投入而定。大致可分为以下三大组成部分(图 10-7)。

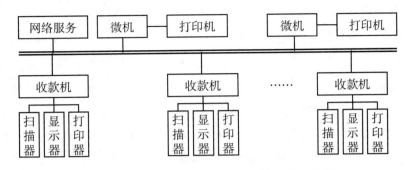

图 10-7 商业 POS 系统硬件系统组成示意图

1. 前台收款机

前台收款机可采用具有客户显示屏和票据打印机、条形码扫描器的 POS 机型。条形码扫描器可根据商品的特点选用手持式或台式，以提高数据录入的速度和可靠性。

2. 网络

目前我国大多数商场一般内部信息的交换量很大，而对外的信息交换量则很小，因此，计算机网络系统应采用以高速局域网为主、广域网为辅的整体网络系统。

3. 硬件平台

大型商业企业的商品进、存、调、销的管理复杂，账目数据量大，且需要频繁地进行管理和检索，选择较先进的客户机/服务器结构，可大大提高工作效率，保证数据的安全性、实时性及准确性。

（二）软件系统

软件系统是商业 POS 系统的核心部分。从根本上说，它仍属于管理信息系统(MIS)的范畴，MIS 的三个层次(操作层、管理层、决策层)，对于商业 POS 系统同样适用，但人们更习惯把商业 POS 系统的软件分为前台销售系统和后台管理系统两个部分(图 10-8)。

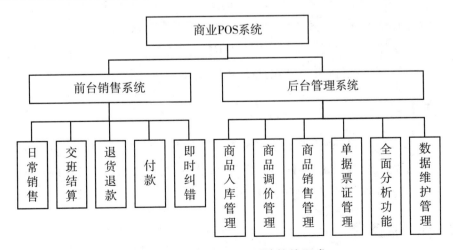

图 10-8 商业 POS 系统软件组成

1. 前台销售系统

前台销售系统应具有以下功能。

（1）日常销售。完成日常的售货收款工作，记录每笔交易的时间、数量、金额，进行销售输入操作。如果遇到条形码不识读等现象，系统应允许手工输入条形码号进行价格查询。

（2）交班结算。进行交班收款员交班的收款小结、大结等管理工作，计算并显示出本班交班时的现金及销售情况，统计并打印收款机全天的销售金额及各售货员的销售额。

（3）退货退款。退货退款功能是日常销售的逆操作。为了提高商场的商业信誉，更好地为客户服务，在客户发现商品出现问题时，允许客户退货。此功能记录退货时的商品种类、数量、金额等，以便于结算管理。

（4）付款。可支持现金、支票、赊账等不同的付款方式，以方便各类不同的客户要求。

（5）即时纠错。在销售过程中出现的错误能够立即修改更正，保证销售数据和记录的准确性。

2. 后台管理系统

后台管理系统应具有以下功能。

（1）商品入库管理。对入库的商品进行输入登录，建立商品数据库，以实现对库存的查询、修改、报表及商品入库验收单的打印等功能。

（2）商品调价管理。由于某些商品的价格随季节和市场等情况而变动，本系统应能提供对这些商品进行调价的管理功能。

（3）商品销售管理。根据商品的销售记录，实现商品的销售、查询、统计、报表等管理，并能对各收款机、收款员、售货员等进行分类统计管理。

（4）单据票证管理。实现商品的内部调拨、残损报告、变价调动、仓库验收盘点报表等各类单据票证的管理。

（5）全面分析功能。商业 POS 系统的后台管理系统应能提供完善的分析功能，分析内容涵盖进、销、调、存过程中的所有主要指标，同时以图形和表格方式提供给管理者。

（6）数据维护管理。实现收款机、收款员的编码、口令管理，支持各类权限控制，具有对本系统所涉及的各类数据进行备份、交易断点的恢复功能。

八、人工智能技术

人工智能就是探索研究用各种机器模拟人类智能的途径，使人类的智能得以物化与延伸的一门学科。它借鉴仿生学思想，用数学语言抽象描述知识，用以模仿生物体系和人类的智能机制，主要的方法有神经网络、进化计算和粒度计算。

九、数据挖掘技术

数据仓库出现在 20 世纪 80 年代中期，它是一个面向主题的、集成的、非易失的、时变的数据集合。数据仓库的目标是把来源不同的、结构相异的数据经加工后在数据仓库中存储、提取和维护,它支持全面的、大量的复杂数据的分析处理和高层次的决策支持。数据仓库使用户拥有任意提取数据的自由,而不干扰业务数据库的正常运行。数据挖掘是从大量的、不完全的、有噪声的、模糊的及随机的实际应用数据中,挖掘出隐含的、未知的、对决策有潜在价值的知识和规则的过程。数据挖掘一般分为描述型数据挖掘和预测型数据挖掘两种。描述型数据挖掘包括数据总结、聚类及关联分析等,预测型数据挖掘包括分类、回归及时间序列分析等。其目的是通过对数据的统计、分析、综合、归纳和推理,揭示事件间的相互关系,预测未来的发展趋势,为企业的决策者提供决策依据。

任务三 物流管理信息系统

一、物流管理信息系统的概述

物流管理信息系统是由人员、计算机硬件、软件、网络通信设备及其他办公设备组成的人机交互系统,其主要功能是进行物流信息的收集、存储、传输、加工整理、维护和输出,为物流管理者及其他组织管理人员提供战略、战术及运作决策的支持,以实现组织的战略优化,提高物流运作的效率与效益。

物流管理信息系统是建立在物流信息的基础上的,只有具备了大量的物流信息,物流管理信息系统才能发挥作用。在物流管理中,人们要寻找经济、有效的方法来克服生产和消费之间的时间距离和空间距离,就必须传递和处理各种与物流相关的情报,这种情报就是物流信息。它与物流过程中的订货、收货、库存管理、发货、配送及回收等职能有机地联系在一起,使整个物流活动顺利进行。

二、物流管理信息系统的功能

物流管理信息系统是物流系统的神经中枢,它作为整个物流系统的指挥和控制系统,可以分为多种子系统或者多种基本功能。通常,可以将其基本功能归纳为以下几个方面。

(一)数据的收集和输入

物流数据的收集首先是将数据通过收集子系统从系统内部或者外部收集到预处理系统中,并整理成为系统要求的格式和形式,然后再通过子系统输入物流信息系统。这一过程是其他功能发挥作用的前提和基础,如果一开始收集和输入的信息不完全或不正确,在接下来的过程中得到的结果就可能是与实际情况完全相左,这将会导致严重的后果。因此,在衡量一个信息系统性能时,应注意它收集数据的完善性、准确性,以及校验能力、预防和抵抗破坏能力等。

（二）信息的存储

物流数据经过收集和输入阶段后，在其得到处理之前，必须在系统中存储下来。即使在处理之后，若信息还有利用价值，也要将其保存下来，以供以后使用。物流管理信息系统的存储功能就是要保证已得到的物流信息能够不丢失、不走样、不外泄、整理得当、随时可用。要考虑到存储量、信息格式、存储方式、使用方式、存储时间、安全保密等问题。如果这些问题没有得到妥善的解决，信息系统是不可能投入使用的。

（三）信息的传输

物流信息在物流系统中，一定要准确、及时地传输到各个职能环节，否则信息就会失去其使用价值。物流管理信息系统在实际运行前，必须要充分考虑所要传递的信息种类、数量、频率、可靠性要求等因素。只有这些因素符合物流系统的实际需要时，物流管理信息系统才是有实际使用价值的。

（四）信息的处理

物流管理信息系统的最根本目的就是要将输入的数据加工处理成物流系统所需要的物流信息。数据和信息是有所不同的，数据是得到信息的基础，但数据往往不能直接利用，而信息是从数据加工得到的，它可以直接利用。只有得到了具有实际使用价值的物流信息，物流管理信息系统的功能才算发挥。

（五）信息的输出

信息的输出是物流管理信息系统的最后一项功能，也只有在实现了这个功能后，物流管理信息系统的任务才算完成。信息的输出必须采用便于人或计算机理解的形式，在输出形式上力求易读易懂，直观醒目。

这五项功能是物流管理信息系统的基本功能，缺一不可。而且，只有五个过程都没有出错，最后得到的物流信息才具有实际使用价值，否则会造成严重的后果。

三、物流管理信息系统的功能结构

物流管理信息系统应包括的功能子系统有物品管理子系统、存储管理子系统、配送管理子系统、运输与调度管理子系统、客户服务子系统、财务管理子系统、人力资源管理子系统、质量管理子系统(图10-9)。

下面将主要介绍物品管理子系统、存储管理子系统、配送管理子系统、运输与调度管理子系统和客户服务子系统的功能结构。

（一）物品管理子系统

物品管理子系统覆盖的范围相当广泛，从物品的采购计划、审批、物品采购合同、合同执行情况的跟踪反馈，到物品到货入库、物品发货、结算与统计，全部都要通过这个物品管理子系统进行调度管理。

项目十 智慧物流企业的信息技术

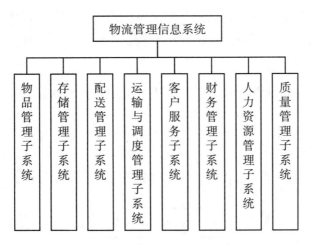

图 10-9 物流管理信息系统总体功能结构

物品管理子系统由采购计划管理、采购合同管理、物品出入库管理、物品进销存查询等四个部分组成(图 10-10)。

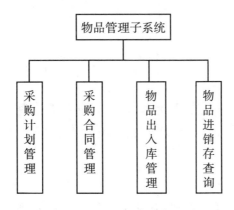

图 10-10 物品管理子系统

1. 采购计划管理

采购计划管理的主要任务是用来产生物品采购计划,供物品采购者使用。其主要功能有计划编制和选择、计划审核、查询修改及报表打印,根据需要对物品的采购进行合理安排,其中计划编制是辅助半结构化决策。

2. 采购合同管理

采购合同管理的主要任务是用来管理物品及设备的采购合同。该模块有下列几个主要功能:合同生成、合同录入、查询修改、合同审核、合同处理及报表打印,可以完成全部合同的产生、输入、修改、查询、审核及打印等任务。对于合同的处理执行情况,应付款、已付款和未完成合同的各项统计可以做到一目了然。

3. 物品出入库管理

物品出入库管理含有单据录入、查询、修改、调整、统计报表输出、打印、自检以及月结算等功能。在物品入库后可以根据不同的物品属性,以及出入库条件进行查询和修改,同时可以对不同的库存情况进行及时调整,根据需要产生一些管理以及结算报表供打印输出或预览,一定时间后可以对指定日期前的数据进行结算,准确反映物品的价值和数量等。

4. 物品进销存查询

物品进销存查询功能提供物品管理子系统所覆盖业务的信息查询以及计划与完成情况的对比分析。

(二)存储管理子系统

一般来说,存储管理子系统从功能结构上可分为四大功能(图10-11)。

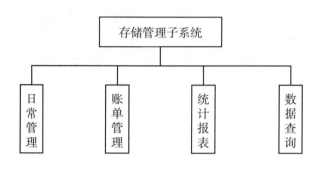

图10-11 存储管理子系统

1. 日常管理

日常管理包括物品凭单录入管理、冲账管理、查询日常管理。其中,储存物品凭单一般由物品入库单、物品出库凭单、销售出库凭单、报废出库凭单、委托加工出库凭单、物品库存调整凭单等组成。

2. 账单管理

对仓库的使用资金账单进行管理,有利于领导和仓库管理人员了解并掌握仓库资金的调度。

3. 统计报表

管理人员可以统计各种物品的出入库及使用情况,并具有进一步了解仓库库存、仓库总账、损耗误差、物品活动及材料进货情况,以及统计各种材料的计划采购数量、实际库存数量和总的库存数量等操作的功能,并可完成相应的图形绘制和报表打印。

4. 数据查询

数据查询是对物品的消耗、库存数量和物品修理费支出的查询。其可分别进行单一物品的消耗查询、各部门消耗物品的查询、各类物品消耗金额的查询、各类物品储备金额的查询、物品的明细库存查询、各部门支付物品修理费的查询。据此,企业决策人员可以实时监控仓库的储备金额和各部门使用材料的情况,并及时、准确地对整个企业物品调度作出科学的决策。

(三)配送管理子系统

配送管理子系统的主要功能结构见图10-12。

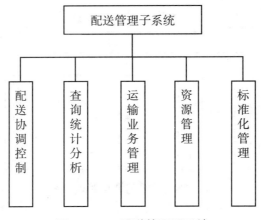

图 10-12 配送管理子系统

1. 配送协调控制

分拣配货是配送的独特要求,特别是在共同配送中(多个货主货物同时配送运输),系统将根据货物的品种、目的地顺序、货主要求送货时间等因素实现自动配载,选择最优行车线路,实时监控调度整个运输网络。

2. 查询统计分析

为总部、事业部、财务部等部门分级设立的查询统计功能,可实时查看到整个配送中心的数据状况。

3. 运输业务管理

运输业务管理可实现对运输配送活动过程的管理,包括货主订单管理、为货物投保、车辆调度、在途监控、货物到达签收以及费用结算等。

4. 资源管理

配送中心各类数据信息的管理,包括合同、客户资源、运输人、车辆、司机信息的管理以及道路信息和运费的管理。

5. 标准化管理

标准化管理包括货物分类代码管理、货物基本信息、城市信息的管理以及岗位人员信息维护和费用名目的管理。

(四)运输与调度管理子系统

运输与调度管理子系统功能结构见图 10-13。

1. 运输任务产生

根据起运地和到达地生成运输任务,对每一个承运公司生成运输任务交接单,同时打印装箱单、运单和运输标记,系统支持条形码输出。

2. 运输过程管理

对于未完成的运输任务进行状态更新,生成各种统计报表,同时记录每一单运费。

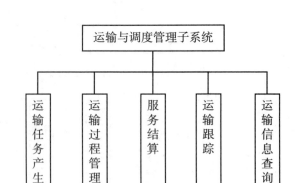

图 10-13 运输与调度管理子系统

3. 服务结算

对每一个承运公司进行运费结算,生成结算报表。承运公司通过网络查询本公司的运输费用结算信息。

4. 运输跟踪

利用 GPS 及 GIS 技术进行运输跟踪和车辆导航,全面跟踪车辆与货物的运输情况。

5. 运输信息查询

对所有的运输任务进行查询,包括该运输任务的货物明细、在运和到达状态、签收和运费等情况。

(五)客户服务子系统

客户服务是物流企业和客户之间的接口和桥梁,也是物流企业进行采购、发货和运输的依据,它是现代物流的基本元素,也是物流企业提高服务水平和企业竞争能力的有效手段。客户服务子系统见图 10-14。

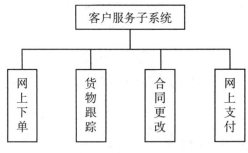

图 10-14 客户服务子系统

1. 网上下单

客户可以通过网络下单,将自己的物品需求品种、数量和时间发送给物流企业,同时物流企业也可以通过网络向供应商发出订货请求。

2. 货物跟踪

客户可以通过物流企业的网络实时跟踪自己的货物状态。

3. 合同更改

客户可以通过网络及时更改合同的内容,物流企业根据客户更改后的合同及时调整采购和运输计划,承运公司通过网络对承运的运输任务进行状态更新。

4. 网上支付

物流企业可以通过网络与客户和供应商进行网上支付,客户也可以在网上查询其费用。当然,网上支付还需要银行的配合和相应的法律、法规的支持。

 知识链接 10-5

人工智能技术在智慧物流中的应用

人工智能是研究、开发用于模拟、延伸和扩展人的智能的理论、方法、技术及应用系统的一门新的技术。人工智能在物流行业的影响主要聚焦在智能搜索、仓储规划、智能运输配送、机器人等领域,人工智能是加速物流行业向智慧物流时代迈进的新引擎。下面介绍了人工智能技术在智慧物流中的应用。

一、智慧仓储环节

人工智能技术在智慧仓储环节的具体应用包括以下几点。

1. 选址决策

人工智能技术可以收集与选址任务和目标相关的丰富历史数据,通过大数据技术挖掘对仓储选址决策有指导意义的知识,建立一个基于大数据的人工智能选址决策系统。在系统中输入选址目标与相关参数,人工智能系统便可以直接得到接近最优目标,且不受人的主观判断与利益纠纷影响的选址结果。

2. 无人仓

人工智能技术的出现使得无人仓的构想得以实现。得益于机器视觉、进化计算等人工智能技术,自动化仓库中的搬运机器人、货架穿梭车、分拣机器人、堆垛机器人、六轴机器人、无人叉车等一系列物流机器人可以对仓库内的物流作业实现自感知、自学习、自决策、自执行,实现更高程度的自动化。

通过机器视觉技术,不同的摄像头和传感器可以抓取实时数据,继而通过品牌标识、标签和3D形态来识别物品,从而可以使拣选机器人对移动传送带上的可回收物品进行分类和挑拣,以替代传统人工仓库中由传送机器、扫描设备、人工处理设备和工作人员处理的一道道的分拣作业,大大提高仓库的运作效率。

3. 库存管理

人工智能技术基于海量历史消费数据,通过深度学习、宽度学习等算法建立库存需求量预测模型,对以往的数据进行解释并预测未来的数据,形成一个智能仓储需求预测系统,以实现系统基于事实数据自主生成最优的订货方案,实现对库存水平的动态调整。同时,随着订单数据的不断增多,预测结果的灵敏性与准确性能够得到进一步提高,使企业在保持较高物流服务水平的同时,还能持续降低企业的成本库存。

二、智慧运输环节

使用人工智能技术进行预测性运输网络管理可显著提高物流业务运营能力。以航空运输为例,准时保量运输是空运业务的关键。DHL开发了一种基于机器学习的工具来预测空运延误状况,以预先采取缓解措施。通过对其内部数据的58个不同参数进行分析,机器学习模型能够提前一周对特定航线的日平均通行时间进行预测。

三、智慧配送环节

随着无人驾驶等技术的成熟,未来的运输将更加快捷和高效。通过实时跟踪交通信息,以及调整运输路径,配送的时间精度将逐步提高。

1. 配送机器人

配送机器人根据目的地自动生成合理的配送路线,并在行进途中避让车辆、过减速带、绕开障碍物,到达配送机器人停靠点后,向用户发送短信提醒通知收货,用户可直接通过验证或人脸识别开箱取货。

2. 无人机快递

利用无线电遥控设备和自备的程序控制装置,操纵无人驾驶的低空飞行器运载包裹到达目的地。无人机快递可以解决偏远地区的配送问题,提高配送效率,同时减少人力成本。然而,无人机快递也受恶劣天气、人为破坏等因素影响,目前尚未大范围使用。

四、其他环节

1. 智能测算

通过对商品数量、体积等基础数据分析,对包装、运输车辆等各环节进行智能调度。例如通过测算百万SKU(库存量单位)商品的体积数据和包装箱尺寸,利用深度学习算法技术,由系统智能地计算并推荐耗材和打包排序,从而合理安排箱型和商品摆放方案。

2. 图像识别

计算机视觉技术的卷积神经网络可用于手写识别,相比人工识别可有效提高准确率,减少工作量和降低出错率。另外,计算机视觉技术也可应用于仓内机器人的定位导航,以及无人驾驶中识别远处的车辆位置等。

3. 决策辅助

利用机器学习等技术来自动识别物流运行场景内的人、物、设备、车的状态,学习优秀的管理和操作人员的指挥调度经验和决策等,逐步实现辅助决策和自动决策。

基本训练

□知识题

1. 简述物流信息的种类。
2. 简述物流信息系统的分类。
3. 什么是电子物流?其有何特点?

项目十 智慧物流企业的信息技术

4. 物流信息资源管理的内容主要有哪些?
5. 简述条形码技术在物流的应用。
6. 物流管理信息系统有哪些功能?
7. 请说出几种常用的物流信息技术。

□ 判断题

1. 数据的收集和输入是物流管理信息系统其他功能发挥作用的前提和基础。(　　)
2. 实施电子物流系统只需关注物流企业内部即可,无须关注上下游相关企业。(　　)
3. 在物流信息资源管理中,所有的物流信息都可以在供应链中共享。(　　)
4. 条形码技术是一种自动识别技术,即信息采集技术。(　　)
5. 不同的物流企业,其物流信息系统的功能模块也可以不同。(　　)

□ 选择题

1. 信息资源管理的英文简称是(　　)。
   A. SRM   B. IRM   C. CRM   D. EDI
2. 条形码用于表达特定信息的区域是(　　)。
   A. 静区   B. 起始符   C. 数据符   D. 终止符
3. EDI 指的是(　　)。
   A. 电子转账支付   B. 电子物流
   C. 销售时点系统   D. 电子数据交换
4. 下列关于 GPS 的说法错误的是(　　)。
   A. 全球连续定位   B. 定位精度高
   C. 接近实时定位   D. 容纳有限的用户
5. 需要地理空间数据为基础的信息技术是(　　)。
   A. GPS   B. GIS   C. POS   D. EOS

□ 技能题

1. 一个综合型物流企业需要开发信息管理系统,请为其做一个功能模块方面的规划。

实训目的:通过功能模块的规划和设计,了解综合型物流企业的业务范围、物流环节以及企业管理模式,同时初步了解管理信息系统的开发步骤。

实训要求:可参观综合型物流企业,或上网收集资料。要求设计出的功能模块层次清晰、结构合理,符合物流企业的实际状况。

2. 走访几家物流企业,了解物流信息技术的应用状况,撰写一篇报告。

实训目的:通过实地了解物流企业信息技术的应用状况,加深对物流信息技术的理解,能够就物流企业存在的问题提出建设性的意见。

实训要求:制订访问计划,有针对性地了解相关信息,了解企业在运用信息技术时存在的问题,结合所学知识,查阅相应的资料。

案例分析

物流自动化、无人化、智能化水平提升

国家发展改革委2022年印发的《"十四五"现代流通体系建设规划》提出,加快发展智慧物流,积极应用现代信息技术和智能装备,提升物流自动化、无人化、智能化水平。

商贸物流数字化和智能化水平不断提升,无人配送市场规模持续扩大,智能末端配送设施布局更加完善;各大企业纷纷布局前置仓、仓储会员店等,传统商超物流向仓配一体转型;即时配送成为电商物流新增长点,用户规模和订单数量保持快速增长,配送商品品类不断扩展;跨境电商和海外仓蓬勃发展,商贸物流国际化水平不断提升。未来,数字经济与商贸物流的结合会更加紧密,"直播电商+快递物流""即时零售+即时配送""仓储会员店+配送一体"等创新模式将持续推进。

给快递包装"瘦身"。在山东省临沂市的中通兰山澳龙网点,仓库里的几百个蓝色包装袋码放整齐,每个包装袋上都印有一串数字编号。该网点负责人介绍,包装袋内置了芯片,这种袋子能重复使用4至6个月。"通过智能环保包装袋中的芯片,后台能实时收集中转、流向信息,实现包裹运输的全程追踪。"

"快"不再是快递业的唯一关键词,不少快递公司在包装绿色化、减量化和可循环使用等方面下功夫。为推进包装绿色化,京东在生鲜业务推广全生物降解包装袋;为促进包装减量化,快递企业采取电子面单、胶带"瘦身"、印刷减量等方式;为了让包装循环利用,申通推出"物料包装可循环化"项目,韵达设置了快递绿色回收箱等。

在实现快递包装绿色化的过程中,标准化至关重要。目前快递包装尺寸、大小不一,分拣运输缺乏规范,应推动物流快递各个环节的规范化、标准化。此外,相关企业还应加大新能源物流车推广力度,加强科技手段在物流环节中的应用,积极推进重点环节的绿色发展。"绿色快递物流涉及包装、运输、仓储和配送等环节,由生产者、销售者和消费者等一起参与,需要各方共同努力才能实现。"

(资料来源:智慧物流让货物"跑"得更快(网上中国)[EB/OL].[2024-07-19].https://baijiahao.baidu.com/s?id=1770348296034292442&wfr=spider&for=pc,部分节选,有改动。)

问题:智慧物流的发展对物流企业的发展有何影响?

综合实训

实训项目:物流信息软件仿真实训

一、实训目的

(1)使学生熟悉物流企业各个岗位职责,掌握物流信息传递中各个环节的连接方法,熟悉物流信息和单据流程。

(2) 根据需要将学生分为不同角色(仓管员、运管员、配送员、综合管理员)。

(3) 准确进行物流信息传递。

(4) 利用物流信息系统对仓储、运输和配送资源进行整合管理。

(5) 训练学生使用电子计算机系统管理物流,为以后计算机化管理物流打下基础。

二、实训内容

(1) 使用一体化物流仿真软件。

(2) 模拟运输协管员,对车辆、运输货物进行管理,根据预先设定的内容进行管理。

(3) 模拟仓管员,对仓库货位、库存物资进行管理,根据预先设定的内容进行分析、控制。

(4) 模拟配送管理员,对配送车辆管理、配送货物管理、配送地点管理,根据预先设定的内容进行决策和实施。

(5) 利用物流仿真软件进行物流资源综合调度训练。

三、实训要求

(1) 要求在4个课时内完成。

(2) 一人一机。

(3) 撰写实训报告。

四、注意事项

(1) 相互之间模拟实际操作,各步骤之间结合紧密。

(2) 最后结果相互进行对照。

(3) 一次操作完成后,互换角色进行第二次操作。

项目十一　智慧物流企业创新管理

▪ 思政目标 ▪
◎具有创新性思维。

▪ 知识目标 ▪
◎理解创新的内涵及其在管理职能中的意义。
◎理解物流企业创新系统。
◎理解物流企业创新管理策略。
◎了解创新的过程。

▪ 技能目标 ▪
◎掌握物流创新服务各项知识。
◎培养创新能力。

 引例

日日顺中德智能无人仓管理创新

日日顺中德智能无人仓在管理模式、管理系统、技术装备等方面进行了全面创新。

在管理模式创新方面，日日顺中德智能无人仓采取"供应商库存VMI前置集中化管理、根据生产订单拉动进行JIT精准化供给、根据成品订单进行云仓智能化分拨"综合一体化先进管理模式。支持零部件和成品同时仓储作业，支持整托和拆零管理，可根据工厂需求提供前置齐套、前置检测、前置组装等供应链增值服务，采用标准化循环包装和单元载具，链接全国仓储网络和全球多式联运网络，实现货物全国无盲区和全球送达。

在管理系统创新方面，日日顺中德智能无人仓开发应用了先进的智能仓储管理系统，向上对接智能无人仓订单管理系统，向下对接智能无人仓设备控制系统。智能无人仓订单管理系统向上对接智能工厂物料管理系统和LES物流系统以获取智能工厂订单信息，向下通过供应商管理系统对上百家供应商库存进行高效三方VMI集中管理。智能设备控制系统根据仓储管理系统指令，智能化管理数以千计的传感器和设备数据，进行实时智能调度，驱动管理多个仓储作业区的几百台智能设备集群高效协同运作。智能无人仓构建了全域全程数字孪生可视化管理系统。

在技术装备创新方面，日日顺中德智能无人仓应用"机器人无人配送感知、决策、执行成套技术""机器视觉导航信息优化技术""物流状态跟踪识别技术""动态DWS扫描技术""机械手臂运动控制技术""四向车密集存储技术"等多类人工智能先进技术,集成管理数量庞大的智能设备,实现了仓内作业的装卸、搬运、拆码垛、仓储、拣选、上下架等全程作业无人化,库内货物不落地,质量零损失,全程无人和24小时不间断黑灯作业。

日日顺依托中德智能无人仓项目的规划、实施和运营,将先进管理模式、智慧物流管理系统和智能物流技术装备进行了创新应用。日日顺中德智能无人仓在流程标准化的基础上,以数字化、智能化为技术底座高效运营,成为海尔智能制造供应链的核心节点设施。日日顺持续推动智慧物流管理技术和智能物流技术装备的研究应用,持续投资建设智能仓储设施,已建成国内最大的家居大件智能仓集群。日日顺中德智能无人仓项目所采用的先进管理模式、智慧物流管理系统和智慧物流技术装备,将在海尔集团重庆、武汉等制造基地的供应链仓储设施建设升级中得到推广应用。日日顺同时为广大制造行业提供智能仓规划实施服务,实施项目包括化工、医药、家居、军工等诸多行业和领域,日日顺中德智能无人仓项目所取得的技术进展和实施经验将推广到其他行业,带动各行业智能制造供应链服务水平的提升。

这一案例表明:因循守旧、墨守成规是管理的最大敌人。创新则是企业生机勃勃的根本和源泉。要想在激烈的竞争中取得胜利,多方面创新才是生存的法宝。

任务一 物流企业创新管理概述

创新管理是组织的管理者先完成在观念上和理论上的超前跨越,并辅以组织结构和体制上的创新,确保整个组织采用新技术、新设备、新物质、新方法成为可能,通过决策、计划、指挥、组织、激励、控制等管理职能活动和组合,为社会提供新产品和服务。管理的创新是社会组织为达到科技进步的目的,适应外部环境和内部条件的发展变化而实施的管理活动。

创新管理包括经营管理创新、信息化应用创新和合作模式创新。创新管理的重点是搭建创新链。通常理解的研发是指由基础研究、技术研究、应用推广等一系列科技活动组成的链状结构,即研发链。我们所认识的创新,则是指从创意到形成市场价值的全过程,既包括研发链,也包括产业链(产品—小试—中试—产业)和市场链(商品供应—流通—销售—服务)。这三条链形成一个有机的系统,即创新链。在创新链中,环节间联结互动,链条间整合贯通,呈现出研发牵动产业、产业构建市场、市场引导研发的螺旋式推进态势。创新管理将创新链纳入管理范畴,在拓展科技发挥作用空间的同时,也契合了当今时代发展的要求。

创新的竞争形势催生科技管理模式变革。当今世界,决定国家综合实力的关键指标是国家的创新能力。在这种形势下,我国的科技工作必须肩负起三个重担:保持长期发展和持续提高质量效率的双重任务、开拓国际市场和满足国内消费需求的双重使命、提升传统产业和培育新兴产业的双重要求。这就需要研发、产业、市场等方面的全面支撑,科技管理工作也必须在供应与需求、传统与新兴产业等多个层面进行部署。

科技管理应覆盖创新链的所有环节。进入 21 世纪,科技创新不断涌现且呈现出群体突破的态势,研发链被大大压缩,研发与创新等其他环节的联结更加紧密,在很大程度上出现了市场决定研发的局面。这一状况使得对研发实施独立管理的意义相对弱化,而对创新链强化管理的需求则急剧上升。随着科技基础条件、资金、知识产权、信息等创新资源的社会化程度明显增强,科技项目的工程化、集成化趋势愈加显著,科技人才的流动化、国际化、团队化日渐突出,迫切要求科技管理覆盖整个创新链的所有环节。

为了保证各项物流职能的充分发挥,同时又降低物流成本、增加产品的价值和竞争力,许多企业开始创新物流观念,并应用现代物流技术将运输、仓储、包装、装卸搬运、采购等物流职能整合,通过一体化甚至集成化实现企业物流管理创新。实践证明,物流及物流管理创新,不但是企业的"第三利润源泉""经济领域未开垦的黑大陆""企业脚下的金山",也是新时期企业管理的一个至关重要的课题。

一、物流企业创新管理思路

(一)物流经营创新

物流经营是为实现企业物流活动的市场价值而理顺各种关系的活动过程。现代企业要想在变化多端和激烈的市场竞争中生存和发展,必须在经营上形成创新,经营创新具体包括如下内容。

(1)新的物流经营方针及物流经营战略。

(2)新的物流经营理念及其推行。

(3)新的物流经营策略。

(4)物流资本营运新思路。

(5)产生物流经营新思路的方式和方法。

(6)企业物流发展方式等。

(二)物流组织创新

现代企业的组织结构应是一个柔性的有学习能力的有机体。企业组织的创新主要包括如下内容。

(1)物流组织结构基本形式的发展。

(2)物流部门机构职责、权限的发展以及岗位设置与个人才能的发挥。

(3)集权分权的信访室。

(4)物流组织的柔性化设计与学习能力。

(5)物流组织系统的信息流程及网络的重构。

(三)物流管理方式创新

管理方式是企业资源整合过程中所使用的工具,直接涉及企业资源的有效配置。管理方式创新,主要有单一性的管理方式创新和综合性的管理方式创新。具体包括如下内容。

(1) 新的领导方式与决策制度。

(2) 物流人力资源管理方式的发展。

(3) 新的物流管理手段,如信息技术进入管理,导致管理手段的革新。

(4) 企业在生产、经营、服务过程中的物流管理技术与方法的发明创造。

二、物流企业创新管理策略理论

(一) 物流企业创新管理目标

创新管理项目就是创新主体在创新时想要达到的最终结果。一般而言,创新目标应具有适当性、协调性和经济性。物流企业创新管理应坚持创造客户价值的基本原则,借助现代信息技术手段,合理配置物流资源,强化物流供应链管理,优化服务质量,全方位物流服务,提升企业核心竞争能力,创造更多的价值。

(二) 物流企业创新管理模式

1. 网络管理模式创新

积极采用电子商务技术,加强物流企业运作过程的物流信息网络和物流运作网络的建设,提供现代化、个性化、合理化的物流服务。

2. 供应链管理模式创新

扩展和强化企业物流运作的功能,将物流的范围延伸到服务领域,实现与企业经营活动的互相协作支持,形成一个布局合理、高效有序、物流功能一体化的供应链管理体系。

3. 特色化物流管理模式创新

物流企业可充分利用物流网络系统,合理有效地配置物流资源,形成专门化、自动化、柔性化的物流运作服务体系。

(三) 物流企业创新管理策略

物流企业创新管理策略包括共同化物流、第四方物流、绿色物流和全球化物流。

1. 共同化物流

共同化物流是指通过建立企业间的共同物流体系,来处理企业运营中有关物品流动的相关作业,解决单一企业对物流系统投资的不经济或低效率等问题。共同化物流与社会化物流不同,它是通过签订合同,为一家或数家企业(客户)提供长期服务,共同化物流系统对企业的好处是可以最大限度地利用有限资源,降低风险和运营成本,维持一定的物流服务水准,共同进货以获取规模效益,并尽快实现物流管理现代化。因此,共同化物流也是物流发展的一个新趋势。

知识链接 11-1

某家具及配件公司的共同物流

某家具及配件公司想要成立一家服务于成千上万家零售店和网上商店的批发分公司,原计划利用其原有的物流网络来组织新的商业物流。但是该公司的物流副总裁很快就意识到:公司的批发分公司要想成功,就必须采用全新的物流方式。因为该公司的配送中心的设计是专门符合家具的存储和分拣配送的,而新成立的批发分公司所销售产品的性质和零售渠道与家具是完全不同的,他们必须要有能力履行位于不同地方的成千上万个客户的订单。由于服务的集约化以及运量的不同,他们几乎需要使用所有的运输方式,很多客户同时还要求采用特殊的条形码和标签。

由于该公司配送中心初期并不具有灵活处理订单的能力,因此,他们打算寻求物流业务外包,但是新的批发分公司刚刚起步,未来发展如何还不能确定,因而与第三方物流企业签订长期的个体租用合同对其来说是一种冒险行为。该公司的总裁说:"在我们不知道业务会做到多大时,我们需要更多的柔性。"于是综合各方面的因素,共同配送成为批发分公司的首选。当年10月,该公司批发分公司选择了USCO物流企业作为其物流服务商,共享其物流设施。他们之间的合作协议是每月签订一次,并且是采用按件计费的收费方式。这使得该公司批发分公司避免了支付人工、设备和设施等高额的管理费用,同样也给该公司创造更大的发展空间,并为他们的服务能力带来了更大的柔性。

随着客户订单的快速增长,对于不同客户订单的自动处理能力对于该公司的成功至关重要。而该能力恰恰是该公司的物流系统所不具备的,因此该批发分公司依靠其他物流企业来帮助其实现订单履行程序的自动化,并提供帮助该公司建立为客户定制的条形码和标签的技术支持。该公司批发分公司同样也把公司所有的外向运输交给了其他物流企业,这在一定程度上要比该公司自己与运输公司谈判签约所付的运费要低。

该公司的物流经理相信,共同配送、高的交付率和订单履行能力将帮助该公司为客户提供优于其竞争对手的服务,更重要的是,这种更具竞争力的优势将帮助其批发分公司树立良好的服务品牌。

共同化物流的基本模式有横向共同化物流、纵向共同化物流。

1)横向共同化物流模式

横向共同化物流模式包括同产业的共同化物流、异产业的共同化物流和合作型共同化物流。

(1)同产业的共同化物流。同产业的共同化物流是指处于相同产业范围的生产经营企业,为了提高物流效率,通过配送中心或物流中心集中运输货物的一种物流组织方式。其有两种具体形式。一种形式是在企业各自分散拥有运输工具和物流中心的情况下,根据运输货物量的多少,采取委托或受托的形式开展共同化物流,即将企业物流数量较少的商品委托给其他企业来运输,而本企业运输数量较多的商品,则在接受其他企业委托运输的基础上实行统一运输,这样企业间相互实现了物流效率化。该方式在百货店企业中普遍使用。另一种形式是完全的统一化,即在开展共同化物流前,企业间就包装货运规格完全实现统一,然后共同建立物流中心或配送中心,共同购买运载车辆,企业间的货物运输统一经由共同的配送中心来开展。该形式主要适合家电企业和以经营冷冻食品为主的食品企业。同产业的共同化物流的最大优点在于能提高企业之间物流的效率,减少对物流固定资产的投资,更好地满足客户企业降低成本的要求。但是,同产业的共同化物流也存在缺陷,就是由于运送业务的共同化和物流信息的公开化。企业有关商品经营的机密容易泄露而产生对企业竞争战略制定与实施的不利影响。

(2) 异产业的共同化物流。异产业的共同化物流是指将不同产业范围的企业所生产经营的商品集中起来,通过配送中心或物流中心向客户输送的一种物流组织方式。异产业的共同化物流的商品范围比较广泛,可以分为三种具体形式。一是大型零售企业主导的异产业的共同化物流,这是大型零售企业为了追求物流效率并保证物流活动能够满足各门店经营的要求,由指定供应商统一几种不同厂商的产品,进行集中管理、统一运输或配送的物流组织方式。二是批发企业主导的异产业的共同化物流,即由批发企业为骨干来组织设立以不同产业为基础的共同物流中心或企业,对地域内小型超市、便民店等中小零售企业统一配送商品的物流组织方式。三是生产企业与批发企业联合主导的异产业的共同化物流,为了实现高速高质的配送,并具有紧急配送的能力,又能有效降低成本,出现了由生鲜食品、快餐、蔬菜生产企业和批发企业共同出资建立物流中心统一开展物流配送活动的物流组织方式。

异产业的共同化物流既能保证物流效率化,又能有效防止企业信息资源的外流,还能充分发挥产业间的互补优势。其存在的主要问题就是难以把握不同产业和企业之间物流成本的分担,因而在某种意义上增加了企业之间的谈判成本。

(3) 合作型共同化物流。合作型共同化物流是指由物流企业主导并统一集中货物,合作参与企业或批发企业将商品让渡给指定物流企业,再由物流企业实施配送的物流组织方式。该共同化物流组织方式的主要特征就是物流企业主导了货物和商品的组织管理、运输调度、配送活动。其最大优点是实行统一运费,削减了物流成本,促进了物流合理化。

2) 纵向共同化物流

纵向共同化物流模式是指位于流通渠道不同阶段上的企业相互协调而形成合作性、共同化的物流管理系统,主要包括批发商与生产商之间的物流协作、零售商与批发商之间的物流协作。

(1) 批发商与生产商之间的物流协作。批发商与生产商之间的物流协作有两种形式:一是在生产商力量较强的产业,为了强化批发物流机能或实现批发中心的效率化,生产商自身代行批发功能,或利用自己的信息网络,对批发企业高频率、小单位配送服务给予支援;二是在生产商以中小企业为主、批发商力量较强的产业,由批发商集中处理多个生产商的物流活动。

(2) 零售商与批发商之间的物流协作。零售与批发的协作表现为:一是大型零售业建立自己的物流中心,批发商经销的商品都必须经由该中心,再向零售企业的各店铺进行配送。此外,与零售商交易的批发商数目尽可能减少,因此要求批发商从原来从事专业商品的经营转向多种类经营,零售企业物流中心订货、收货等手续得到简化;二是对于大型以外的中型零售企业来讲,它们不是自己建立物流中心,而是由批发商建立某零售商专用型的物流中心,并借此代行零售物流。这种方法对于中型零售企业来讲,既可以有效利用批发商所持有的物流,又能享受本企业物流中心集配商品环节所带来的利益。

2. 第四方物流

第四方物流有能力提供一整套完善的供应链解决方案,是集成管理咨询和第三方物流服务的集成商。第四方物流主要有以下三种模式。

(1)协同运作模型。4PL 和 3PL 协同开发市场,4PL 向 3PL 提供一系列的服务,包括技术、供应链策略、进入市场的能力和项目管理的能力。4PL 在 3PL 内协作,其思想和策略通过 3PL 这样一个具体实施者来实现,以达到为客户服务的目的。4PL 和 3PL 一般会采用商业合同的方式或者战略联盟的方式合作。

(2)方案集成商模型。在这种模型中,4PL 为客户提供运作和管理整个供应链的解决方案。4PL 对本身和 3PL 的资源、能力和技术进行综合管理,借助 3PL 为客户提供全面的、集成的供应链方案。3PL 通过 4PL 的方案为客户提供服务,4PL 作为一个枢纽,可以集成多个服务供应商的能力和客户的能力。

(3)行业创新者模型。在行业创新者模型中,4PL 为多个行业的客户开发和提供供应链解决方案,以整合整个供应链的职能为重点,4PL 将 3PL 加以集成,向下游的客户提供解决方案。在这里,4PL 的责任非常重要,因为它是上游 3PL 集群和下游客户集群的纽带。

第四方物流无论采取哪一种模式,都突破了单纯发展第三方物流的局限性,能实现真正的低成本运作,达到最大范围的资源整合。因为第三方物流缺乏跨越整个供应链运作以及真正整合供应链流程所需的战略专业技术,第四方物流则可以不受约束地将每一个领域的最佳物流提供商组合起来,为客户提供最佳物流服务,进而形成最优物流方案或供应链管理方案。而第三方物流要么独自,要么通过与自己有密切关系的转包商来为客户提供服务,它不太可能提供技术、仓储与运输服务的最佳结合。

第四方物流供应商是一个供应链的集成商,它对企业内部和具有互补性的服务供应商所拥有的不同资源、能力和技术进行整合和管理,提供一整套供应链解决方案。其他的咨询公司也开始使用类似的服务,即"总承包商"或"领衔物流服务商"。

 知识链接 11-2

某企业的第四方物流

该企业与另一家企业进行了第四方物流的合作。该企业营业额超过 20 亿美元,其成立的目的是为供水行业提供物流和采购服务,该企业把它所有的服务外包给一家管理和运作的企业。这家管理和运作的企业的业务包括采购、订单管理、库存管理和分销管理。双方目前合作的运作成果:供应链总成本降低 10%,库存水平降低 40%,未完成订单减少 70%。

外包企业投入了管理人员、信息技术、运作管理和流程再造管理。零配件管理运作业务涵盖了计划、采购、库存、分销、运输和客户支持。在过去 7 年的总投资回报有 6700 万美元。大约 2/3 的回报资金来自运作成本降低,20% 来自库存管理,其他不到 15% 来自运费节省。同时,实现了超过 90% 的订单完成率。

该企业与信息技术巨头、第四方物流企业结成战略联盟,使得该企业拥有了技术和供应链管理方面的特长,而如果没有第四方物流的加盟,这些特长要花掉该企业近几十年的时间才能够积聚起来。

3. 绿色物流

1)绿色物流的含义

绿色物流是指在物流过程中抑制物流对环境造成危害的同时,实现对物流环境的净化,使物流资源得到最充分利用。它包括物流作业环节和物流管理全过程的绿色化。从物流作业环节来看,包括绿色运输、绿色包装、绿色流通加工等。从物流管理过程来看,主要是从环境保护和节约资源的目标出发,改进物流体系,既要考虑正向物流环节的绿色化,又要考虑供应链上的逆向物流体系的绿色化。绿色物流的最终目标是可持续发展,实现该目标的准则是经济利益、社会利益和环境利益的统一。

绿色物流是指以降低对环境的污染、减少资源消耗为目标,利用先进物流技术规划和实施运输、储存、包装、装卸、流通加工等物流活动。

绿色物流是以经济学一般原理为基础,建立在可持续发展理论、生态经济学理论、生态伦理学理论、外部成本内部化理论和物流绩效评估基础上的物流科学发展观。同时,绿色物流也是一种能抑制物流活动对环境的污染,减少资源消耗,利用先进的物流技术规划和实施运输、仓储、装卸搬运、流通加工、包装、配送等作业流程的物流活动。

2)绿色物流的内容

(1)集约资源。这是绿色物流的本质内容,也是物流业发展的主要指导思想之一。通过整合现有资源,优化资源配置,企业可以提高资源利用率,减少资源浪费。

(2)绿色运输。运输过程中的燃油消耗和尾气排放,是物流活动造成环境污染的主要原因之一。因此,要想打造绿色物流,首先要对运输线路进行合理布局与规划,通过缩短运输路线,提高车辆装载率等措施,实现节能减排的目标。另外,还要注重对运输车辆的养护,使用清洁燃料,减少能耗及尾气排放。

(3)绿色仓储。一方面,要求仓库选址要合理,有利于节约运输成本;另一方面,仓储布局要科学,使仓库得以充分利用,实现仓储面积利用的最大化,减少仓储成本。

(4)绿色包装。绿色包装是物流活动的一个重要环节,绿色包装可以提高包装材料的回收利用率,有效控制资源消耗,避免环境污染。

(5)废弃物物流。废弃物物流是指在经济活动中失去原有价值的物品,根据实际需要对其进行收集、分类、加工、包装、搬运、储存等,然后分送到专门处理场所后形成的物品流动活动。

3)绿色物流实施策略

(1)树立绿色物流观念。观念是一种带根本性和普遍意义的世界观,是一定生产力水平、生活水平和思想素质的反映,是人们活动的指南。由于长期的低生产力,人们更多地考虑温饱等低层次问题,往往为眼前利益忽视长远利益,为个体利益忽视社会利益,企业因这种非理性需求展开掠夺式经营,忽视长远利益和生态利益及社会利益,进而引发来自大自然的警告。

(2)推行绿色物流经营。物流企业要从保护环境的角度制定其绿色经营管理策略,以推动绿色物流进一步发展。

(3)选择绿色运输。通过有效利用车辆,降低车辆运行,提高配送效率。例如:合理规划网点及配送中心、优化配送路线、提高共同配送、提高往返载货率;改变运输方式,由公路运输转向铁路运输或海上运输;使用绿色工具,降低废气排放量;等等。

(4)提倡绿色包装。包装不仅是商品卫士,而且也是商品进入市场的通行证。绿色包装要醒目环保,还应符合4R要求,即少耗材、可再用、可回收和可再循环。

(5)开展绿色流通加工。由分散加工转向专业集中加工,以规模作业方式提高资源利用率,减少环境污染;集中处理流通加工中产生的边角废料,减少废弃物污染;等等。

(6)收集和管理绿色信息。物流不仅是商品空间的转移,也包括相关信息的收集、整理、储存和利用。绿色物流要求收集、整理、储存的都是各种绿色信息,并及时运用于物流中,促进物流的进一步绿色化。

4)开发绿色物流技术

绿色物流的关键所在,不仅依赖绿色物流观念的树立、绿色物流经营的推行,更离不开绿色物流技术的应用和开发。没有先进物流技术的发展,就没有现代物流的立身之地;同样,没有先进绿色物流技术的发展,就没有绿色物流的立身之地。而我们的物流技术与绿色要求有较大的差距,如物流机械化方面、物流自动化方面、物流的信息化及网络化,与西方发达国家的物流技术相比,大概有10~20年的差距。要大力开发绿色物流技术,否则绿色物流就无从谈起。

5)制定绿色物流法规

绿色物流是当今经济可持续发展的一个重要组成部分,它对社会经济的不断发展和人类生活质量的不断提高具有重要意义。正因为如此,绿色物流的实施不仅是企业的事情,而且还必须从政府约束的角度,对现有的物流体制强化管理。

一些发达国家的政府非常重视制定政策法规,在宏观上对绿色物流进行管理和控制。尤其是要控制物流活动的污染发生源,物流活动的污染发生源主要表现在:运输工具的废气排放污染空气,流通加工的废水排放污染水质,被丢弃的一次性包装污染环境等。因此,政府相关部门制定了诸如污染发生源、限制交通量、控制交通流等的相关政策和法规。国外的环保法规种类很多,有些规定相当具体、严厉,国际标准化组织制定的最新国际环境标志也已经颁布执行。

6)加强对绿色物流人才的培养

绿色物流作为新生事物,对营运筹划人员和各专业人员的素质要求较高,因此,要实现绿色物流的目标,培养和造就一批熟悉绿色理论和实务的物流人才是当务之急。

 知识链接 11-3

"骑行潮"来了,自行车消费迈向中高端

挎上背包、踩下踏板、轻装出行……在很多城市,骑自行车外出的人越来越多。多家机构发布

的中高档自行车销量数据,更印证了这股"骑行潮"的火热。

中国自行车协会发布的数据显示,2022年,自行车、电动自行车规模以上企业营业收入达2100亿元,同比增长3%;实现利润超100亿元,同比增长20%以上。其中,知名自行车品牌捷安特的母公司巨大集团财报显示,2022年公司年收入增长12.5%,创下新高。

从具体销售情况看,京东提供的数据显示,2023年7月1日至8月10日,喜德盛、崔克、闪电、迪卡侬、JAVA成为京东平台上热销的自行车品牌。公路自行车表现最为强劲。相较于2022年同期,1000元至2000元公路自行车成交额增长180%;2000元以上骑行服成交额增长11倍;5000元以上的公路自行车成交额增长530%。

对于消费者来说,骑自行车出行有啥魅力?特别是在共享单车随处可见的情况下,为何还纷纷选购一辆价格不低的中高端自行车呢?

有的消费者注重通勤过程中骑行的轻便性。在上海一家食品企业工作的朱女士为了骑车上下班,前不久花2000元购买了一款折叠自行车。她说,自己家与单位之间相距10千米,早高峰坐地铁太拥挤、手机信号不稳定,每天打出租车不仅成本高,而且容易因堵车造成上班迟到。相比之下,骑行轻便的自行车不仅可以避开地铁早高峰,也比较省体力,放置收纳不占地方。

还有不少消费者选购中高端自行车是为了锻炼身体。夏天玩皮划艇,冬天去滑雪,春秋骑车出行……对70后"骑友"李先生来说,骑车是一种锻炼身体的好方式。"骑行是全身运动,对膝盖等容易受损伤的部位比较友好,同时能锻炼心肺功能,改善身体机能。"李先生说,正因为骑车有健身的考虑,自己对自行车架有着比较高的要求。"骑自行车出行,上下坡道很考验技术和体力。因此,我买车的要求是爬坡性能好、自行车车架质量轻、硬度也要强。虽然贵了点,但骑行更舒适。"

有的消费者则是希望减少维修。来自湖南长沙的胡先生每周都会骑车上路。10多年来,他已经累计骑行超过10万千米,高强度的自行车使用,让他对自行车质量有着较高要求。"买自行车不能图便宜,找一辆质量上乘的反而省钱。"胡先生说,现在自行车维修点远不如过去那么密集,购买优质自行车,一方面可以体验到更好的性能,另一方面也避免半路"抛锚"或后期维修耽误时间。

与此同时,也有很多人将骑行作为一种社交新方式。北京行者悦骑单车俱乐部的主理人曹先生说,俱乐部目前活跃会员有三四百人,每月营收规模也有几十万元。在北京,这样兼具社团和零售性质的骑行俱乐部还有近10家。曹先生说:"很多70后、80后也成为骑行运动的爱好者。他们结伴成群,或是到郊区探索自然,或是在内环深夜刷圈,一起感受着城市的温度,也成为城市的一道独特风景线。"

自行车消费迈向中高端,还源于高品质自行车供给的不断提升。这主要体现在材料、工艺、质量和售后方面。喜德盛自行车北京通州店负责人许先生说,目前中高档公路车型大多以碟刹取代了圈刹,手感更好、制动力更优;车体采用内走线结构,外表更加美观大方;车架使用碳纤维材料,能同时实现刚性强和轻量化,节省多余的耗能;售后保养维修的专业体系和技术能力也更强。许先生说:"目前,我们门店相关产品备货量已达到去年同期的3倍。"

中国科学院地理科学与资源研究所研究员张文忠认为,中高端自行车能够满足各种出行活动和锻炼需求,给自行车产业转型和高质量发展带来了新机遇。"与二十世纪七八十年代的骑行潮相比,自行车的代步功能和时尚性并没有变化。但如今,骑行的健身和运动属性更加凸显,绿色出行的理念更加深入人心。这些反映出中国经济社会快速发展和人们生活水平不断提升。"

（资料来源：王俊岭，于月新."骑行潮"来了，自行车消费迈向中高端[EB/OL].[2024-07-11]. https://baijiahao.baidu.com/s?id=1774437209596909145&wfr=spider&for=pc,有改动。）

4. 全球化物流

1）全球化物流的概念与特征

所谓全球化物流，就是按国际分工协作的原则，依照国际惯例，利用国际化的物流网络、物流设施和物流技术，实现货物在国际问题的流动与交换，以促进区域经济的发展和世界资源优化配置，全球化物流是为跨国经营和对外贸易服务，使各国物流系统相互"接轨"，因而与国内物流系统相比，具有国际性、复杂性和风险性等特点。其特征有如下几点。

全球化物流涉及多个国家，系统的地理范围大；在国际范围的经济活动中，生产、流通、消费三个环节之间存在着密切的联系，由于各国社会制度、自然环境、经营管理方法、生产习惯不同，一些因素变动较大，因而在各国之间组织好货物从生产到消费的流动，是一项复杂的工作；全球化物流的风险性主要包括政治风险、经济风险和自然风险。

2）全球化物流的发展趋势

作为全球化的生产企业，在世界范围内寻找原材料、零部件来源，并选择一个适应全球分销的物流中心以及关键供应物资的集散仓库，在获得原材料以及分配新产品时使用当地现有的物流网络，并推广其先进的物流技术与方法。

生产企业与专业第三方物流企业的同步全球化，即随着生产企业全球化的进程不断加快，将以前所形成的完善的第三方物流网络也带入全球市场。例如，日资背景的伊藤洋华堂在打入中国市场后，其在日本的物流配送伙伴伊藤忠商事株式会社也跟随而至，并承担了其配送活动。

国际运输企业之间的结盟，为了充分应对全球化的经营，国际运输企业之间开始形成了一种覆盖多种航线，相互之间以资源、经营的互补为纽带，面向长远利益的战略联盟，这不仅使全球物流更能便捷地进行，而且使全球范围内的物流设施得到了极大的利用，有效地降低了运输成本。

从全球化物流发展战略高度合理选择和布局国内外物流网点，扩大国际贸易的范围、规模，以达到费用省、服务好、信誉高、效益高、创汇好的物流总体目标。

借助现代高新技术发展力量，采用先进的运输方式、运输工具和运输设备，加速进出口货物的流转。充分利用海运、多式联运方式，不断扩大集装箱运输和大陆桥运输的规模，增加物流量，扩大进出口贸易量和贸易额。同时，改进运输路线，减少相向、迂回运输，改进包装，增大技术装载量，多装载货物，减少损耗。

加强全球化物流管理，缩短进出口商品的在途积压。具体包括进货在途（如进货、到货的待验和待进等）、销售在途（如销售待运、进出口口岸待运等）、结算在途（如托收承付中的拖延等），以便节省时间，加速商品和资金的周转。

加强国内外物流的系统协作，在出口时，有条件要尽量采用就地就近收购、就地加工、就地包装、就地检验、直接出口的物流策略。

知识链接11-4

全球化品牌战略发挥核心作用

一、品牌优势

海尔集团是世界白色家电第一品牌、中国最具价值品牌。目前海尔已发展成为大规模的跨国企业集团,说起海尔的品牌优势,我们必须提到一个人,他就是海尔集团创始人张瑞敏。他就像海尔的一面旗帜。海尔集团在张瑞敏确立的名牌战略指导下,先后实施名牌战略、多元化战略和国际化战略,对于大多数消费者来说海尔依然是他们最信赖的品牌,部分用户表示家里大部分家电都是海尔品牌。用户的认可是海尔最大的品牌优势。

二、产品优势

海尔品牌旗下有冰箱、空调、洗衣机、电视机、热水器、电脑、手机、家居集成等19个产品,其中海尔冰箱、洗衣机还被国家市场监督管理总局评为首批中国世界名牌。海尔在实施名牌战略过程中,坚持技术质量上的高起点,强化全员质量意识和产品质量意识,坚持技术进步,通过狠抓产品质量,创立了海尔冰箱品牌。

三、服务优势

海尔以服务支撑品牌的能力是海尔成功的主要因素,这也是海尔的核心竞争力。消费者普遍都接受过海尔的服务,认为服务非常优秀、非常专业。这种优秀和专业服务的背后是海尔精心培育的服务队伍。

海尔始终坚持"用户第一"的思想。海尔认为,名牌要靠用户和市场认可,名牌更要靠优良的服务来创造和维护。因此,海尔把售后服务看成创造名牌、宣传名牌、维护名牌、发展名牌的重要环节和首要领域。其核心内容是从产品的设计、制造到购买,从上门设计服务到上门安装,从产品使用到回访服务,不断满足用户新的要求,并通过具体措施使开发、制造、售前、售中、售后、回访各环节的服务制度化、规范化。这种国际星级服务细致到:上门服务时先套上一双鞋套;干活时先在地上铺一块垫布,以免弄脏地面;服务完毕后,再用抹布把电器擦拭干净。

四、渠道优势

在新经济时代,由于电子商务的发展,靠打价格战发展的经销商生存空间将越来越小,传统的搬箱子型经销商将会逐渐被淘汰出市场,为了实现海尔与渠道的双赢,海尔实行个性化营销,根据不同渠道的特点,进行专业化的分工。海尔为自己的"双动力"洗衣机的渠道代理商规划出了五个发展方向。具体内容如下。

一是物流商,拥有物流运作能力的代理商可以成为海尔在各个区域的物流配送商。

二是渠道运营商,拥有自己的销售网络,有区域的渠道运营能力。

三是服务提供商,拥有技术服务能力及服务网络。

四是资源增值商,有资源整合及增值能力。

五是零售商,有强大的最终用户销售能力

海尔将针对不同的代理,制定不同的代理政策,提供不同的支持。其渠道管理是严格的,每个地区只设一家核心代理商,作为物流平台和服务中心,分区域控制,每大区设置不同专卖标志和不同的抽奖方式,免去串货之忧,序列号提前记录。海尔规定了成为核心连锁加盟代理的条件,同时还实施了十四个渠道建设的举措。

(资料来源:全球化品牌战略发挥核心作用 [EB/OL].[2024-08-09].https://supplier.alibaba.com/article/CTGX2433TYF.htm,有改动。)

任务二 物流企业服务创新

传统运输、仓储企业向第三方物流企业转变的重要标志,是企业能否为客户提供一体化物流服务,是否拥有结成合作伙伴关系的核心客户。从目前情况看,我国大部分物流企业主要是提供运输、仓储等功能性物流服务,通过比拼功能服务价格进行市场竞争。要改变这种情况,一个重要方面就是超越传统物流服务模式,在服务理念、服务内容和服务方式上实现创新。

一、服务理念的创新

我国物流企业大都是从运输、仓储等功能性服务切入物流市场的。要发展一体化物流,首先要认清一体化物流与功能性物流在服务性质、服务目标和客户关系上的本质区别,树立全新的服务理念。

(一)一体化物流服务的功能

根据美国物流管理协会(CLM)的定义,一体化物流是运用综合、系统的观点将从原材料供应到产品分发的整个供应链作为单一的流程,对构成供应链的所有功能进行统一管理,而不是分别对各个功能进行管理。第三方物流提供商是为客户提供多个物流服务,最好是将这些服务一体化的企业。可以看出,现代物流企业以一体化的物流服务为发展方向。一体化物流不是单纯提供运输、仓储、配送等多个功能性物流服务的组合,扮演物流参与者角色;而是需要将多个物流功能进行整合,对客户物流运作进行总体设计和管理,扮演物流责任人角色。

由于物流功能之间存在成本的交替损益,因此,一体化物流服务不是简单地就功能服务进行报价,而是要以降低客户物流总成本为目标制定解决方案,并根据优化的方案进行整体服务报价。美国物流专家 Delaney 将物流定义为"管理移动和静止的库存",认为真正的物流节省来自通过库存管理和控制来降低库存水平。比如将美国平均销售库存期从 1.37 个月降到 1.3 个月,就可以节省物流成本 250 亿美元。但功能性物流企业只专注于自己提供服务的运输、仓储等功能领域的成本降低;而不能从整个供应链的角度来"管理移动和静止的库存"。因此,他们只能得到有限的成本节省,且很难持续;而不能提供优化整个或大部分供应链的物流解决方案,最多只是提供次优方案。

所以,一体化物流服务的市场竞争,实际上是物流解决方案合理性的竞争。物流企业在开发一体化物流项目时,必须对目标客户的经营状况、物流运作及竞争对手的情况等有清晰的了解,根据物流企业自身优势找出客户物流可以改进之处,为客户定制物流解决方案。而要做到这些,物流企业必须不断研究目标市场行业的物流特点和发展趋势,成为这些行业的物流服务专家。

(二)一体化物流服务的目标

一体化物流服务的目标是全面提升客户价值。货主企业的不同管理者对第三方物流价值的理解各不相同。运营总监作出将企业物流运作外包给第三方物流的决策,常常只是依据第三方物流更具效率的服务价格与企业现有运作更高的成本之间的差别优势;市场总监则看重第三方物流在提升服务和开拓现有的新增市场的能力,以便提高销售额,与客户建立更稳定的长期关系;财务总监愿意看到设施、设备甚至库存等资产从企业财务平衡表上消失,释放资金用于更生产性的活动,即刻和不断改进企业的资产回收;信息总监则常常因能够利用第三方物流的系统与技术资源,避免自建系统不断升级带来成本和麻烦而高兴。

总的来看,物流外包可以使企业资源专注于核心竞争力,做更多自己擅长的事,而将不擅长的事交给第三方物流去做,使企业的物流总监可以不必拥有资源而能够控制物流服务的结果,并得到"一站式"物流服务。因此,物流企业在开发一体化物流项目时,一方面,不要简单地与客户或竞争对手比服务价格,而是要让客户全面了解物流服务所带来的价值;另一方面,要由企业高层管理人员与客户的物流总监或更高层管理人员商讨物流合作问题,以便于在物流价值方面达成共识。

知识链接 11-5

第三方物流对客户价值的提升

从 20 世纪 80 年代起,美国物流管理协会(CLM)就一直在组织对企业物流绩效衡量和第三方物流价值的研究。根据最后的抽样调查,第三方物流企业的客户物流成本平均下降 11.8%,物流资产下降 24.6%,订货周期从 7.1 天下降到 3.9 天,库存总量下降 8.2%,说明第三方物流服务能从多方面提升客户价值。

(三)一体化物流服务的客户关系

一体化物流服务是管理的服务,目标是全面提升客户价值。因此,目前发达国家第三方物流服务一般不按功能服务定价收费,而应该与客户分离物流合理化所产生的价值,因此,目前发达国家第三方物流服务一般不按功能服务定价收费,而是采用成本加成定价方法,即第三方物流提供商与客户达成协议,按物流成本的一定比例加价收费或收取一定的管理费。这样做的好处:一是可以减少第三方物流提供商对各功能服务分别报价的难度与风险,二是客户可以与第三方物流提供商一起来分析物流成本,从而对自己的物流成本了解地更加清楚。

为了与客户及其供应链伙伴形成长期联盟关系，第三方物流提供商越来越重视数据管理与基于活动的成本管理，以提供及时、准确、全面、可操作的物流活动数据，用于客户物流系统的计划、调度、绩效衡量、成本计算和报价。第三方物流提供商常常与客户达成利益共享协议，以合理分离物流改革带来的确定效益。这一联盟还可以包括客户的供应链伙伴，即客户的上游供应商与下游客户可以参与对物流的改革并分享由此带来的收益。

虽然我国现有的物流服务还没有摆脱传统的以运输费、仓储费为指标的结算方式，但物流企业在开发一体化物流项目时，仍应避免与客户纠缠于就功能性服务收费进行讨价还价。要从客户物流运作的不足切入，与客户共商如何改进，让客户先认识到物流企业的服务能带来的好处，再商谈合理的服务价格。实际上，客户因为物流合理化而发展壮大，物流外包规模自然会相应扩大，双方合作的深度与广度也会随之增加，物流服务的收益和规模效益必然会提高，这就是双赢的合作伙伴关系。

二、服务内容的创新

物流企业要在一体化物流服务市场的激烈竞争中取得优势，就必须以客户为中心，充分发挥自身优势，在运输、仓储、配送等功能性服务基础上不断创新服务内容，为客户提供差异化、个性化物流服务。

（一）向增值服务延伸

传统物流服务是通过运输、仓储、配送等功能实现物品空间与时间转移，是许多物流服务商都能提供的基本服务，难以体现不同服务商之间的差异，也不容易提高服务收益。一体化物流服务则应根据客户需求，在各项功能的基本服务基础上延伸出增值服务，以个性化的服务内容表现出与市场竞争者的差异性。

运输的延伸服务主要有运输方式与承运人选择、运输路线与计划安排、货物配载与货运招标等，仓储的延伸服务主要有集货、包装、配套装配、条形码生成、贴标签、退货处理等，配送的增值服务主要有 JIT 配送、配送物品的安装、调试、维修等销售支持等。增值服务实际上是将企业物流的领域由非核心业务不断向核心业务延伸。

（二）向管理服务延伸

一体化物流服务不是在客户的管理下完成多个物流功能，而是通过参与客户的物流管理，将各个物流功能有机衔接起来，实现高效的物流系统运作，帮助客户提高物流管理水平和控制能力，为采购、生产和销售提供有效支撑。因此，在开发一体化物流项目时，要在物流管理层面的服务内容上做文章，包括客户物流系统优化、物流业务流程再造、订单管理、库存管理、供应商协调、最终用户服务等，从而为客户提供一体化物流解决方案，实现对客户的"一站式"服务。

知识链接 11-6

物流管理服务的成本节省

企业物流外包产生的成本节省取决于外包的一体化程度。如果企业只是简单地由第三方物流替代自营的物流功能,借助第三方物流的规模效应和运作专长,可预期取得0%~5%的成本节省;如果企业利用第三方物流的网络优势进行资源整合。部分改进原有的物流流程;可预期取得5%~10%的成本节省;如果企业通过第三方物流根据需要对物流流程进行重组,使第三方物流服务延伸至企业整个供应链。可预期取得10%~20%的成本节省。

(三)向信息流、资金流服务延伸

物流管理的基础是物流信息,是用信息流来控制实物流,因而一体化物流服务必须在提供实物流服务的同时,提供信息流服务,否则还是物流功能承担者,而不是物流管理者。物流信息服务包括预先发货通知、送达签收反馈、订单跟踪查询、库存状态查询、货物在途跟踪、运行绩效监测、管理报告等内容。USCO物流企业为SUN提供服务器维修零配件物流信息平台、使SUN及其50多个供应链伙伴实时共享订单、选货和库存信息,取得消除中间环节、缩短交货期、提高客户服务水平的效果,被称为第三方信息提供商。

近年来,国外领先的第三方物流提供商在客户的财务、库存、技术和数据管理方面承担越来越大的责任,从而在客户供应链管理中发挥战略性作用。

投入已经成为第三方物流提供商区别竞争对手的重要手段。与此同时,第三方物流提供商还通过提供资金流服务,参与客户的供应链管理,如UPS并购美国第一国际银行,将其改造成UPS金融部门,为其物流服务的客户提供预付货款、信用担保、代收货款等增值服务,以加快客户的资金流转,释放客户的库存战胜资本,降低客户的进出口关税,从而实现了为客户提供实物流、信息流与资金流"三流合一"的完整的供应链解决方案。

知识链接 11-7

中邮物流成功延伸服务范围

中邮物流在与世界著名化妆品企业雅芳的物流合作中,不仅提供了从产品库一直到专卖店的"端到端"物流服务,而且实现了中邮物流信息系统与雅芳信息系统的实时对接,还依托中国邮政绿卡系统和支付网关为雅芳提供网上代收货款服务,成为我国物流企业开创"三流合一"服务的成功案例。

三、服务方式的创新

与传统物流单一的功能性交易服务方式相比,一体化物流在服务方式上更具灵活性、长期性和交互性。根据美国佐治亚理工学院的调查,美国第三方物流合作30%采用风险共担与利益共享方式,21%采用成本共担方式,要根据客户要求,结合物流企业发展战略,与客户共同寻求最佳服务方式,实现服务方式的创新。

(一)长期合同服务

功能性物流服务通常采用与客户"一单一结"的交易服务方式,物流企业与客户之间是最短期的买卖关系。而一体化物流服务提供商与客户之间建立的是长期合作关系,需要与客户签订一定期限的服务合同,因而第三方物流又称合同物流。

物流合同是第三方物流合同的基础,物流企业要特别重视与客户一起详细制定合同内容,包括服务性质、期限和范围,建立 KPI,确定服务方式等。合同谈判中一些关键问题,如 KPI 基准、服务费率、问题解决机制、保险与责任等,要有明确约定,否则容易引起纠纷,甚至断送双方的合作。

(二)实行协同运作

传统物流是作业层面的功能性服务,通常只需单纯地按照客户指令完成服务功能。而一体化物流服务由于要参与客户的物流管理,运作与客户共同制定的物流解决方案,因而物流企业需要自始至终与客户建立有效的沟通渠道,按照项目管理模式协同完成物流运作。

知识链接 11-8

提高协同运作的效果

据调查,客户不满意第三方物流的主要原因是服务商不能兑现服务与技术承诺,不能实现成本降低目标和缺少战略改进。人们一般把这些不足归结于合作伙伴的选择过程,但实际上,更多情况下问题出在没有管理好项目的实施。因此,在签订合同后,双方在互信的基础上,协同完成项目的实施至关重要。双方要各自设立项目经理,并在相关功能上配备相应人员;物流企业要详细了解客户的销售、财务、IT、人力资源、制造和采购等各个部门的需求,与客户共同制定详细的实施方案;双方实施小组要共同制定绩效衡量指标以及奖惩办法,规范项目运作细节,以及讨论对例外情况的处理方式。在项目正式运行前,还应进行试运行,以发现和解决存在的问题。

为保障项目的顺利运行,物流企业应当建立与客户双方物流人员联合办公制度,或成立由双方物流人员联合组成的运作团队,以及时处理日常运作的问题。为了保证物流服务的质量,双方应共同商定绩效监测与评估制度,使合作关系透明化,通常应保持运作层每日的交流、管理层每月的绩效评估以及不定期的检查与年度评估。

(三)进行物流合作

传统物流企业一般是基于自己的仓储设施、运输设备等资产向客户提供功能性服务,而第三方物流提供商主要是基于自己的专业技能、信息技术等为客户提供管理服务,因而常常会根据客户的需求和双方的战略意图,探讨在物流资产、资金技术方面与客户进行合作,以取得双赢的效果。合作形式有如下几种。

1. 系统接管客户物流资产

如果客户在某地区已经有车辆、设施、员工等物流资产,而物流企业在该地区又需要建立物流系统,则可以全盘买进客户的物流资产,接管并拥有客户的物流系统甚至接收客户的员工。接管后,物流系统可以在为该客户服务的同时为其他客户服务,通过资源共享以改进利用率并分担管理成本。例如,东方海外物流企业系统接管旺旺集团在杭州的仓库,将其改造为东方海外华东区域物流中心。

2. 与客户签订物流管理合同

与希望自己拥有物流设施(资产)的客户签订物流管理合同,在为客户服务的同时,利用其物流系统为其他客户服务,以提高利用率并分担管理成本。这种方式在商业企业的物流服务中比较常见,如和黄天百物流为北京物美商城提供的物流管理服务。

3. 与客户合资成立物流企业

第三方物流提供商对具有战略意义的目标行业,常常会根据客户的需求,与客户建立合资物流企业。使客户保留物流设施的部分产权,并在物流作业中保持参与,以加强对物流过程的有效控制;又注入了第三方物流的资本和专业技能,使第三方物流提供商在目标行业的物流服务市场竞争中处于有利地位。这种方式在汽车、电子等高附加值行业较为普遍,如国际著名跨国集团 Apollo 管理公司下属的 CEVA(原 TNT)与上海汽车工业销售有限公司合资成立安吉天地汽车物流有限公司。

任务三 物流创新及新技术

技术创新,是指创新技术在企业中的应用过程,新技术在企业生产中的应用一般通过创新产品和创新的生产工艺两种方式体现出来。从操作层面而言,一般具备以下四个阶段。

第一阶段是创新思想的形成。就企业层面看,创新思想的形成动力主要来源于技术推动、市场拉动及制造的需求等方面,其中最大的动力是市场需求的拉动。

第二阶段就是创新技术的获取。创新技术的获取也主要有三种方式:一是企业依靠自己的力量进行技术创新活动;二是企业与其他部门合作培养,主要是与科研部门、高等院校等合作;三是从外部引进。就第三种方式而言,企业引进技术软件和引进硬件的效果与条件也是不相同的。

第三阶段是企业生产要素的投入和组织、管理阶段。其主要包括企业的人力、物力、资金、技术、信息等基本要素的投入与组织管理。资金的投入与管理,一般来说要把握好几个比例关系:一是研究与发展费用占企业销售额或利润的比例;二是在研究与发展费用中,基础研究、应用研究和试验发展各部分的资金比例;三是引进技术的费用与吸收费用的比例。

第四阶段是企业技术创新的效果展示阶段。企业技术创新的效果可以在经济指标和产品的物理化学性能上得到体现,改进产品的物理化学性能也常常是企业进行技术创新的出发点。

在现实中,往往也只有在改进产品的物理化学性能方面取得成果后,才能获得相应的经济效益。

一、物流技术创新的意义

(一)提高竞争力的需要

在知识经济的背景下,企业生存与发展越来越取决于其核心竞争力的培育和发挥的程度。对于物流企业来说,高效率、高效益、不断创新的物流服务不仅是工商企业获取利润的基本保障,而且也是物流企业有效培育核心竞争力的基本前提。因此物流企业应充分利用专业化优势,坚持持续创新,以创新的理念和服务满足工商企业的物流需求。

(二)经济发展国际化的需要

随着经济全球化的发展,世界范围内的社会分工不断深化,整个物流链的利益主体的空间分布日益分散,工商企业的采购、生产与销售活动的范围也已延伸到世界的每个角落。因此,在大多数工商企业不具备物流创新能力的情况下,就对物流企业的创新提出了更高的要求,这对物流企业而言既是机遇又是挑战。物流企业必须通过物流创新,提高在全球范围内整合物流资源的能力,为工商企业的全球化战略服务。

(三)物流企业拓展经营的重要途径

通常来看,物流企业拓展经营主要是通过成本、价格或服务的竞争来实现的。当一项服务刚推出时,竞争的焦点是服务的特色;当竞争者蜂拥而至时,竞争就转向成本和价格上;当竞争不断加剧时,竞争的焦点又转向服务的质量上。因此,成本、价格或服务质量都不能为物流企业带来持续的竞争优势和盈利能力,物流企业拓展经营的有效途径就是创新。

数字技术可赋能的环节包括但不限于贸易采购、制造、订舱、报关、运输、仓储、配送、批发、零售和支付结算等,最终将帮助供应链解决可见、可控和可信等三类问题。

二、物流新技术

如今,全球企业与企业之间的竞争开始转化为各自供应链之间的竞争。在智能制造环境下,打造智慧、高效的供应链,是制造企业在市场竞争中突出重围的关键。智慧供应链的创新发展可以从根本上改变企业的运作方式,推动整个物流业乃至制造业的转型升级。传统制造业和物流运输业存在许多痛点,如信息化水平不高,运输多方协同跟踪难,货运代理巨额垫付导致周转资金不足,物流环节冗长不规范,行业信用体系脆弱,支付结算缺乏履约保障等。利用数字技术赋能供应链,解决长期以来存在的痛点,是行业发展的必经之路。数字技术可赋能的环节包括但不限于贸易采购、制造、订舱、报关、运输、仓储、配送、批发、零售和支付结算等,最终将帮助供应链解决可见、可控和可信等三类问题。

(一)智能规划全程物流运输方案

随着国际物流运输业务的数字化发展和运输市场中承运人与托运人两个角色的地位转

变,智能规划全程物流运输成为发展新热点。智能规划全程物流运输方案的提供可以解决传统物流中存在的诸多痛点。首先,物流方案提供商需要借助云计算、人工智能、机器人流程自动化(RPA)等技术保障自身底层数据的全面性,这不仅包括海运中的船期、运价、舱位等信息,还包括其他运输方式的资源信息、路网数据、入关、清关相关的认证信息等。其次,借助海量的时间、价格以及历史等信息,利用智能匹配和算法优化实现端到端物流运输方案的快速报价,并形成多种运输方案以满足需求,克服以往货主找不同环节的物流方案提供商询价和议价时间成本高的痛点。为保障价格和运输服务的履约能力,物流方案提供商还会通过引入运价、舱位的交易产品,上线保理服务,提高供应商资质门槛,为供应商评级等手段保障端到端物流的履约能力。

【案例分析 11-1】

供应链解决方案提供商

2016 年某企业在德国柏林创立,是一家数字化货运代理和供应链解决方案提供商。作为欧洲第一家数字化货运代理初创企业,该企业打造了一套独特的运输管理系统(TMS),为超过 2500 家客户提供包括海运、空运、铁路在内的各类货物运输、订单管理和其他相关服务。

分析:与其他同类平台相比,其商业模式的独到之处在于以下几点。

第一,业务切入点是中欧航线以其业务为主的大型客户,他们愿意选择更高质量和更高效的物流运输服务。

第二,以轻资产运营的自营平台,一方面以平台价值为驱动,降低资本投入;另一方面保障了方案可行性和履约率。在此基础上,该企业的核心竞争力体现在:平台可视化服务,即在平台上拆分和展示操作环节,对操作流程、船货监控进行可视化管理;方案可靠性,即将工作流程和节点管理线上化,最大限度地保证操作的准确性、方案的可靠性、数据的真实性。

第三,服务柔韧性,在海外设置多个办事处,进行本土化管理,以灵活的方案保障履约率,提高客户满意度。在过去几年,物流运输遭遇了严峻挑战。凭借其在供应链领域变革性解决方案和优质的服务脱颖而出,迅速获得资本认可。

(二)物流透明化与追踪场景

物流透明化与追踪的实现是将物流业与互联网进行融合,用"透明"来"连接"物流,包括车货信息以及单据流转两个对象。通过"互联网 + 物流",可以实现供应链优化。物流的透明化管理可以有效地压缩物流过程的时间,进一步降低运输成本。此外,产业链上各环节的透明可以使得各主体实现信息共享,建立有效的信息沟通机制。

【案例分析 11-2】

区块链运输平台

在国际贸易中,提单是物权凭证,此外还涉及一些其他单证的流转,如提箱单、收货单、大副收据等。

分析：电子提单通过区块链技术确保"唯一性"，并为其在跨国贸易中的使用提供信用来源，从而使得电子提单具备同纸质提单相类似的"可转让性"。

1. 应用技术

区块链、物联网、大数据。

2. 应用场景

在一些单证流转的环节中，实现电子单证线上安全且高效地流转，包括提单转让、无纸化放货、智能合约的生成和其他的一些线上单证流转，让所有参与方可以进行信息文档交换。

3. 应用效果

简化数据交换方式，还通过实时更新的方法缩短了各方之间的操作时间，可以将货物准备放行的时间从几天缩短到几个小时，营造高效信任的交易环境，为文件共享提供一个相对安全的方式。

4. 应用现状

许多全球领先的航运巨头们都已加入了区块链平台，平台在中国落地的无纸化放货产品也得以成功实施，逐步推动航运数字化转型。

（三）机器人流程自动化(RPA)应用

RPA 是一种数字赋能技术，主要利用用户界面，通过模拟并增强人类与计算机的交互过程，执行基于一定规则的大批量、可重复性、标准化任务，实现工作流程自动。UiPath 通过提供其企业级 RPA 平台帮助 DHL 全球货运创建全球流程自动化中心，以优化改善其五个全球服务中心在物流以及财务流程上的问题，为此 DHL 全球货运先后创建了 RPA 卓越中心与虚拟交付中心。RPA 卓越中心是为企业早期上线 RPA 时所搭建的一个项目部门，该部门通过使用 RPA 工具和技术经验来识别和管理 RPA 项目的实施。此案例中，企业借助 RPA 卓越中心搭建内部框架，封装工具、模板及 RPA 实施经验，助力 RPA 技术内部推广。虚拟交付中心将为 RPA 项目提供相应的配置与运行服务。在此案例中，通过虚拟交付中心，DHL 全球货运建立了共享服务模型，可浏览任何国家的一个网站，记录特定的流程，并通过 RPA 技术优化，促使其自动化。

（四）超自动化应用

超自动化是 RPA、AI、iPaaS、低代码、流程挖掘等多种前沿技术能力与软件工具的组合。它超越了单个流程的限制，是对传统业务流程自动化的延伸。超自动化利用 RPA、AI、iPaaS 等关键技术衔接复杂业务场景，采用低代码降低技术应用门槛，借助云计算技术拓宽能力边界。壹沓科技的数字员工机器人就是由 RPA、AI、iPaaS 等超自动化技术构建的软件机器人，按照执行规则协助员工完成各类数字化工作，业务模式分为壹沓数字机器人平台以及壹沓数字机器人工厂，能够提供适用于不同物流应用场景。壹沓数字机器人平台是企业级数字机器人开发及部署的超自动化平台，自定义开发各类业务场景的数字机器人，帮助企业实现"端到端"完整业务流程超自动化，可快速实现灵活部署，具备高防护等级，且安全合规，稳定高效，提供专业的平台运维服务。壹沓数字机器人工厂是基于业务模块化封装能力并结合业务自动化场景进行标准化封装的数字机器人,赋能企业员工完成各类工作,帮助客户快速灵活地实现业务流程自动化。

(五)货物 ETA 预测与延期预警

预计抵达时间(ETA),在贸易词汇中一般指船舶预计抵港时间。它是集装箱班轮船期中重要的组成部分,而集装箱班轮船期又是货主们订舱和制订物流计划的重要依据。受海洋气象、塞港、季节以及船舶公司的指令等不确定因素影响,国际集装箱班轮运输素来有"航无定时"的弊端。近年来,由于地区冲突不断加剧等原因,当前集装箱班轮运输业的准班率更是处于极差水平。在 2021 年,受各种"黑天鹅"事件的影响,前十大班轮公司的准班率均受到不同程度的影响,更有甚者准班率直接下降了 43%,极大降低了货主的信任程度。这也意味着货主极易面临因船期不准而带来的物流供应链中断风险。为了让货主及时准确预知船舶到港时间变化,船舶 ETA 预测服务应运而生。船舶 ETA 预测是基于船舶实时 AIS 数据(船舶实时位置数据)、气象数据、船舶基础数据、港口基础数据等相关数据,使用机器学习模型,将影响船舶航行的相关因素,如港口位置、气象变化、船型、月份等纳入学习特征中,然后对模型进行训练并最终实现准确的船舶 ETA 预测。

(六)供应链金融应用

在传统供应链场景中,跨境支付结算手续烦琐;服务履约和支付中间存在账期,中小货代企业融资困难,垫资压力大;供应链上下游之间存在信息不对称、互信互认困难等问题。究其根本,实为交易可信和质押融资问题,有效解决这两类问题的关键在于区块链与人工智能技术在供应链金融上的运用。

供应链金融连接产业和金融,今天中国的物流效率已经今非昔比,未来要发挥货物运输、仓储、质物监管优势,深度参与供应链金融服务。在降低供应链风险的同时,为中小企业融资提供便利。一方面,要实现供应链业务线上化,这是金融与之融合的前提;另一方面,要构建基于大数据和人工智能的供应链金融风险控制体系,以主体信用、交易信用、债项评级为基础,打造数字信用,实现真正具备广度和深度的大数据风控。金融机构与供应链核心企业、服务平台实时直连,更加紧密地嵌入各类供应链场景中,实时获取数据、实时评估信用、实时提供融资服务。

现阶段的供应链金融平台已经能够对接银行、税控、外管、金融机构、买方和卖方等供应链参与方;能通过各方交叉互验,实现企业全币种在线开票、审核支付、核销等闭环操作;能利用区块链消除人为篡改数据的可能性,提高供应链上下游间的交易可信。此外,还能通过区块链对提单和仓单的真实性进行校验,对货物进行管控质押,以此降低代理或货主融资的门槛。中国宝武钢铁集团有限公司利用区块链具有分布式记账、信息防篡改等特点,构建集贸易、物流、金融于一体的产业区块链生态圈,实现数字资产凭证在生态圈内无障碍流转、质押融资,在一定程度上缓解了中小企业融资难、融资慢等问题。

【案例分析 11-3】

欧冶金服的产业链金融解决方案

上海欧冶金诚信息服务股份有限公司（以下简称欧冶金服）是中国宝武钢铁集团有限公司（以下简称中国宝武）旗下的供应链金融服务平台企业，其所提供的产业链金融解决方案包括支付结算、智能风控和数字资产三个方面。其中，支付结算是与中国宝武旗下非银行支付机构的东方付通共同提供，分为企业服务与个人服务两类，具有 7×24 小时在线支付、资金交易逐笔匹配、资金安全有保障等特点。智能风控针对钢铁生态圈，提供智能信用决策、人脸识别智能签约、大数据预警、企业画像等服务。数字资产形成了数字资产确权、登记、转让的闭环生态系统，具有资产上链、交易可溯、金融信息管理、权属登记资产管理等特点。此外，欧冶通宝为欧冶金服提供的以应收账款债权为载体的电子凭证，核心企业可基于应收账款向其供应商提供在线签发的电子债权凭证，具有差额转让、在线融资、持有至到期收款等特点。欧冶金服运营的通宝平台实为欧冶通宝的载体，为其签发、接收、转让、融资提供在线服务，已有钢铁产业链条上下游企业、第三方金融机构、银行等主体参与其中。

分析：基于共建高质量钢铁生态圈这一理念，欧冶金服承建中国宝武产业金融服务平台，为生态圈参与方提供供应链金融解决方案，打造集金融科技研发、生态圈金融服务、金融数据与风险信息集成于一体的金融信息服务平台。

基本训练

□ 知识题

1. 创新包括哪些内容？
2. 如何打造物流企业创新管理系统？
3. 物流企业创新管理模式有哪几种？各有什么含义？
4. 分析几种物流企业创新管理策略？
5. 结合实际谈谈如何在物流服务方式上进行创新？

□ 判断题

1. 系统的生命力取决于社会对系统贡献的需要程度和系统本身的贡献能力；而系统的贡献能力又取决于系统从社会中获取资源的能力、利用资源的能力以及对社会需要的认识能力。（　　）
2. 鉴于创新的重要性和自发创新结果的不确定性，有效管理要求自发创新。（　　）
3. 企业创新等同于技术创新。（　　）
4. 生产过程的组织包括设备、工艺装备、在制品以及劳动在空间上的布置和时间上的组合。（　　）
5. 产品是企业的生命。（　　）

6. 要素的组合是从社会经济角度来分析企业系统中各成员的正式关系的调整和变革。（ ）
7. 组织结构完全相同，但机构之间的关系不一样，也会形成不同的结构形式。（ ）
8. 环境创新是指企业为适应外界变化而调整内部结构或行动。（ ）

□ 单选题

1. 从下面哪项来看，可将创新分为系统初建期的创新和运行中的创新。（ ）
   A. 创新的规模及创新对系统的影响程度　　B. 创新与环境的关系
   C. 创新发生的时期　　　　　　　　　　　D. 创新的组织程度
2. 在新的经济背景中，组织的目标必须调整为（ ）。
   A. 企业利润最大化　　　　　　　　　　　B. 尽量满足社会需要
   C. 通过满足社会需要来获取利润　　　　　D. 以上都不是
3. 要求企业根据市场需要的变化，根据消费者偏好的转移，及时调整企业的生产方向和产品结构，不断开发出受用户欢迎的适销对路的产品，是（ ）。
   A. 品种创新　　B. 产品创新　　C. 产品结构的创新　　D. 技术创新
4. 企业技术创新的核心内容是（ ）。
   A. 要素组合方法的创新　　　　　　　　　B. 产品创新
   C. 要素创新　　　　　　　　　　　　　　D. 人事创新
5. 以观念为基础的创新必须（ ）组织才能给企业带来发展和增长的机会。
   A. 完全　　B. 准确　　C. 及时　　D. 高质量

□ 多选题

1. 从创新与环境的关系分析，可将创新分为（ ）。
   A. 局部创新　　B. 消极防御型创新　　C. 积极攻击型创新　　D. 整体创新
2. 企业技术创新主要表现在（ ）。
   A. 市场创新　　B. 要素创新　　C. 要素组合方法创新　　D. 产品创新
3. 要素创新包括（ ）。
   A. 材料创新　　B. 设备创新　　C. 产品创新　　D. 人事创新
4. 设备创新主要表现在（ ）。
   A. 通过利用新的设备，减轻手工劳动的比重
   B. 尽量使用设备，以降低成本
   C. 将先进的科学技术成果用于改造和革新原有设备
   D. 有计划地进行设备更新，使企业建立在先进的物质技术基础上
5. 企业制度主要包括（ ）。
   A. 产权制度　　B. 经营制度　　C. 人事制度　　D. 管理制度
6. 创新的过程包括（ ）。

A. 寻找机会　　　　B. 提出构想　　　　C. 迅速行动　　　　D. 坚持不懈

7. 就系统的外部说,有可能成为创新契机的变化主要有(　　　)。

A. 技术的变化　　　　　　　　　　　B. 人口的变化

C. 宏观经济环境的变化　　　　　　　D. 文化与价值观念的转变

8. 促进创新的奖酬制度应符合的条件有(　　　)。

A. 奖励不能视作"不犯错误的报酬"

B. 注意物质奖励与精神奖励的结合

C. 奖励越多越好

D. 奖励制度既要能促进内部之竞争,又要能保证成员间的合作

□ 技能题

浏览知名大型物流企业的网站,写出 3~4 个网址,对某一自己感兴趣的网页栏目话题写一篇 1000 字左右物流企业创新管理的体会。

实训目的:对物流企业创新的含义以及物流企业管理创新的重要性有进一步认识。掌握一些物流企业创新管理的经验。

实训要求:认真思考,结合所学知识,用自己的语言写出自己关于物流企业管理创新的体会。

案例分析

全流程自动化"三仓合一"智慧存储物流

在新一轮科技革命和产业变革的背景下,以数字化、网络化、智能化为特点的智能制造已成为发展趋势。变压器铁心行业作为传统制造业也不例外。

为改善制造弊端、突破技术壁垒,无锡普天铁心股份有限公司(以下简称普天铁心)将新一代信息技术与铁心生产制造过程深度融合创新,打造全流程自动化"三仓合一"智慧存储物流场景,实时检测、实时处理、实时控制生产线工作状态以及环境等相关信息,使得生产、配送过程高度信息化、自动化、精益化,显著提升生产效率、有效降低生产成本,获评"2022 年国家级智能制造试点示范优秀场景"。

变压器铁心行业作为传统制造业,行业整体存在劳动生产率不高、资源能源浪费严重和产品性能质量不稳定等问题。

普天铁心作为国内低噪声及低铁损等种类最齐全的铁心行业龙头企业之一,立足行业、探索先行,创新打造"智能仓储+精准配送"应用场景,在导入物联网技术实现设备集成与互联的基础上,建设智能化立体式仓储物流系统,使复杂工艺在不同工序之间能够无缝衔接,实现产品从原材料出库到成品入库全流程的信息化、自动化、精益化。

特别值得一提的是,聚焦生产材料管理,2018 年,普天铁心开启二期智能化工厂改造,打造高承重、三仓合一的智能立体仓库,将原材料、半成品及成品有序存放在 6 层立体仓库内,解决业内此

前材料及成品存放难题，且每层之间无应力影响，保证产品性能质量。

同时，该智能立体仓库集成应用射频识别技术(RFID)、企业资源计划管理系统(ERP)、制造执行系统(MES)、企业总控中心(ECC)、公司协同办公管理系统(OA)、云计算技术等，依据"先进先出、发陈储新"的出入库原则，对原有人工物料存储进行系统管理，确保收货、退货、出入库、产线配送、产线退料等作业数字化和自动化，探索出一条以精益生产进阶"工业4.0"的转型升级之路。"普天铁心推进精益化生产的基本思路，就是将人与人、人与设备、设备与系统之间高效连接。"普天铁心CIO史硕俊说。

基于智能立体仓库，普天铁心将信息化软件和智能装备控制终端联系结合，进一步集成智能仓储系统(WMS系统)、生产制造执行系统(MES系统)与智能物流装备，将立库与立库之间、立库与纵、横剪设备之间互联互通，生产过程中物料完全自动轨道转运，并根据生产需求智能排列物料顺序、规划最优路径，实现各环节数据资源的互通、共享、分析与应用。

在实际生产过程中，智能仓储系统(WMS系统)智能分选物料，由智能堆垛机自动定时、定量配送到纵剪、横剪及包装设备上；智能仓储系统(WMS系统)再对智能堆垛机设备实时定位，采用智能调度算法依据物料存放区域计算最优选料路径。在计算机的监控下，智能堆垛机设备无须人工驾驶，即可自动沿着规定的导引路径行驶，到达指定地点，实现点对点自动转运，确保物料精准配送。

同时，基于条形码技术，该场景还实现了立库物料信息实时跟踪与追溯，通过产品批次号可扫码查阅出料信息、物料历史移动轨迹、物料信息等批次信息，从而保障原材料、产品流转全过程可追踪、质量问题可追溯。

自全流程自动化"三仓合一"智慧存储物流场景应用以来，普天铁心工厂设备"自适应、自学习、自决策"的能力大幅度提高，体现出响应时间缩短、资源消耗减少、质量效益提升、运营成本降低、环境生态友好等特点，"数控物联一代"进一步进化为"智能物联一代"。通过生产管理信息化，普天铁心解决了铁心生产工序繁多、生产效率"瓶颈"制约之间的矛盾，革新铁心硅钢型材生产与流转过程，有效解决硅钢受到不同程度的应力、工艺系数变化大和空载损耗增加的技术难题。

未来，普天铁心将聚力优化产业上下游的协同管理，在供应商系统中实现智慧供应链建设，提升来料合格率，便于降低采购费用率、降低物流成本、缩短订单配送周期。同时引入"5G+模拟仿真"概念，扩大物联赋能的应用场景，进一步提升企业数字化水平和生产效率。

（资料来源：全流程自动化"三仓合一"智慧存储物流场景：助力铁心行业精益化生产[EB/OL].[2024-08-22].http://www.wuxi.gov.cn/doc/2023/10/22/4112175.shtml，部分节选，有改动。）

问题：无锡普天铁心股份有限公司全流程自动化"三仓合一"智慧存储是如何做到的？

综合实训

实训项目：物流服务创新

一、实训目的

通过本实训项目，学生能够按照物流服务管理流程制定简单的物流服务策略，并具备利用客户关系管理来提高物流服务质量的能力。

二、实训内容

上淘宝网向多个卖家发出购货需求,了解目前网上零售业常用的三种配送服务,并撰写网上零售业配送服务分析报告。

三、实训要求

(1) 实训时间为 2 个课时及课余时间。

(2) 实训过程中要求学生独立完成实训任务。

(3) 实训结束后要求学生独立完成并提交网上零售业配送服务分析报告(包括 A4 纸打印纸稿和电子稿)。实训报告内容包括网上零售业物流服务流程总结、网上零售业物流服务策略、客户关系管理应注意的问题、实训心得体会四部分。

(4) 学生之间可相互讨论。

参考文献

[1] 张雅静. 物流企业管理 [M]. 2 版. 北京：清华大学出版社，2018.
[2] 黄静，侯心媛. 物流企业管理 [M]. 北京：中国财富出版社，2020.
[3] 马士华，林勇. 供应链管理 [M].2 版. 北京：机械工业出版社，2007.
[4] 刘伍平. 物流企业管理 [M].3 版. 北京：机械工业出版社，2018.
[5] 黄中鼎，周旻. 现代物流管理 [M]. 北京：人民交通出版社，2007.
[6] 范珍，管亚风. 智能仓储与配送 [M]. 北京：电子工业出版社，2021.
[7] 唐纳德·J. 鲍尔索克斯，戴维·J. 克劳斯，M. 比克斯比·库珀，等. 供应链物流管理 [M].4 版. 马士华，张慧玉，译. 北京：机械工业出版社，2014.
[8] 王晓艳. 企业物流管理 [M]. 北京：北京大学出版社，2020.
[9] 浦震寰，李方峻. 企业物流管理 [M].3 版. 大连：大连理工大学出版社，2015.
[10] 王晋，颜浩龙. 智慧供应链视角下零部件产业智能化升级模式研究 [J]. 物流科技，2020（7）：128-130.
[11] 崔国成，黄雪峰. 现代物流企业管理 [M]. 武汉：武汉理工大学出版社，2008.
[12] 张根东，王兰芳，杜松奇，等. 管理学原理 [M]. 兰州：甘肃人民出版社，2008.
[13] 张宛儿，魏国辰. 现代物流企业管理 [M]. 北京：航空工业出版社出版，2019.
[14] 彭云飞，邓勤. 现代物流管理 [M]. 北京：机械工业出版社，2009.
[15] 陈积光，周蜜. 基于泛在电力物联网的智慧供应链研究 [J]. 控制工程，2020（6）：1098-1102.
[16] 李雅雯，汪丽，牛影. 智慧供应链下供应链金融创新发展新模式研究 [J]. 中外企业家，2020(20)：60-61.